Für meine Familie

«So, wir fahren jetzt nach Nordkorea.
Muss vorher noch jemand aufs Klo?»

Sergeant Meisenheimer,
im August 2009

# INHALT

# PROLOG

# «WARUM IST DER NEGER SCHWARZ?»

## REPORTERSCHICKSAL

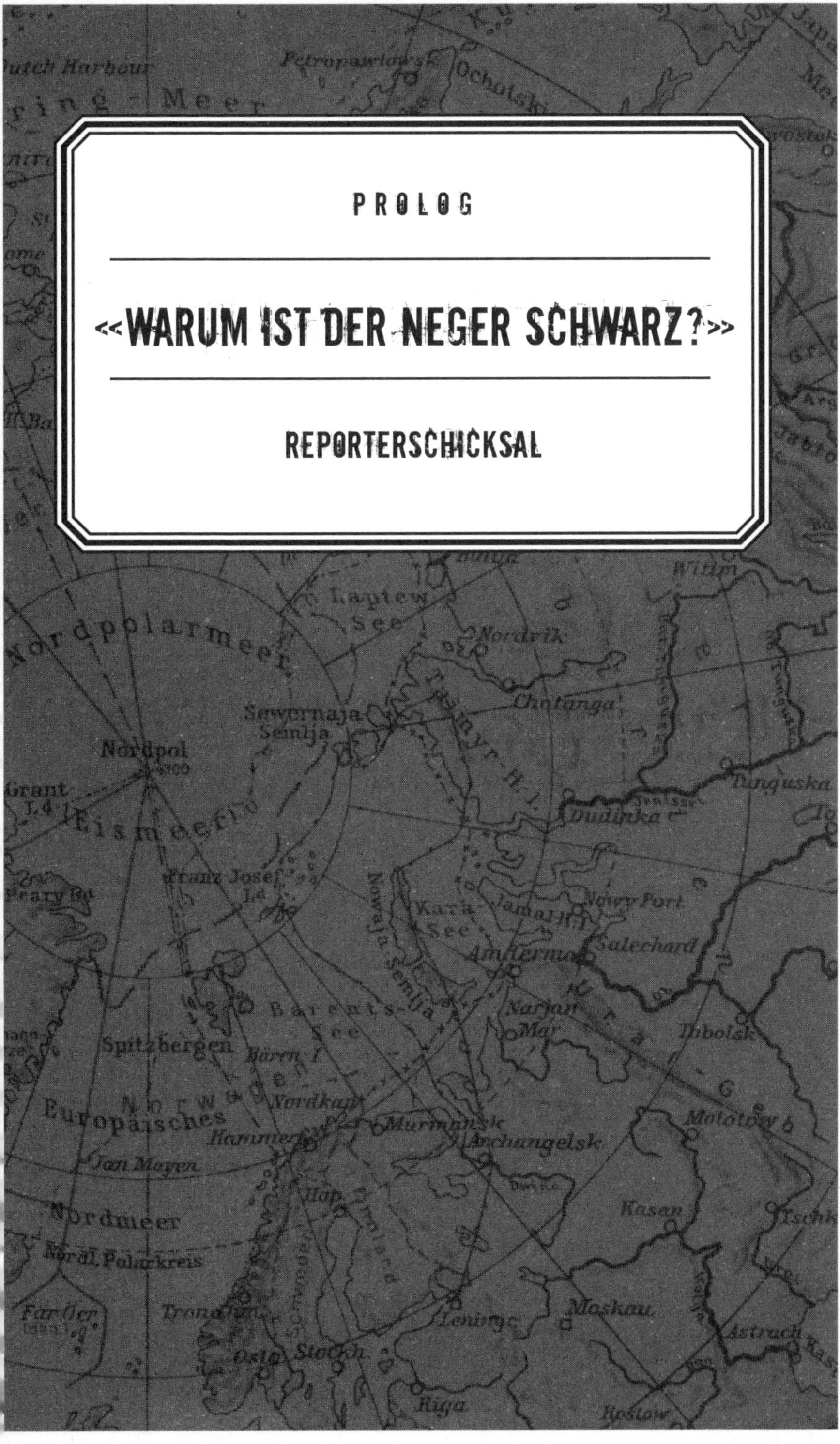

**Ich** hatte nie eine Schwäche für Marmeladenbrötchen. Schon gar nicht mit Butter. Butter und Marmelade – ein ähnliches Gemisch hat BP im Golf von Mexiko angerührt. Unten: ein Schmierteppich. Oben: leblose Klumpen. Aber leider gibt es Menschen, die meine kleine Extravaganz nicht tolerieren.

Hallo, ich bin Dennis.

«Du musst da doch Butter unter nehmen!»

Wilma Brunkhorst sieht mich an, als hätte ich gerade ihr Weltbild zerstört.

«Frau Brunkhorst, ich mag das nicht mit Butter.»

«Bitte was? Keine Butter unter? Du bist doch 'ne schlanke Natur!»

Frau Brunkhorst ist schwerhörig. Sie redet nicht, sie kreischt. Dabei sollte man in Deckung gehen, denn wenn es schlecht läuft, fliegen dir scharfe Brötchensplitter und Marmeladenreste um die Ohren. Die kraushaarige Dame schnackt gern mit vollem Mund, sie ist eben vom Lande. Und wenn sie ausnahmsweise nicht spricht, stemmt sie ihre dritten Zähne in die dick bestrichenen Stullen – Gebäck und Gebiss erzeugen dann ein Geräusch, das du nicht mehr vergisst. Ähnlich muss es klingen, wenn man in einen Frosch beißt.

Natürlich ist die Erdbeermarmelade selbstgemacht, Wilma ist ein herzlicher Mensch. So herzlich, dass sie mich gerne abwechselnd tätschelt, knuddelt und fest umarmt.

Wegen ihres Rheumas übrigens nur mit dem rechten Arm. Sie formt daraus einen Haken, legt ihn um meinen Hals und zieht mich immer wieder zu sich nach unten. Frau Brunkhorst ist sehr klein.

«Oh, mein lieber Dennis!», ruft das Ungeheuer aus der Tiefe. «Mensch, was ist das schön, dass du da bist. So 'n hübschen Bengel hab ich nicht oft inner Küche! So, und jetzt mach mal Butter unter. Sonst schmeckt das doch nicht.»

Das Fernsehen ist schuld. Ein großer Sender aus dem Norden hat mich an diesen Frühstückstisch gesetzt. Reporterschicksal: Wenn du ein Thema hast, dann musst du es «herunterbrechen». Also eine Nachricht, einen Anlass, ein Weltereignis mit der Heimat verknüpfen. Mit zu Hause. Manchmal bricht man sich dabei einen ab.

*Michael Jackson ist tot!* Was bedeutet das für Wilma Brunkhorst oder den Krabbenfischer aus Büsum? *Krieg in Afghanistan!* Wie schätzt Wilma Brunkhorst die Lage ein, und was sagen die Menschen aus Hahnenklee-Bockswiese dazu? *Ein Reporter reist mit Zuschauerfragen um die ganze Welt!* Welche bedeutende Frage stellt sich dann wohl Wilma Brunkhorst, die 87 Jahre alte Röhrkohlbäuerin aus Wremen bei Bremerhaven? Dort, wo das Leben noch so norddeutsch ist wie vor fünfhunderttausend Jahren.

Das ist mein Auftrag: der Bilderbuch-Zuschauerin (Deich, Bauernhof, trockener Humor) ein paar geschmackvolle, bevorzugt norddeutsche Fragen entlocken und dann endlich abhauen in die große weite Welt. So weit weg wie möglich.

Das Brunkhorst'sche Anwesen hätten selbst die Bühnenbauer des Senders nicht authentischer dekorieren können. Ein schicker kleiner Giebelhof aus roten Backsteinen mit frischgestrichenem grünem Tor und einer Diele, auf der

Sensen, Milchkannen und ein hundert Jahre altes Fahrrad ihr verrostetes Dasein fristen. Über einen schmalen Gang geht es erst in die grün tapezierte Waschküche und dann in die hellbraun gekachelte Kochküche. Auch hier sieht es aus wie in den Kulissen des Ohnsorg-Theaters. Ein Teekessel pfeift auf dem Herd, darüber hängt ein Regal samt Kaffeemühle und Keramikdöschen, in denen Frau Brunkhorst vermutlich schwarzen Tee, Kandiszucker und Karamellbonbons hütet. Den Küchentisch bedeckt ein Tuch in Zartrosa, darüber liegt eine durchsichtige Kunststoffdecke.

Zur Feier des Tages hat Frau Brunkhorst ihr Sonntagsgeschirr aus dem Schrank geholt und Eier gekocht, die in norddeutsch blauen Bechern auf uns warten. Natürlich gibt es auch eine gute Stube – vollgestopft mit bestickten Kissen, Fotoalben und Oma-Möbeln: Eiche brutal.

Und Wilma? Sie ist die Frau, die Heidi Kabel immer zu

spielen versucht hat. Wenn Frau Brunkhorst schnackt, dann fliegen ihre Händchen wie Schmetterlinge durch die Heizungsluft. Sie schimpft, tratscht, quietscht und setzt Pointen mit der Gewalt eines Jagdgewehrs in der Norddeutschen Tiefebene. Wilma Brunkhorst ist Norddeutschland.

«Wissen Sie, ich darf jetzt um die Welt bummeln!»

Wilma sieht mich völlig unbeeindruckt an. «Ja und? Dann bummel mal», sagt sie und schiebt sich kichernd ihre Brötchenhälfte ins Gebiss. Aber so leicht gebe ich nicht auf.

«Nein wirklich, Frau Brunkhorst. Ich darf mit den Fragen der Zuschauer um den ganzen Globus reisen!»

«So? Dann stell mir mal 'ne Frage.»

«Nein, *Sie* müssen *mir* eine Frage stellen!»

Es hilft nichts. Ich will ihr den Sinn meiner Sendung noch einmal erklären. Mit 80 000 Fragen um die Welt: Jeder Mensch hat eine Frage, die ihn von klein auf beschäftigt. In den letzten Wochen sind Hunderte davon bei mir eingegangen, über Facebook, Twitter, als E-Mail, Brief, Fax oder auf selbstgepinselten Postkarten: «Wie voll sind tausend Russen?», «Kann man im Vatikan Kondome kaufen?», «Warum verschwindet alles im Bermudadreieck?», «Wie schmeckt der Zuckerhut?» und «Wie riecht der Titicacasee?». Einer wollte wissen: «Woran starb das Tote Meer?»

Viele Zuschauer beschäftigen sich mit den großen Themen der Menschheit: «Was ist Freiheit?», «Wo endet Europa?» oder «Kommen Adam und Eva aus Afrika?». Andere fragen knallhart: «Wie stirbt es sich in Texas?», «Gibt es noch Nazis in Argentinien?» oder «Wo ist der schwarze Kontinent am schwärzesten?». Manche geben mir hintersinnige Rätsel auf: «Ist Cuba libre?», «Wer liegt vor Madagaskar?», «Ist Holland in Not?», «Wo liegt eigentlich Absurdistan?», «Wie schön ist Panama?» oder «Gibt es eine Sprache, die kein

Futur bilden kann, und wenn ja: Können die Menschen dann an eine Zukunft denken?». All diese Fragen haben etwas gemeinsam: Sie schreien nach einer Antwort.

Ich verspreche Frau Brunkhorst, dass ich nicht ruhen werde, bis jede dieser 80 000 Missionen erfüllt ist. Und ich mache ihr klar, dass auch sie jetzt die einmalige Chance hat, mir eine Frage zu stellen. Eine weltbewegende Frage. Ich bin die gute Fee, und Frau Brunkhorst hat einen Wunsch frei.

Wilma legt ihr Marmeladenbrötchen aus der Hand. Sie wirkt plötzlich nervös. Für einen kurzen Moment ist die Naturgewalt sprachlos. Dann murmelt sie etwas und schleicht aus der Küche hinüber in die gute Stube. Was hat sie vor? Eine Schublade geht auf und wieder zu, und Frau Brunkhorst kehrt mit einem gefalteten Blatt Papier in der Hand zurück. Sie flüstert: «Weißt du, ich hatte mir da schon Gedanken gemacht.» Dabei presst sie das Zettelchen mit ihrer linken Hand auf den Küchentisch. Mit der rechten hält sie meine. In ihrem Blick mischen sich Zweifel und Mitleid: Sie will mir helfen, aber irgendetwas lässt sie zögern.

«Komm, ich will es dir mal vorlesen», brummelt sie und entfaltet das Papier, auf dem jetzt Bleistiftnotizen zum Vorschein kommen. Nun weiß ich, woran mich diese Szene erinnert: ein großer Moment in der Geschichte, ein Zettel, Wilma Brunkhorst meets Günter Schabowski.

«Also, mein Junge. Was ich immer schon mal wissen wollte: Warum ist der Neger schwarz?»

Ich blicke etwas ratlos, doch Wilma lässt sich, wo ihre Frage endlich raus ist, nicht beirren. Im Gegenteil, sie kommt erst richtig in Fahrt.

«Bengel, du hast doch gesagt, du willst jede Frage beantworten! Dann bitte erklär mir das mal: Wir sind weiß, der

Chinese ist gelb, der Indianer ist rot, und der Neger ist eben schwarz. Ja, warum ist das so?»

Und dabei schaut sie so treuherzig und unschuldig wie ein zwei Wochen altes Robbenbaby in der Seehundstation Friedrichskoog.

«Frau Brunkhorst, ich möchte nicht unhöflich sein, aber haben Sie vielleicht noch eine andere Frage?»

«Ja, hier: Warum lieben sich immer mehr Männer?»

Wieder blickt sie mich so lieb an, sie will mir doch nur helfen.

«Mensch, das ist 'ne ganz normale Frage! Früher, da gab's so was nicht, aber jetzt siehst du die Männer überall Hand in Hand. Und diese Knutscherei – das wird doch immer schlimmer.»

An diesem Morgen verliest Frau Brunkhorst noch viele andere gutgemeinte Fragen. Etwa ob Franzosen wirklich so schmutzig seien, wie manche Leute im Dorf behaupten. Oder warum das Spanferkel eigentlich Spanferkel heißt: «Weiß man nicht, oder? So ein kleines Schwein. Aber schmeckt gut.»

Es wird Zeit zu gehen. Ich bedanke mich höflich, wir stehen vor Wilmas grasgrünem Dielentor, sie zieht mich ein letztes Mal zu sich hinab, kneift mir in die Wange und bittet mich, ihr von unterwegs zu schreiben. Frau Brunkhorst bekommt nicht oft Besuch. «Tschüs, mein lieber Dennis, ich wünsch dir 'ne schöne Weltreise und sieh zu, dass du mich nicht vergisst!»

Ein paar Tage später stelle ich meinen Film in der Redaktion vor. Ich habe die besten Szenen aus dem Hause Brunkhorst geschmackvoll kombiniert und eine Swingmusik à la James Last unterlegt, das kommt gut an. Kein Quatschen mit vollem Mund, kein krachendes Gebiss – Wilma ist witzig und charmant, alles läuft bestens. Bis kurz vor Schluss. Bis zu dem Moment, in dem sie ihre Frage an die Welt verkünden soll. Die Masterfrage. Der Höhepunkt des Films. Die gefährliche Mission, die ich für Frau Brunkhorst eines Tages irgendwo auf diesem Planeten bestehen soll. Ich habe lange darüber nachgedacht und lasse sie nun die Frage aller Fragen vorlesen:

«Wie schmeckt Kängurufleisch?»

«Das ist alles?», fragt jemand aus der Redaktion. «Hat sie nicht noch was anderes gefragt?»

«Das ist alles», antworte ich, nehme meinen Koffer und schlurfe ein wenig heruntergebrochen in die große weite Welt. Für Wilma Brunkhorst, für meine Zuschauer und für Sie, liebe Leser. Oder um es mit den Worten eines ehemaligen Bundespräsidenten zu sagen: «Sehr geehrte Damen und Herren, liebe Neger.»

KAPITEL 1

# «IST HOLLAND IN NOT?»

## DIE KÄSEMÄDCHEN

**Meine** Weltreise beginnt in einem gemieteten Opel Corsa auf der A1 Richtung Amsterdam. Und irgendwo zwischen Oldenzaal und Apeldoorn ist sie schon fast wieder zu Ende. Rushhour. Ich bin in Eile und fahre links, zu schnell, Regen klatscht auf die Scheibe, und plötzlich steigt mein Vordermann beherzt in die Eisen. Blind reiße ich das Steuer nach rechts, mein Kotflügel fliegt haarscharf am Heck des anderen vorbei, und wie durch ein Wunder stoße ich in eine Autolücke, die wohl der liebe Gott gerade für mich geöffnet hat. Ich lasse den Wagen ausrollen und blicke den Produzenten an. Ich glaube, er ist tot.

Er heißt eigentlich Matthias, aber ich nenne ihn «den Produzenten», weil das so schön kalt und gefühllos klingt. Manche nennen ihn auch verrückt, weil er meine sonderbare Weltreise finanziert und mich mit seiner Kamera begleitet. Vor allem aber ist er ein guter Freund. Und so langsam kehrt gottlob wieder Farbe in sein Gesicht zurück.

«Hast du mal ein Sicherheitstraining gemacht?»

«Nein, ich habe Computer gespielt.»

Das erklärt meine guten Reaktionen auf holländischen Autobahnen. Und es erklärt mein Fernweh. Denn in den letzten Jahren habe ich viel zu viel Zeit am Bildschirm verbracht und viel zu wenig von der Welt gesehen. Kein Urlaub, kein Privatleben, Arbeit wie ein Besessener. Und in den Nächten, in denen ich vor Besessenheit nicht schlafen konnte, habe ich wie besessen gezockt. Pixelarmeen flimmerten durch meine Wohnung – ich habe sie alle niedergemacht. Autorennen – ich habe sie alle gewonnen. Und vielleicht hat uns das gerade den Hintern gerettet.

Reisen kenne ich eigentlich nur aus meiner Kindheit. Meine Mutter war mit mir auf Rhodos, an der Costa Brava und ein paarmal auf den Kanarischen Inseln. Und einmal im Jahr bin ich mit meinen Großeltern in ihrem weißen VW Passat Baujahr 77 nach Holland gefahren. Weil die beiden grundsätzlich zu viel Gepäck mitnahmen – ich erinnere mich an Kühltaschen, Federbetten und das hellgrüne Plastikbidet meiner Großmutter –, reisten wir immer mit einem

offenen Anhänger, in dem auch unsere Fahrräder Platz fanden. Von meiner Heimatstadt Osnabrück dauerte es etwa eine Stunde bis zur Grenze, dann fing ich auf dem Rücksitz an zu quengeln: «Wann sind wir endlich daha?»

Das brachte meinen Großvater eines Tages so auf die Palme, dass er mir vor der nächsten Reise einen Auftrag gab: «Pass auf, mein Junge, diesmal musst du mir helfen: Weil du hinten sitzt, hast du den besten Blick auf unseren Hänger. Lass ihn auf der Fahrt nicht aus den Augen und sag mir sofort Bescheid, wenn er sich löst!» Von nun an konnten meine Großeltern die dreistündige Fahrt an die holländische Westküste völlig ungestört verbringen. Nur ab und zu meldete ich mich von der Rückbank und rief: «Alles klar, Opa! Der Hänger ist immer noch da!» Dass das ein fieser Trick war, ist mir erst kürzlich klargeworden.

Nun sitze *ich* am Steuer, und die holländische Grenze liegt etwa anderthalb Stunden hinter uns. Der Produzent und ich sind auf dem Weg nach Abcoude, einem Städtchen bei Amsterdam, und schon wieder jagen wir Kindheitserinnerungen.

Denn die Zuschauer wollen nicht nur wissen, ob Holland in Not sei. Sie gaben mir noch eine andere, ebenso berechtigte Frage mit auf den Weg: «Was macht eigentlich Frau Antje?» Und warum sollte man diese beiden Anliegen nicht kombinieren?

Ich musste nicht lange recherchieren, bis ich sie aufgespürt hatte: Frau Antje, die blonde Dame aus der Werbung, die immer so nett lächelte, wenn sie «echten Käse aus Holland» gebracht hat. Den Jingle von damals werde ich nie vergessen. Wer Frau Antje leibhaftig gegenüberstehen möchte, muss nicht ins ferne Käsewunderland reisen. Ihr Haus liegt auch nicht hinter einem gigantischen Gouda, durch den man sich hindurchfrisst. Es ist viel simpler: Du meldest dich bei der Pressestelle des holländischen Verbands für Milcherzeugnisse und lässt dir einen Termin geben. Dann stehst du vor einem modernen Quader aus hellbraunen Klinkern, mit Panoramafenstern und einem Flachdach. Davor parkt ein käsegelber Smart.

«Das wird es sein!», ruft der Produzent, und ich klingele. Klock, klock, klock macht es hinter der Tür. Das Geräusch wird immer lauter. Was geht hier vor? Plötzlich verstummt das Klocken, die Tür öffnet sich, und ich blicke auf zwei Holzschuhe. Darin steckt eine auffällig geschminkte Frau, Mitte dreißig, in holländischer Tracht, mit weißer Flügelhaube und blonden Zöpfen.

«Sind Sie Frau Antje?»

«Türlik! Welkom in Nederland!»

«Darf ich reinkommen?»

«Türlik!»

Auch ich schlüpfe in Holzschuhe, ein orange lackiertes Paar, und klockend begehen wir den Luxus-Käsetempel. Das Objekt ist maisonetteartig geschnitten. Über den modernen Wohnbereich – puristisch, dafür aber umso exklusiver eingerichtet – erreichen wir die offene Designerküche aus gebürstetem Aluminium. Frau Antje zeigt mir ihre Edelstahl-Käsemesser, und dreimal dürfen Sie raten, welches Milchprodukt ihre freistehende Kühl-Gefrier-Kombination dominiert. Neben einem Pop-Art-Porträt von Johann Wolfgang von Goethe hängt eine Frau Antje in Andy-Warhol-Optik. Wir setzen uns auf die alabasterweiße Couch, Frau Antjes Holzschuhe schieben sich in den cremefarbenen Flokatiteppich, und aus der iPod-Station fließt dezentes Easy Listening. Herr Antje ist ein wohlhabender TV-Produzent.

«Sind Sie wirklich Frau Antje?»

«Türlik!»

«Aber Sie müssten doch eigentlich viel älter sein.»

Ich bemerke die drei großen Goudas, die der blonde Sonnenschein ins Bild gerückt hat. Sie sind aus Plastik. «Ich bin die neue Frau Antje», quietscht Frau Antje und gibt mir etwas Nachhilfe in holländischer Geschichte.

Die allererste Frau Antje sei eine gewisse Kitty Janssen gewesen. Eine seriöse Schauspielerin, die das Werbegeld aber gut gebrauchen konnte. Das war 1961. Im deutschen Schwarzweißfernsehen grillte sie «Käsetoast Hawaii» und verkaufte der deutschen Hausfrau Rezeptbücher für eine Schutzgebühr von fünfzig Pfennig pro Exemplar. Übrigens nur der *deutschen* Hausfrau. Außerhalb der Bundesrepublik ist Frau Antje wenig bekannt, das gilt auch für Holland.

Nach zwei Jahren zog es die «Großmutter aller Frau Antjes», so nennt sie sich heute, wieder auf die Bühne. Statt Käse zu verkaufen, spielte sie nun Brecht. Die zweite Frau Antje war ein blondes Mannequin und wurde, wie das nun mal so ist, nach zehn Jahren durch eine jüngere Frau Antje ersetzt – aber nach weiteren zehn Jahren überraschend wieder eingestellt. Denn die jüngere Frau Antje hatte neben holländischem Käse noch andere, ausgefallene Hobbys: Sie zog sich für den «Playboy» aus und soll in eine Drogenaffäre verwickelt gewesen sein. Ende der Achtziger, die «ältere» Frau Antje war inzwischen Mitte vierzig, hatte das Büro für Milcherzeugnisse genug von der Frohnatur mit Flügelhaube. Es hieß, sie verkörpere ein altbackenes Bild von Holland. Frau Antje landete auf dem Werbefriedhof, irgendwo zwischen Clementine und Hustinettenbär.

Die Jahre vergingen, ein neues Jahrtausend brach an, und den Deutschen fehlte ihre Frau Antje immer mehr. So bekam die junge Physikerin Madeleen Driessen die Chance ihres Lebens:

«Es gab ein Casting, und jetzt bin ich das Käsemädchen!»

Madeleen setzt ihr schönstes Lächeln auf. Jedes Jahr besucht sie die Grüne Woche in Berlin, trifft Staatsbeamte und Minister, und allen bringt sie echten Käse aus Holland.

«Essen Sie eigentlich viel Käse?»

Schwups, da ist das Werbelächeln.

«Türlik! Morgens auf Brot, mittags im Salat und abends überbacken.»

«Wird Ihnen davon nicht schlecht?»

«Nein! Pikantje von Gouda kannst du immer essen.»

«Und ist Holland in Not?»

«Nö.»

«Nö?»

«Nö. Ganz sicher nicht.»

Türlik, das muss Frau Antje ja auch sagen. Aber man soll der Werbung eben nicht alles glauben.

Vermutlich verrät die Redewendung einfach, dass unsere Nachbarn immer schon befürchten mussten, bei Sonnenaufgang neben ihren Holzschuhen auf See zu treiben. Kennen Sie den höchsten Punkt der Nieder-Lande? Es ist der Vaalserberg im Dreiländereck bei Aachen mit lächerlichen 322,7 Metern. Der tiefste Punkt Hollands liegt im Zuidplaspolder bei Gouda. Eingerahmt von der A20, einem Autohaus und ein paar Buchsbüschen steht eine meterhohe Aluminiumsäule. Davor sprüht eine Fontäne Wasser in den Regen. Auf der Säule ist eine dunkelblaue Skala, die den Meeresspiegel anzeigt: Der Zuidplaspolder liegt 6,74 Meter unter Normalnull. Er ist übrigens auch der Tiefpunkt Europas.

Elf Millionen Holländer leben unter dem Meeresspiegel –

und der steigt immer weiter an. Damit das Käseland eben nicht in Not gerät, investiert es Milliarden in Sperrwerke an den Küsten und Flussmündungen. Rotterdam zum Beispiel hat sich ein gigantisches Tor in den Hafen gesetzt. Zwei tonnenschwere Flügel, die sich bei einer Sturmflut zusammenschieben und über eine Million Menschen vor dem Wasser schützen sollen.

Noch eine Nummer größer ist das Oosterscheldewehr, ein kilometerlanger Damm, der im Ernstfall die gesamte Region Zeeland abriegelt und allmählich zu einer sonderbaren Touristenattraktion mit Spaßbad und Seelöwenshow mutiert. Es gibt viele solcher Wehre. Das hat mit jener Nacht im Winter des Jahres 1953 zu tun, die sie in Holland «de Ramp» nennen, die Katastrophe: Eine Springflut und ein schwerer Sturm erfassten den Süden des Landes, schnell stieg das Wasser um drei, vier Meter an. Es überraschte die Menschen im Schlaf, und zweitausend von ihnen starben. Auch wenn die Küsten heute bis über sieben Meter Wasserhöhe sicher sein sollen, fürchten sich viele Holländer noch immer. Nachts, wenn der Wind über die Brandung heult und man nicht weiß, ob man das Meer lieben oder hassen soll.

In solchen Nächten haben einige Küstenbewohner Albträume. Andere haben Visionen.

Und manche haben gleich beides. Es ist keine fünf Jahre her, da träumte Johan Huibers von einer verheerenden Sturmflut. Sie kam plötzlich, und niemand hatte sie vorhergesagt. Schnell war klar, dass der Wind stärker blies und die Wellen höher schlugen als bei der Katastrophe in den Fünfzigern. Holland schloss die teuren Tore und Barrieren, doch es half nichts. Das Wasser stieg und stieg, überwand die Wehre, und alle Dämme brachen. Wie eine Walze überrollte das Meer die Küste und riss jedes Haus, jeden Menschen und jedes Tier mit sich. Doch sein Hunger war noch nicht gestillt. Ohne Erbarmen fraß sich die Flut nun auch ins Inland, bis sie ganz Holland verschlungen hatte.

Am nächsten Morgen konnte sich Johan an jedes Detail seines Traums erinnern. Und weil er ein gläubiger Mensch ist, hielt er es für ein göttliches Zeichen. Er las die Heilige Schrift und erschrak, als er erkannte, dass Noah zu seiner Zeit denselben Traum hatte. Johan begriff, welches Schicksal der Herr ihm in dieser Nacht zuteilwerden ließ. Er nahm einen Hammer und eine Axt, fällte eintausend Bäume und tat es dem Mann gleich, der die Menschheit einst vor der Sintflut gerettet hatte. Johan Huibers zimmerte eine Arche.

Es bleiben Zweifel, als ich an der Seite von Deborah Huibers durch eine siebzig Meter lange, zehn Meter breite und zwölf Meter hohe Holzarche laufe. Sie ist die Tochter von Johan, der absagen musste, weil er gerade an einer neuen, doppelt so großen Arche baut. Allein.

Deborah hätte eine wunderbare Frau Antje abgegeben. Auch sie ist ein wenig zu stark geschminkt, mit langem, goudafarbenem Haar und freundlichen Kuhaugen. Wie zwei Holzschuhe hängen der Produzent und ich an ihr, als sie uns über das Schiff führt. Die Arche schwimmt auf einem Ponton und tourt als Attraktion durch ganz Holland. Sie gleicht ihrem biblischen Vorbild bis ins Detail: Über einem gigantischen, geschwungenen Rumpf thront eine Konstruktion aus vier Holzwänden und einem Giebeldach. Der Innenraum hat vier Stockwerke, Platz für eintausend Menschen. An den Seiten sind Ställe, in denen geschnitzte Giraffen, Elefanten, Büffel und andere Holzviecher aller erdenklichen Rassen stehen. Von jeder Art genau ein Paar.

«Sie haben hier sicher viele Besucher!»

«Ja, bis heute schon eine halbe Million.»

Deborah strahlt. Sie hat allen Grund zur Freude. Erwachsene zahlen fünf Euro Eintritt, Kinder bis zwölf Jahre immerhin drei Euro. Die Arche akzeptiert auch VISA und Mastercard. Auf der untersten Ebene des Schiffes ist ein Kinoraum, in dem gerade ein Zeichentrickfilm über die Sintflut läuft. Nebenan kann jeder selbst mal Gott spielen. Du ziehst an einem Seil, das löst eine Mini-Sintflut aus, und schon schießt eine Plastikarche über eine Wasserrutsche und knallt gegen die Wand. Manchmal kippt das Schiff dabei um.

«Erkennst du das hier?»

Deborah deutet auf eine Holzkiste mit Tragegriffen, die jemand mit goldener Farbe besprüht hat. Darauf stehen zwei Plastikengel. Die Bundeslade.

«Das habe ich schon mal bei Indiana Jones gesehen», antworte ich, und sie blickt mich fragend an.

Eigentlich ist Deborah gelernte Stewardess, dann aber folgte sie den Visionen ihres Vaters, des Archetypen. Nun führt sie Schulklassen, Rentner und Presseleute durch das Schiff – ein anständiger Job. Andere in ihrem Alter besuchen Castings und enden als Käsemädchen.

«Geht es hier auch ein wenig um Mission?»

«Türlik, wir wollen den Leuten zeigen, dass die Bibel echt gut ist und dass man viel aus ihr lernen kann. Das ist unser großes Ziel. Wollt ihr noch die oberste Etage des Schiffes sehen?»

Wir folgen Deborah auf das Oberdeck. Dort präsentiert sie uns einen ausgestopften Noah aus Textil. Er sieht angeschlagen aus. Mit gekrümmtem Rücken und Schreibfeder in der Hand beugt sich der Meister über eine Papyrusrolle. Sein grauer Haarkranz ist ihm über die Schultern gewachsen und fließt in einen langen grauen Rauschebart. Das karge Leben auf der Arche hat dunkle Schatten in sein Gesicht gezeichnet.

«Das zeigt ihn, als er schon 600 Jahre alt war!»

«600 Jahre?»

«Ja, das ist unglaublich, oder?»

Ein biblisches Alter, das stimmt. In den Geschichten der Heiligen Schrift überdauern manche Protagonisten eben Jahrhunderte. Noah starb übrigens erst mit 950 Jahren. Im zarten Alter von 500 zeugte er seine drei Söhne.

Weiter hinten im Schiff stehen Plakatwände mit Fotos und Textwüsten. «Wat zegt de Bijbel?» steht darüber. Deborah erklärt, es handele sich um wichtige Informationen zur Schöpfungsgeschichte.

«Seid ihr daran auch interessiert?»

«Nur so ganz grob: Schöpfung oder Evolution?»

«Schöpfung natürlich. Also, wir stammen sicher nicht vom Affen ab», lächelt Deborah, und so langsam zweifele ich an ihr.

«Das sind Kreationisten, Dennis», flüstert mir der Produzent zu.

«Was?»

«Die glauben noch an Adam und Eva!»

Und plötzlich fällt mir ein, was ich über Johan Huibers, den Nachwuchsnoah, gelesen hatte. Nach seinem Albtraum soll er verkündet haben, von nun an glaube er jeden Buchstaben in der Bibel. Was das bedeutet, kann ich jetzt live und in Farbe sehen. Wir schlendern an einer Wandmalerei vorbei. Zarte braune Pinselstriche auf weißer Fläche. Im Vordergrund ist Noah zu sehen, im Hintergrund ein zotteliger Elefant mit erstaunlich langen, geschwungenen Stoßzähnen. Hat der Bibelkapitän auch Mammuts gerettet? Deborah führt uns zu einer Schautafel mit den Kontinenten und einer Zeitleiste. Überschrift: «Creation versus Evolution».

«Wir glauben, dass die Erde erst 6000 Jahre alt ist.»

«6000? Das habe ich noch nie gehört.»

«Doch, es ist wahr!»

«Seltsam, meine Biolehrerin hat uns immer von der Evolution erzählt. Darwin. Survival of the Fittest und der ganze Kram. Das soll viel länger gedauert haben.»

Deborah schüttelt den Kopf und deutet auf das Bild eines Einzellers.

«Soll das dein Ur-Opa sein? Das glauben wir nicht. Gott hat den Menschen und alle Tiere in sechs Tagen erschaffen. 4000 Jahre vor Christus.»

«Aber gibt es nicht wissenschaftliche Funde, Fossilien, die viel älter sind?»

«Ich bin kein Wissenschaftler. Und unser Glaube ist keine Wissenschaft. Wir glauben, was die Bibel sagt, und überhaupt: In der Zeitung steht, diese Fossilien sind Millionen Jahre alt. Aber nicht alles, was in der Zeitung steht, ist richtig. Vielleicht ist die Bibel richtig?»

Deborah drückt mir ein orangefarbenes Büchlein in die Hand. Auf dem Cover ist eine Arche Noah und noch etwas anderes. Grün, groß und gefräßig: ein Tyrannosaurus Rex. Titel: «Dinosaurier und die Bibel».

«Noah hatte Dinosaurier auf seiner Arche?»

«Türlik!»

«Wie sollen die denn auf das Schiff gepasst haben?»

«Noah hat nur Dinosaurierbabys mitgenommen. Die waren noch ganz klein und harmlos. Außerdem: Alle Dinosaurier waren ursprünglich Vegetarier, Fleischesser sind erst nach der Flut entstanden.»

Ich sehe in Deborahs blaue Kulleraugen und suche darin nach Zweifeln. Nichts. «Das sind alles völlig neue Erkenntnisse für mich. Darüber muss ich erst nachdenken.»

«Ja, die Medien wollten nicht, dass das bekannt wird. Aber jetzt weißt du es.»

«Und sagen Sie, ist Holland eigentlich in Not?»

«Nö.»

«Nö?»

«Nö. Wer dem Herrn folgt, der ist niemals in Not.»

KAPITEL 2

# «IST PARIS NOCH DIE STADT DER LIEBE?»

## PROBELIEGEN BEI MONSIEUR ROGER

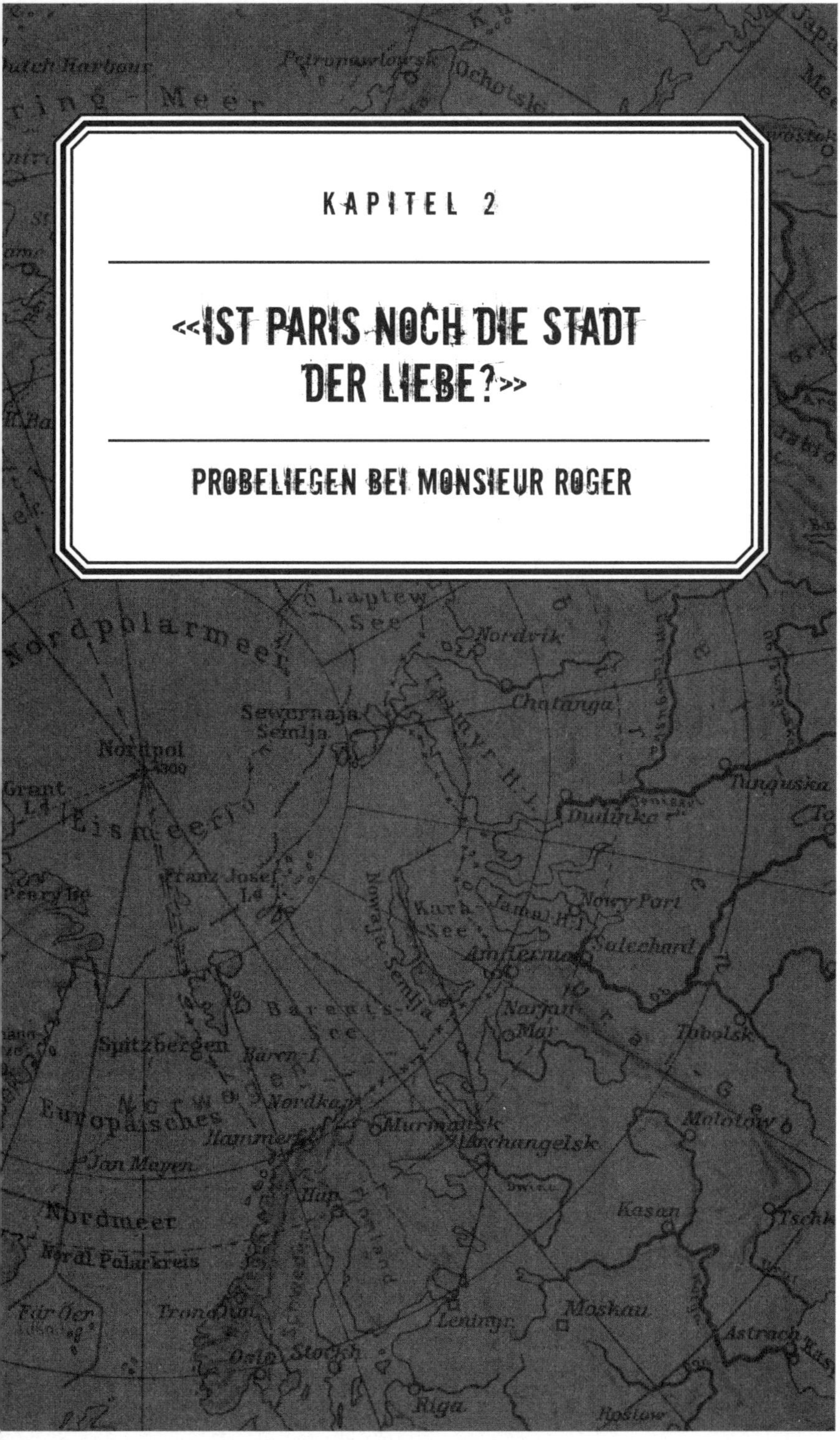

**Kennen** Sie Alfons, den französischen Straßenreporter mit dem Puschelmikrophon? Er hatte mich gewarnt. «Versuch das nicht!», sagte er. «Der Wickert hat das in den Achtzigern getan, aber heute ist es wirklich gefährlich!» Vielleicht hätte ich auf ihn hören sollen, nun ist es zu spät.

Ich stehe unter dem Obelisken im Zentrum der Place de la Concorde und zähle die Fahrspuren der monströsen Straße, die um mich herumführt. Es gibt keine. Ohne jede Markierung brettern Motorräder, Autos und Lastwagen in Zehner- oder Zwölferreihen vorbei. Manchmal kann ich dazwischen den Produzenten erkennen. Er steht mit seiner Kamera auf der anderen Straßenseite und wartet. Er wartet schon lange.

Ich könnte die Fußgängerampel benutzen. Normale Menschen tun das – sogar die Franzosen. Aber ich finde das feige. Ich will es exakt so machen wie Ulrich Wickert. Ich will die Mutprobe bestehen, die den gewöhnlichen Auslandskorrespondenten von der Reporterlegende unterscheidet.

Wickert wirkte völlig gelassen, als er dem deutschen Fernsehpublikum präsentierte, wie man die Place de la Concorde am einfachsten überquert. «Es sieht unmöglich aus, aber es geht», sagte er und marschierte, ohne nach links oder rechts zu blicken, quer über die Fahrbahn. Genau so muss Jesus übers Wasser gelaufen sein. Wickert plauderte dabei sogar fröhlich ins Mikrophon: «Wenn man nicht hinschaut», erklärte er, «dann denken die Fahrer, sie müssen aufpassen.»

Doch ich habe Angst. Denn seit Wickerts Zeiten hat sich an der Place de la Concorde etwas Entscheidendes verändert: Es gibt Ampeln. Früher blieb den Fußgängern nichts anderes übrig, als blind über die Fahrbahn zu hechten, und die Pariser Autofahrer hatten sich daran gewöhnt. Heute haben sie sich an die Fußgängerampeln gewöhnt.

Soll ich es wirklich wagen?

Ich fasse mir ein Herz und setze den rechten Fuß auf die Fahrbahn. Dann den linken. Dann gehe ich weiter. Einen Schritt nach dem anderen. Zen. Nur nicht zur Seite gucken. Nur nicht ... o verdammt, ich hab's getan! Schreiend renne ich zurück zum Obelisken, atme tief durch und versuche es noch einmal. Langsam. Schritt für Schritt. Nicht gucken, nur gehen. Einfach weitergehen. Wagen rauschen an mir vorbei, ich blicke ihnen nicht nach. Ein Bulli hupt in meinem Rücken, ich reagiere nicht. Ein Mofa streift meinen Koffer, ich gehe weiter, einfach weiter, und irgendwann stehe ich zitternd neben dem Produzenten. Er ist der erste Mensch, den ich um eine Zigarette bitte. Ich bin überzeugter Nichtraucher.

Kurz darauf biete ich selbst eine an. Ich stehe neben einem Kiosk im Stadtviertel Bastille, und die Abendsonne fällt auf ein französisches Wörterbuch in meiner linken Hand. «Voulez vous une cigarette?», frage ich ein Mädchen mit kurzen blonden Haaren. Sie lächelt. «Je regrette», sage ich, «es tut mir leid. Ich habe gar keine Zigaretten. Aber würdest du vielleicht mit mir ausgehen?» Jetzt lächelt das Mädchen nicht mehr und dreht sich um. Ich versuche es bei zwei Studentinnen: «Avez vous envie de prendre un café chez moi? – Habt ihr Lust, einen Kaffee bei mir zu trinken?»

Sie lachen mich aus. Die Mädchen lachen noch lauter, als sie den Produzenten bemerken, der uns aus der Ferne filmt. Ja, das hier ist eine Straßenumfrage mit versteckter Kamera. Ich spiele weiter den Filou und frage Damen, die eindeutig zu alt für mich sind, was sie am Abend vorhaben: «Je cherche l'amour!» Sie prusten vor Lachen und wünschen mir «Bonne chance!».

Im Fernsehen wirkt es charmant, aber für mich ist es eine Tortur. Ich fühle mich wie mein Kollege Alfons, der mit naiven Fragen und französischem Akzent Rentner auf dem Wochenmarkt in Hamburg-Niendorf interviewt: «Isch möschtö Sie etwas fraggen. Was wärren Sie liebär: schwul odär ein Politikär?»

Nur umgekehrt: Ich bin ein deutscher Alfons in Paris. «Ich kann euch Deutsche nicht verstehen», hatte er mir vor der Reise gesagt. «Ihr fahrt nach Paris, redet von ‹Stadt der Liebe› und findet alles, aber auch wirklich alles toll. Für uns Franzosen ist diese Stadt einfach nur ein dreckiges Loch. Wir hassen Paris.»

Es beginnt zu regnen. Wir beenden den Drehtag, und der Produzent begleitet mich ins Hotel, ein moderner Bau in der Rue de Bagnolet. Unverputzte Betonwände, Stühle und Tische aus Plexiglas. Die Bäder sind gelb gestrichen, und über den rechteckigen Waschbecken baumeln schwarze Lampenschirme. Auch mein Zimmer ist schwarz. Zwei Wände sind schwarz gestrichen, an den übrigen hängen Spiegel, die das Schwarz aufsaugen. Auf meinem Nachttisch steht eine schwarze Statue. Jemand hat ihr eine Glühbirne in den Kopf geschraubt. Ihr schummriges Licht fällt auf den schwarzen Teppich und den schwarzen Vorhang hinter meinem Bett, der das kleine Fenster zur Straße verdeckt. Es ist ein cooles Hotel, aber es macht depressiv. Der Produzent übernachtet anderswo. Er bleibt bei seiner Freundin Babette, die in der Nähe ein kleines Apartment bewohnt. Für ihn ist Paris heute ganz sicher die Stadt der Liebe.

Und für mich? Mir geht es wie allen Deutschen, die nach Paris kommen. Egal, wo ich in dieser Stadt auch hinsehe, ich finde sie zum Niederknien schön. Und genau das ist mein Problem. Setz dich mal einen Nachmittag lang auf die Stufen des Sacré-Cœur und blicke vom Montmartre aus über die Dächer der alten Gebäude. Du siehst die kleinen Schornsteine, die verzierten Fenster, im Vordergrund beginnt eine altmodische Laterne zu glimmen, und irgendwo spielt jemand Chansons von Gilbert Bécaud. Du magst diesen Touristenscheiß noch so sehr hassen, dennoch wächst etwas in dir, das du nicht aufhalten kannst. Es beginnt im Bauch, kriecht langsam durch alle Organe bis in dein Herz, und wenn du allein bist, dann tut es weh. Ich bin allein. Und Paris macht alles noch schlimmer.

Das war schon früher so. Ich war dreizehn und unsterblich verliebt in Verena, ein Mädchen aus meiner Klasse mit Pagenkopf und Zahnspange. Als ich hörte, dass sie mit einer Gruppe des Gemeinschaftszentrums Ziegenbrink für ein Wochenende nach Paris fahren wollte, entdeckte ich meinen Gemeinschaftssinn und schloss mich an. Wir saßen im Bus nebeneinander, und im Euro Disney habe ich zum ersten Mal versucht, sie zu küssen. Es war auch das letzte Mal.

Auch die zweite Paris-Geschichte aus meiner Kindheit hat mit einer Busreise zu tun. Vielleicht hatte meine Mutter tatsächlich romantische Gedanken, als sie die fünftägige Tour inklusive Hotel und einer Bootsfahrt auf der Seine buchte. Der Trip endete in einem billigen Hotel im Rotlichtbezirk Pigalle. Ich kann mich noch an den finsteren Typ in Unterhemd und Hosenträgern erinnern, der am Empfang hinter Panzerglas saß und meiner Mutter die Zimmerschlüssel in die Hand drückte. Direkt unter unserem Bett fuhr die Metro, im Nebenzimmer verprügelte jemand eine Frau, und Mutti weinte. Am nächsten Morgen wanderten wir durch Pigalle. Vorbei am Moulin Rouge, an den Sexshops und an Frauen in roter Reizwäsche, die in den Hauseingängen auf Freier warteten. Es waren meine ersten Eindrücke von Paris bei Tageslicht: «Mama, sind eigentlich alle Franzosen versaut?»

«Franzosen machen immer Liebe. Jedes Jahr, jeden Monat und jeden Tag», sagt Alain Plumet, ein altes Männlein im Trenchcoat mit grauem Kinnbart und Knopfaugen. Ich folge ihm durch das Musée de l'érotisme, das Erotikmuseum im Herzen von Pigalle, vorbei an riesigen Porzellanpenissen und kopulierenden Statuen. Eine Figur steckt der anderen einen Eiffelturm in den Hintern, in der Ecke läuft ein Hardcore-Porno, und im Treppenhaus hängt ein Spiel mit einem heißen Draht. Wenn man sich geschickt anstellt, dann stöhnt eine großbusige Frau. Das gefällt Plumet: «Öhö, öhö», stöhnt er mit ein. Alain Plumet ist der Kurator dieser bedeutenden Vernissage.

«Ich war auch mal beim Film.»

«Ach wirklich? In welchem Bereich?»

«Erotik.»

«Wollen Sie darüber reden?»

«Non.»

Später finde ich heraus, dass Alain in den siebziger Jahren Pornodarsteller war. Als «Cyril Val» brillierte er in «Sweet Young Girls», «Die Frauen der Anderen» und «Exzesse in der Frauenklinik», dem wohl bekanntesten Film aus seinem Œuvre. Monsieur Plumet zeigt mir einen Klappstuhl, der mit Tigerfell bezogen ist. An der Vorderseite fehlt ein Stück, und in dieser Lücke dreht sich ein Rad mit langen, klebrigen Zungen aus Silikon. Alain grinst.

Erotikmuseen sind keine Seltenheit. Man findet sie in den Schmuddelvierteln und Touristenmeilen der großen Städte, und meistens ziehen sie eher Besoffene als Kunstliebhaber an. Auf den Fluren ist heute nicht viel los. Ein paar Japaner sind da und kichernde Mädchen, die mit ihren Handys Plastikpenisse fotografieren. «Es gibt verschiedene Formen der Liebe», lächelt Plumet, er vertrete nun mal die körperliche.

Alain führt mich auf eine Etage mit weinrot gestrichenen Wänden, an denen Aktzeichnungen und Porträts von Huren hängen. In einer Glasvitrine steht ein bunter Mini-Puff. «Ich will dir verraten, woher der Begriff ‹Stadt der Liebe› kommt», sagt Plumet, und plötzlich bilden sich um seine Augen Fältchen. Er verändert sich. Alain wechselt vom Pornodarsteller

zum Professor, das passt zu der silbernen Brille und dem Joseph-Beuys-Hut, der seine Glatze bedeckt. «In Paris», doziert er, «gab es früher große Edelbordells mit prachtvollem Mobiliar und wunderschönen Frauen, und deshalb kam alle Welt hierher. Ganz Paris war ein Bordell.»

Dann sei die Wehrmacht gekommen, erklärt Alain. Und auch die Deutschen waren offenbar angetan von den Etablissements mit dem ausgefallenen Design und den Damen, die für Geld zu fast allem bereit waren. Deutsche Offiziere besetzten zwanzig Puffs und lebten ihre Phantasien im Stellungskrieg aus. Die Prostitution florierte, und Hermann Göring persönlich soll einmal das «Le Chabanais» besucht haben, in dem zuvor ein englischer König Stammgast gewesen war. Und weil es Göring und den Nazis so gut gefiel, nannten sie Paris die Stadt der Liebe.

«Und heute?»

«Heute gibt es keine mehr.»

«Keine mehr?»

«Non.»

Das also ist die Lösung. Paris war einmal die Stadt der käuflichen Liebe. Eine weitere ernüchternde Erkenntnis meiner Recherche: Es ging die ganze Zeit nur um Sex. Habe ich Wilma Brunkhorst womöglich unrecht getan? Wollte sie nicht wissen, ob Franzosen schmutzig sind?

Zur Feier des Tages gibt der Produzent eine Runde Puffbrause aus – Piccolosekt aus untypisch großen Flaschen. Santé! Wir flanieren durch die Stadt und sehen Frankreich mit ganz anderen Augen: erigierte Flaschenhälse, stramme Säulen, phallisches Gebäck. Bald stehen wir vor einem dubiosen, grün lackierten Portal mit zwei viereckigen, verspiegelten Gucklöchern, darüber hängen eine goldene Laterne und die Hausnummer sechs. Zwei Palmen rahmen das sonderbare Ensemble ein. Vor dem Eingang wartet Babette.

«Pass auf: Matthias und ich gehen da jetzt rein und regeln das. Dann kommt Monsieur Roger und holt dich dazu.»

«Wer?»

Monsieur Roger ist der Besitzer dieses Swingerklubs. Ein Journalistenkollege von Babette hatte mal mit ihm zu tun, als er in diesem Milieu «recherchierte». Weitere Details möchte ich nicht wissen. Eigentlich will ich gar nichts mehr wissen. Ich habe genug von dieser notgeilen Stadt der Liebe, und kaum sind die beiden hinter der Tür verschwunden, kippe ich mir die Reste aus den Piccolos auf ex in den Hals.

Der Alkohol hat genug Zeit, um zu wirken. Oh, là, là, denke ich mir, während sich mit einem Quietschen das Portal für einen Spalt öffnet. Ich gehe hinein, und dahinter steht wieder so ein Männlein, diesmal ein schüchternes. «Bonnschur!», sage ich und schüttele ihm frohgestimmt die Hand. Es ist Monsieur Roger, in anthrazitfarbenem Anzug und schwarzem Hemd. Ein schmächtiger Kerl, Mitte fünfzig, mit Brille, spitzen Ohren und Delon-Frisur. Ich folge ihm in sein Reich.

Das Entrée ist vollends in Rot gehalten und mit roten Vorhängen und Statuen barbusiger Frauen dekoriert. Ein roter Teppich führt in einen schummrigen, holzverkleideten Raum mit goldenen Säulen. An den Wänden – einige weisen deutliche Kratzspuren auf – hängen Kunstdrucke mit Tiermotiven und Szenen spätrömischer Dekadenz. Vier Betten mit schwarzen, abwischbaren Bezügen und Satinkissen warten auf Kundschaft. Über jeder Spielwiese hängt ein Spender mit Hygienetüchern.

«An guten Abenden», sagt Monsieur Roger, «treiben es hier hundert Paare gleichzeitig.»

«Hundert?»

«Oui, oui.»

Der Produzent filmt das Geschehen, seine Freundin hält sich im Hintergrund. Monsieur Roger hatte darauf bestanden, dass Babette dabei ist, um im Notfall zu übersetzen. Wohl nur ein Vorwand, denn während ich mit ihm rede, zwinkert er Babette immer wieder zu: «Vielleicht möchte Madame mit mir Probe liegen?» Der Produzent wirkt angespannt. Aber schließlich sind das hier professionelle journalistische Dreharbeiten.

Wir steigen eine enge Wendeltreppe mit schwarzen Stufen hinab und erreichen den Hauptraum, einen Saal mit verspiegelter Bar und Restaurant. Alles hier ist abwischbar: von den roten Sesseln bis zu den schwarzen Fliesen. Und auch hier haben europäische Nichtraucherverordnungen nicht haltgemacht: Monsieur Roger zeigt mir das Raucher-Séparée mit Aschenbechern und einer Extrapackung Kleenex. «Damit können sich die Frauen nach dem Rauchen den Mund abputzen, wenn Sie verstehen, was ich meine.» Ich verstehe und möchte das Séparée schnell wieder verlassen.

Es ist erst 14 Uhr, aber der Klub füllt sich bereits mit Pärchen, die sich durch unsere Kamera gestört fühlen. Sie wollen endlich loslegen. Frauen und Männer zwischen vierzig und sechzig Jahren in gewöhnlichen Straßenklamotten. Sie wirken absolut normal, es könnten meine Eltern sein, das überrascht mich. Die Regeln in diesem Etablissement sind übrigens einfach: Für Frauen ist der Eintritt gratis, Männer zahlen etwa vierzig Euro, dürfen aber nur hinein, wenn sie eine Begleiterin mitbringen. Im schummrigen Schein eines Elektro-Kronleuchters entdecke ich ein Foto. Es zeigt Monsieur Roger mit seiner Frau. Aber da ist noch jemand.

«Ist das etwa Gérard Depardieu?»

«Non, non, non, non – das filmen Sie bitte nicht!»

Ich bestelle einen Champagner und denke darüber nach, wie viele frustrierte Ehejahre ich wohl brauche, um eines Tages mit meiner Zukünftigen hier Stammgast zu sein.

«Wie ist das mit Ihnen – nehmen Sie Ihre Frau hier mit hin?»

«Natürlich! Meine Frau arbeitet auch hier, meine Tochter steht an der Bar, und ist Ihnen der Herr an der Kasse aufgefallen? Das ist mein Sohn.»

Ich blicke mich um und sehe einen jungen Mann mit weißem Hemd und schwarzen Haaren. Er winkt herüber.

«Dann ist das hier also ein Familienunternehmen?»

«Ja, seit über dreißig Jahren. Es geht hier sehr familiär zu.»

Ich möchte nicht weiter nachbohren. Offensichtlich ist Monsieur Roger in seinem Swingerklub auch gerne mal selbst zu Gast. Vielleicht sollte ich mich setzen.

«Eigentlich suche ich ja die Liebe», murmele ich. Jetzt wirkt Roger gerührt. Der Monsieur nimmt sich einen Barhocker und legt seine rechte Hand väterlich auf meine Schulter.

«Pass mal auf, mein Junge. Wenn du die Stadt der Liebe suchst, bist du hier in Paris falsch. Da musst du schon nach Venedig fahren.» Und dann erwischt der Bumsonkel einen Gedanken, der ihn für einen Augenblick zum Gelehrten macht: «Wenn du echte Liebe suchst, wirst du sie in Paris nicht finden. Und wenn du alleine in Paris bist, wirst du die Stadt hassen. Paris ist nur dann die Stadt der Liebe, wenn du deine Liebe mitbringst.»

Monsieur Roger hat recht. Ohne Liebe ist Paris nur eine Stadt. Und mein Herz nur ein Muskel.

## KAPITEL 3

# «WARUM WIRD MAN TORERO?»

## TANZ MIT DEM TOD

**Der** Ku-Klux-Klan trägt heute Lila. Und ich bin mal wieder underdressed. In grüner Militärjacke und abgewetzten Jeans habe ich mich zwischen die Brüder gemogelt, die nun links und rechts an mir vorbeimarschieren. Manche halten Kerzen in den Händen, andere schleppen Holzkreuze auf ihren Schultern. Und niemand sagt ein Wort. Ich spreche einen von ihnen an, aber er bleibt stumm, schreitet voran und blickt durch mich hindurch. Bin ich gar nicht da? Doch. Einer der Kuttenträger drängt mich beherzt aus dem Weg.

Nein, dies ist nicht Alabama. Dies ist die Innenstadt von Sevilla, und ich bin zu Gast auf der Semana Santa. Sieben Tage Ausnahmezustand – von Palmsonntag bis Ostersonntag. Tausende prozessieren in Büßerkostüm und Sandalen über das Kopfsteinpflaster. Manche in Lila, andere in Schwarz, Weiß oder Weinrot – je nachdem, aus welchem Viertel sie kommen. Begleitet von Trommeln und silbernen Trompeten, die in der Sonne blitzen, schleppen die Capuchones das Mobiliar ganzer Kirchen durch die Innenstadt: Leuchter, Marienbilder und Pasos – schwere, goldbeschlagene Holzbahren mit vier Tragbalken, auf denen die Büßer Madonnenstatuen und handbemalte Figuren von Heiligen balancieren. Ein Paso kann mehrere Tonnen wiegen, und manchmal sind dreißig Mann nötig, um ihn zu heben.

Auch kleine Jungs dürfen schon mitbüßen, mit spitzen Mützchen und Kinder-Kutte. Der Rest der Stadt steht am Straßenrand und klatscht, und hoch über allen, oben auf einem kleinen Balkon, singt eine alte Frau ein Klagelied. Sevilla ist die Wiege des Flamenco und das Herz des Stierkampfs.

Nur wenige Straßen entfernt liegt eine der ältesten Arenen Spaniens, die Real Maestranza. Eine Schönheit aus dem 18. Jahrhundert mit stuckverzierten, weiß getünchten Außenwänden, Balustraden und spitzen Türmen. Ockerfarben umrandete, blutrote Holztüren führen ins Innere.

Manche vergleichen die haushohen Pforten mit den Toren zur Hölle. Doch noch ist es dahinter friedlich. Ein Platzwart fährt mit dem Rechen durch den Sand, andere fegen die steinernen Ränge und Emporen, die sicher zwanzigtausend Menschen fassen können. Eine geschlossene Kette aus Torbögen rahmt das Rondell ein. Ähnlich stelle ich mir das Kolosseum in Rom vor.

Vor der Arena hat sich eine Schlange gebildet. Männer, ausschließlich Männer. Sie nennen sich «Aficionados», Stierkampf-Fans, und hoffen auf Karten für den Ostersonntag. Das Ende der Semana Santa ist der Beginn der Stierkampfsaison. Und die Aficionados wollen Blut sehen.

«Por qué es la corrida de toros tan importante aqui?» Mein Spanisch könnte besser sein. Aber ich glaube, ich habe gerade gefragt, warum Stierkampf in Sevilla so wichtig sei.

«Por qué, por qué, por qué?», ruft ein alter Mann mit Seppelhut, Sonnenbrille und blauem Sakko. «Na warum wohl? Das ist seit Jahrhunderten so!»

«Seit Jahrhunderten?»

«Si, si, es una fiesta nacional!»

«Ein Fest von nationaler Bedeutung?»

«Exactamente! Es war so, und es wird immer so sein!»

Ein anderer mit Baskenmütze redet so schnell, dass ich

nur zwei Wörter verstehe, aber die kommen in jedem Satz vor: Honor und Corazon. Und jedes «Corazon!» betont er mit solcher Hingabe, als wäre es sein letztes Wort. Wenn Gott den Holländern ihren Käse und den Franzosen den Sex gegeben hat, dann schenkte er den Andalusiern das Feuer. Doch sie können auch leise.

«Warum wollen alle Torero sein?» Ein buckliger Herr weist schweigend auf ein Plakat, das an der Außenmauer der Arena klebt. Darauf sind die Kämpfe der Saison verzeichnet und alle Namen der Matadoren, die in diesem Jahr ihr Glück versuchen. Der Mann deutet auf Manuel «El Cid» Jesús und hebt den Daumen. «Muy bien!», sagt er, dann zeigt er auf den nächsten, schüttelt den Kopf und stöhnt. Offenbar ist dieser Torero den Eintritt nicht wert. Der Weißhaarige geht mit mir die ganze Liste durch, bis seine Finger auf einem Namen verharren: José Tomás. «El Rey!», ruft der alte Mann und küsst die Handflächen. Dabei ist sein Blick so voller Ehrfurcht, als spräche er vom Heiland.

Du kannst in der Plaza de Toros sterben, und du kannst darin unsterblich werden. José Tomás ist auf den Sandböden der Arenen zum König geworden. Die Andalusier sagen, «El Rey» sei der beste Torero aller Zeiten. Das liegt an seinem Stil. José Tomás kämpft nicht, er tanzt. Niemand ist so furchtlos wie er. Manchmal trennen ihn nur Zentimeter von den 600-Kilo-Monstern, die auf ihn losgelassen werden, aber «El Rey» bleibt gelassen. José Tomás bäumt sich vor dem Stier auf, dann führt er ihn mehrmals langsam an seinem Körper vorbei, hin und her. Nach drei, vier Figuren wendet sich der Torero ab, dreht dem Tier den Rücken zu, hebt das Kinn und blickt auf die Ränge. Er lässt den Stier einfach stehen.

«Ich will lieber in der Arena sterben als bei einem Autounfall», soll «El Rey» gesagt haben. Die Aficionados lieben ihn dafür, und seine Kollegen halten ihn für verrückt. Denn natürlich hat dieser riskante Stil einen Preis. Nur wenige Toreros verletzten sich so oft und so schwer wie José Tomás. Er landet immer wieder auf den Hörnern, in einem denkwürdigen Kampf sogar drei Mal.

Horn Nummer eins bohrte sich in seinen Bauch. Das Blut spritzte «El Rey» bis ins Gesicht, doch er kämpfte weiter. Dann erwischte der Stier den Oberschenkel, aber der Torero hielt durch. Und während er zum Todesstoß ansetzte, nahm ihn der Stier das dritte Mal auf die Hörner. «El Rey» richtete sich auf, ließ das Tuch fallen und breitete seine Arme aus. Er stand regungslos einen Meter vor dem Stier und starrte ihm in die Augen. Das Tier wankte, dann brach es zusammen.

Ein guter Matador bekommt ein Ohr als Trophäe. Ein sehr guter beide Ohren. «El Rey» schritt an diesem Tag aufrecht aus der Arena und reckte seine Hände in den Himmel. Darin hielt er beide Ohren und den Schwanz des Stiers.

«So ist das in Spanien», sagt Luis Gilbérez, ein Tierschützer mit buschigen Augenbrauen und grauem Rauschebart, den ich nachts vor der Real Maestranza treffe. «Ein Torero genießt hohes Ansehen, verdient einen Haufen Kohle und bekommt eine Audienz bei Juan Carlos persönlich. Professoren nicht.»

Es gibt einen Grund, warum wir uns in der Dunkelheit vor das Haupttor geschlichen haben. Tagsüber sollte sich Luis hier besser nicht blickenlassen. Immer wieder beschmiert er Torero-Statuen, die um die Arena herum stehen, in roter Farbe mit dem Wort «Asesino» – Mörder.

«Wie lange wollen Sie das noch machen?»

«So lange, bis die dadrin endlich aufhören.»

Luis zieht ein Foto aus seiner Tasche. Er hat es während eines Kampfes selbst geschossen.

«Sie besuchen Stierkämpfe?»

«Ab und zu schon. Du musst deinen Feind kennen, wenn du ihn besiegen willst.»

Auf dem Foto liegt der Stier bereits am Boden. Sein Maul ist geöffnet, und die Zunge hängt heraus. Mehrere Lanzen bohren sich in seinen Rücken, das Blut rinnt über sein glänzendes Fell in den Sand. Auf den Rängen hält sich eine Frau die Augen zu. Auch der Rest des Publikums ist geschockt.

«Das hier ist das Ende. Sie stechen mit der Klinge in den Hals.»

«Und ist der Stier tot?»

«Noch nicht ganz. Sie sind dabei, ihn zu töten. Die meisten Toreros stoßen ihre Lanze erst zwischen die Schulterblätter. Dann stechen sie dem Stier ins Genick, und das Tier erstickt langsam. Aber wenn sie ihnen die Ohren und den Schwanz abschneiden, sind die meisten Tiere noch gar nicht tot. Weißt du, welche Geräusche ein Stier dann von sich gibt?»

Am nächsten Morgen verlasse ich Sevilla und reise nach Gerena, einem kleinen Ort in den Hügeln fünfzig Kilometer vor der Stadt. Von dort aus geht es weitere sieben über eine Schlaglochpiste, dann fahre ich durch ein Tor aus zwei Steinpfeilern mit einem pfannenbesetzten Bogen darüber. Dahinter liegt die Hazienda La Calera. Rosafarbene Blumen ranken an den schneeweißen Wänden der Finca, davor wachsen Dattelpalmen und Oleander. Eine schwarze Kutsche steht vor dem Eingang, wo ein stattlicher, braungebrannter Mann mich begrüßt: Borja Lora Sangran.

«Bienvenido!», ruft er und bittet mich in sein Haus. Auch das Innere ist wahr gewordenes Bilderbuch. Steinfußböden, Steinwände, ein Kamin und eine lange Tafel aus dunklem Holz. Ich begleite den Hausherrn an eine Bar, und er schenkt uns Sherry ein. Borja sagt, er führe die Farm nun schon in vierter Generation und seine Kampfstiere seien in ganz Spanien berühmt. «Vamos, ich zeige dir die Farm!»

Wir gehen ins Freie und steigen in einen offenen, mit Stahlplatten verkleideten roten Hänger. Ein Traktor zieht ihn über das Anwesen, vorbei an Magnolienbäumen und Olivenfeldern.

«Wo endet denn Ihre Farm?»

«Siehst du den Hügel dahinten?»

Borja deutet auf einen Berg. Ich bin kurzsichtig, aber immerhin erkenne ich, dass er sehr weit weg ist.

«Fünf Kilometer hinter dem Hügel endet La Calera.»

«Und sind Sie schon einmal ganz um Ihr Land herumgefahren?»

«Nein, das würde zu lange dauern.»

Nach einer Viertelstunde halten wir, und der Fahrer des Traktors öffnet ein rotes Stahltor. Wir passieren es, fahren in einen lichten Wald aus Korkeichen, und plötzlich bebt die Erde. In einer braunen Staubwolke donnert eine Herde aus fünfzig Kampfstieren direkt an unserem Hänger vorbei. Ihre Hufe zerwühlen den Lehm und reißen das Gras aus dem Boden, ihre Hörner sind gewaltig, und ihr Fell ist so schwarz wie die Nacht. Jeder Stier wiegt mindestens eine halbe Tonne.

«Die sind jetzt vier Jahre alt, bald gehen sie in die Arena!», erklärt Borja, und bis dahin sollen die Tiere möglichst wild leben und wenig Kontakt zu Menschen haben. Hat er nicht Mitleid mit ihnen?

«Manchmal schon, aber am Ende des Kampfes stirbt der Stier, das gehört nun mal zum Theater. Und überhaupt:

Wenn der Bulle in der Arena nicht getötet wird, was soll ich mit ihm anfangen?»

«Ist Stierkampf ein Sport?»

«Es ist eine Kunst. Die Kunst des Tötens.»

In Spanien zählt die Corrida de Toros tatsächlich zu den schönen Künsten. Und vor zwei Jahren verlieh das Kultusministerium die «Medalla de Oro», die Goldene Medaille der schönen Künste, an José Tomás, «El Rey».

Sind Toreros nun Helden oder Mörder? Eines wird mir klar: Wenn ich die Antwort finden will, muss ich selbst Torero werden.

Schon bald finde ich mich auf dem Sandboden einer Miniaturausgabe der Real Maestranza wieder, ich stehe im Zentrum einer Trainingsarena mit sandweißen Wänden und einer Tribüne für fünfzig Zuschauer. In den Händen halte ich ein Tuch, es ist gelb auf der einen und rosa auf der anderen Seite. Mit diesen Farben beginnen die Toreros den Kampf. Das rote Tuch, die Muleta, verwenden sie erst ganz zum Schluss. Die Farbe des Blutes hat nur symbolische Bedeutung, denn Stiere sind farbenblind, sie reagieren auf Bewegungen.

Ich blicke den Produzenten an, der die Szene durch einen Verschlag mit seiner Kamera filmt. Er zuckt mit den Schultern. Plötzlich höre ich ein Grollen. Es kommt aus den Katakomben der Arena und wird lauter. Eisenketten schlagen gegeneinander, und immer wieder prallt von innen etwas Großes gegen das Holztor. Es kratzt, scharrt und tobt, und mein Herz rast, als sich die Tür krachend öffnet. Dahinter steht ein Mann.

«Man nennt mich El Rubio de San Diego. Aber du kannst mich Alfredo nennen.»

Ein Mensch hat mir diesen Schrecken eingejagt?

«Du wirst dich gleich beruhigen. Das machen wir mit jedem Anfänger. Es soll dir zeigen, wie es sich anfühlt, wenn eine halbe Tonne an deine Tür klopft. Die meisten machen sich dabei in die Hose.»

Alfredo sieht aus wie ein Prinz aus dem Märchen. Er ist groß, und seine langen blonden Haare fallen auf den schneeweißen Kragen, den er unter seinem engen hellblauen Torero-Kostüm trägt. Im Sommer kämpft der Kolumbianer in Spanien, im Winter in den Arenen Lateinamerikas.

«Das Wichtigste sind Haltung und Stärke.» Alfredo schlägt sich fest auf den Hintern.

«Fuerte! Sei stark und zeige niemals Angst!»

Er baut sich vor mir auf, reckt seinen athletischen Körper, hebt das Kinn in den Himmel und streicht mit Dirigentenhänden sanft durch die Luft.

«Du musst dem Stier mit Ruhe begegnen. Kein Zucken, keine schnellen Bewegungen. Movimientos muy armónicos. Absolute Harmonie.»

Die nächste Lektion. Mit Stierhörnern in der Hand läuft Alfredo auf mich zu. Furchtlos lasse ich die Hörner kommen und führe sie mit dem Tuch langsam und ruhig an mir vorbei. Movimientos muy armónicos. Das war einfach.

«Ist es wie Tanzen?»

«Es ist ein Tanz. Ein Tanz mit dem Tod.»

El Rubio de San Diego hat schon oft mit ihm getanzt und ist dem Tod dabei sehr nah gekommen. Einmal, nur ein einziges Mal war er unachtsam, und der Stier schlitzte ihn der Länge nach vom Bauch bis zur Brust auf. Alfredo saß monatelang im Rollstuhl, aber nach zwei Jahren ist er in die Arena zurückgekehrt. Der Torero lässt den Blick vom Boden bis zum Himmel schweifen.

«Es una pasión. Una pasión muy grande. Wenn du einmal

vor zwanzigtausend Menschen gekämpft hast, dann lässt dich deine Leidenschaft nie wieder los. Du verbindest dich mit dem Publikum und spürst die Angst, die sich verbreitet und wie ein eiskalter Hauch durch die gesamte Arena weht. Wir Toreros sind die Gladiatoren der Gegenwart.»

Alfredo legt mir seine rechte Hand auf die Schulter.

«Es ist nun an der Zeit zu sehen, was du gelernt hast. Blicken wir der Realität ins Auge.»

Der Realität?

«Dein Herz wird rasen, deine Kehle wird austrocknen, und du wirst den Wunsch verspüren, im Kampf zu sterben.»

Der Torero wendet sich ab, verschwindet in den Katakomben, und wieder stehe ich mit meinem lächerlichen Tuch allein im Zentrum der Arena und weiß nicht, wie mir geschieht. Ich fürchte, diesmal ist es kein Trick. Alfredo meint es ernst. Aber irgendwie verspüre ich keinen Wunsch, im Kampf zu sterben.

Ich atme durch und blicke auf das Tor der Arena. Fuerte! Haltung. Jetzt bloß keine Angst zeigen. Das Portal öffnet sich wieder, aber nun ist kein Mensch dahinter, sondern ein junges Tier mit spitzen Hörnchen. Eine kleine Kuh. Ich muss lachen, aber das vergeht mir schnell. Das pechschwarze Vieh jagt auf mich zu, senkt den Kopf, und ich kann ihm nur knapp ausweichen. Dieses Tier hat nichts mit einer gemütlichen deutschen Milchkuh gemein. Das hier ist eine spanische Chica.

Die Kuh trabt aus. «Geh näher ran!», ruft Alfredo. «Mas cerca! Mas cerca!» Doch ehe ich reagieren kann, wetzt das Tier schon wieder auf mich zu. Diesmal streift es mich und reißt ein Loch in meine grüne Jacke. Ich versuche mich zu konzentrieren. Stärke. Keine Angst. Keine Zuckungen. Dem Stier mit Ruhe begegnen. Movimientos muy armónicos. Absolute Harmonie. Für eine Sekunde schließe ich die Augen, und in meinem Kopf geschieht etwas Sonderbares: Dreißig Jahre war mein Gehirn eine Disco. Laut, rastlos und vollgestopft mit Millionen viel zu komplizierten Gedanken. Kopfsalat. Doch jetzt bin ich kristallklar. Es gibt nur noch zwei Dinge: mich und diese Kuh. Mensch gegen Bestie.

Ich öffne meine Augen und mache ein paar Schritte auf das Tier zu. Die Kuh steht einfach nur da, wartet auf der anderen Seite der Arena und fixiert mich. Fuerte! Das Kinn in den Himmel. Ich spanne alle Muskeln, die ich an mir finden kann, und hebe das Tuch. «Venga!»

Meine Gegnerin lässt sich nicht lange bitten. Die Kuh nimmt Anlauf und prescht auf mich zu. Sie wird schneller, und ihre Schritte erschüttern den Sandboden unter mir. Jetzt senkt sie den Kopf und richtet ihre Hörnchen auf mich aus. Ich lasse sie kommen und denke an «El Rey». So wie

er werde ich die Kuh beherrschen. So wie er werde ich die Hörner ganz eng, wenige Zentimeter um meinen Körper führen. Ich muss die Kuh nicht töten, aber genauso wie José Tomás werde ich aufrecht aus der Arena schreiten. Die Kuh kommt. Noch drei Meter, zwei, anderthalb. Alles läuft wie in Zeitlupe. Im letzten Moment jedoch bekomme ich Schiss und halte das Torero-Tuch reflexartig schützend vor meinen Körper. Eine dumme Idee. Eine saudumme Idee. Nun rennt das Tier direkt in meine Beine, nimmt mich auf die Hörner und schleudert mich über seinen Rücken in den Sand. «Oh shit», ruft der Produzent, «Oh shit», ruft auch Alfredo. Bin ich tot? Ich hechte an den Rand der Arena und zähle meine Knochen. Alfredo scheucht die Kuh davon.

«Hast du es gespürt?»

«Ja.»

«Bravo. Nun bist du einer von uns, Torero.»

KAPITEL 4

# «WO ENDET EUROPA?»

## ALLES FLIESST

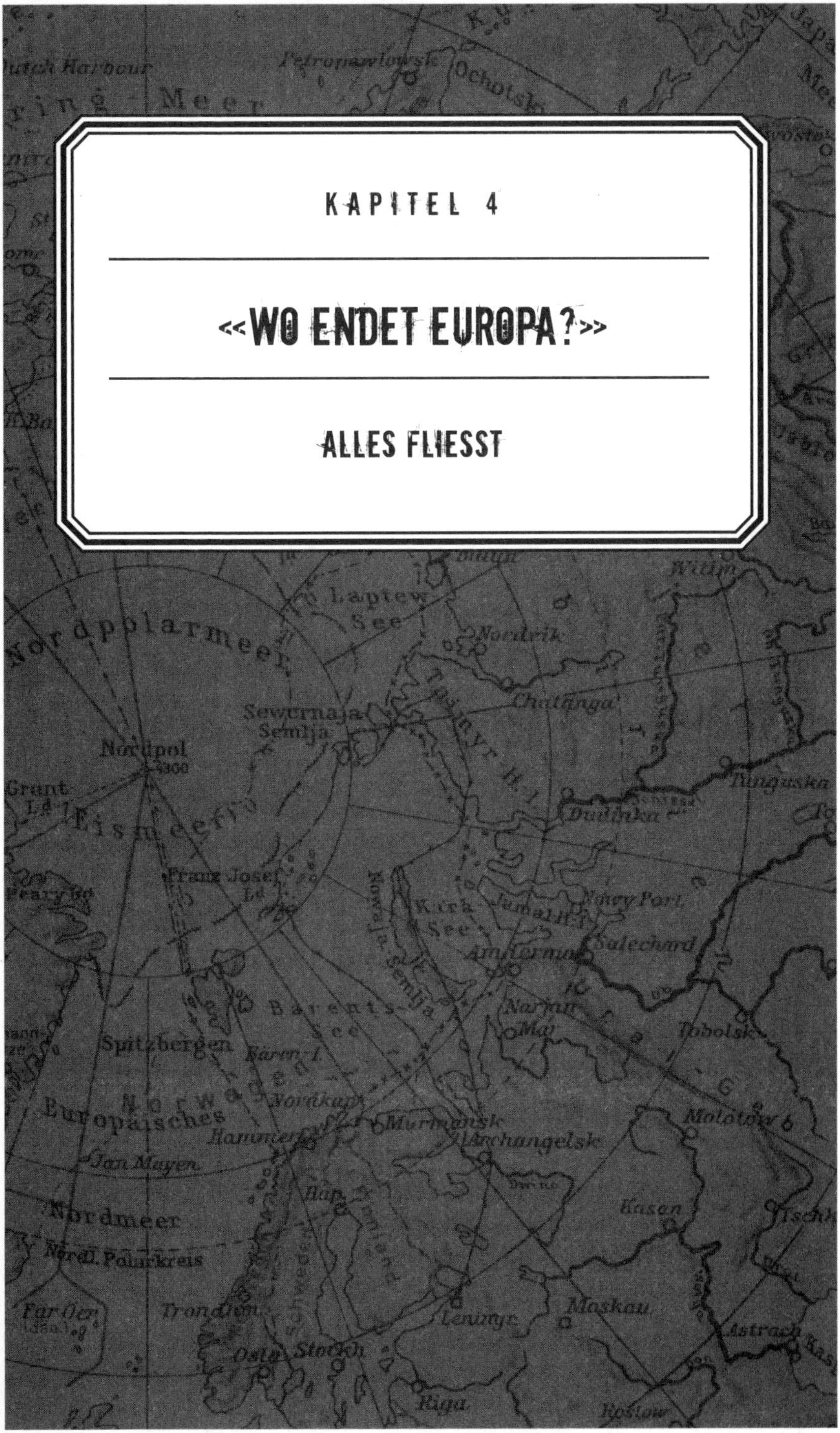

**König** Arthur hat sein Leben lang nach dem Heiligen Gral gesucht. Heinrich Schliemann hat fünfzig Jahre gebraucht, um Troja zu entdecken. Ich soll das Ende Europas finden und habe dafür genau zwei Tage. 48 Stunden, um eine Frage zu beantworten, die die Menschheit schon seit der Jungsteinzeit bewegt.

In solchen Momenten trinke ich erst mal einen Kaffee. Und dann greife ich mir eine Karte. Eigentlich ist Europa ja nur ein Subkontinent, der lächerliche Wurmfortsatz Asiens. Wenn man eine geographische Grenze ziehen würde, dann verläuft sie irgendwo durch das Uralgebirge. Aber wer will schon in den Ural reisen? Eine weitere Grenze liegt zwischen Schwarzem und Kaspischem Meer – bitte nicht. Doch die dritte reizt mich: der Bosporus. Ich buche einen Flug nach Istanbul und ein überraschend günstiges Hotel mit exzellenten Bewertungen.

Auf dieser Reise wird mich der Produzent übrigens nicht begleiten. Die letzten Wochen waren anstrengend, und er hat Husten bekommen. Doch es gibt Ersatz. «Servus, Meischter!», sagt Thomas und wuchtet sein Stativ auf das Fließband am Check-in-Schalter. Thomas ist ein Schwabe mit Brille, schwarzen Stoppelhaaren und Kinnbart. Fleißig, professionell. Von allerhögschder Disziplin. Kaum in der Luft, fragt mich Thomas nach meinem Konzept.

«Wir fliegen nach Istanbul und suchen das Ende Europas.»

«Ah ja.»

«Istanbul ist die einzige Metropole der Welt, die auf zwei Kontinenten liegt.»

«Mhm.»

«Ja, eine Hälfte ist europäisch, die andere asiatisch, und dazwischen fließt der Bosporus.»

«So. Aber was ist dein Konzept, Dennis? Welche Protagonisten hast du dir ausgesucht?»

«Also, wir haben zwei. Der eine ist ein hoher Geistlicher, er wird uns etwas über die religiösen Grenzen Europas erzählen. Den treffen wir morgen. Der zweite Protagonist ist Kemal Özkan.»

«Kemal wer?»

«Ein superbekannter Künstler, der sich mit den kulturellen Grenzen Europas beschäftigt. Ich bin im Kontakt mit seiner Pressestelle.»

Thomas nickt zufrieden und fühlt sich bei mir gut aufgehoben. Doch ehrlich gesagt weiß ich gar nichts über Kemal Özkan. Seine Internetseite war türkisch, und die Dame am Telefon sprach nur ein paar Krümel Englisch. Aber es heißt, jedes Kind in Istanbul kenne Özkan.

Kleine Sünden bestraft der Herr sofort. Wie eine versteinerte Falafel knallt die Maschine auf den Asphalt der Landebahn in Istanbul. Ein Fahrer des Hotels holt uns ab und rast mit hundert Sachen Richtung Innenstadt. Im Slalom umkurvt er die anderen Autos, alle Fenster sind heruntergelassen, und es dröhnt türkische Technomusik. So wie es die Bushidos in Berlin, Köln oder am Neumarkt in der Osnabrücker Innenstadt lieben. Jetzt weiß ich auch, warum: Es macht einen Höllenspaß.

Leider vergeht uns die Freude am Hoteleingang. Das Haus liegt an einer sechsspurigen Straße. Seine Fassade besteht aus gelben, grünen und roten Betonquadern und erinnert an einen Ostberliner Plattenbau. Daneben beginnt der Istanbuler Transenstrich. Hatte ich nicht ein Luxushotel im Herzen der Stadt gebucht? Hat uns der Fahrer am falschen Ort abgesetzt? An der Rezeption klärt sich alles auf: In meiner Eile habe ich das Ramada Plaza mit dem Ramada City verwechselt.

«Tja, mehr war leider nicht im Budget», erzähle ich Thomas, der an der Rezeption leicht verstört seine Zimmerschlüssel in Empfang nimmt, «aber von oben soll man einen tollen Blick über die Stadt haben!» Thomas nickt und schlurft auf sein Zimmer, während ich mich an der Rezeption mit dem Büro von Kemal Özkan verbinden lasse. Ich hatte verstanden, dass ich mich heute noch einmal dort melden soll.

«Deniz! Hello!», brüllt die türkische Dame am anderen Ende der Leitung. Offenbar glaubt sie, dass ich sie so besser verstehe: «Tomorrow, Deniz! Tomorrow! Call tomorrow again!» Dann legt sie auf. Ich sehe den Rezeptionisten an. «Haben Sie schon mal von einem Kemal Özkan gehört?» Stumm lächelnd spreizt er Mittel- und Zeigefinger seiner linken Hand.

Tags darauf nehmen wir ein Taxi zur Mariä-Verkündigungs-Kirche, wo ich mit Dositheos Anagnostopoulos verabredet bin, einem griechischen Priester. Ich nenne die Adresse, und sofort verriegelt der Fahrer alle Türen. «Es ist gefährlich dort», sagt er und fährt uns nach Dolapdere, einem Viertel im europäischen Teil der Stadt. Nach einer halben Stunde biegen wir in eine dunkle Gasse und halten vor der massiv gesicherten Pforte des Gotteshauses. Bevor wir aussteigen können, dreht sich der Fahrer noch einmal zu uns um: «Ich lasse euch jetzt raus. Aber wenn ihr aussteigt, dann geht keinen Umweg. Schon gar nicht mit der Kamera in der Hand. Am besten lauft ihr direkt in die Kirche.»

Wir lassen das Taxi abfahren und nehmen mit der Kamera in der Hand einen Umweg, nur einen klitzekleinen Umweg, ein paar Meter um die Kirche herum. Wir sind neugierig, vielleicht sind wir auch bescheuert. Das Gotteshaus ist umgeben von einer schmutzigen, zwei Meter hohen Steinmauer. Darauf ist ein Gitter befestigt, das mit Stacheldraht gesichert wurde. Vor der Mauer liegen aufgerissene, blaue Säcke mit stinkendem Abfall, der in der Sonne brät. Es scheint, als ob um die prächtige Kirche herum alles verfällt. Hinter den zerschlagenen Fenstern eines Hauses kann ich eine verhüllte Frau erkennen, dann ist eine Männerstimme zu hören. «Verschwindet hier!» Wir laufen zurück zur Kirchenpforte und erhalten Einlass.

Die Vorderseite der Kirche ist mit weißem Marmor verkleidet, schwere Holztüren führen in den Innenraum. Er schimmert in Gold, Silber und Indigoblau. Unter dem mächtigen Kronleuchter steht ein kleiner Mann mit gütigen Augen und Rauschebart. Das Licht malt einen Glorienschein auf seinen kahlen Kopf.

«Pater, ich suche das Ende Europas.»

«Sie haben es gefunden», sagt Dositheos und erzählt mir von den Menschen, die vor den Mauern seiner Kirche hausen. «Das sind Flüchtlinge aus Afrika und dem Nahen Osten. Die meisten sind illegal hier. Unser Viertel hat nichts mehr mit dem wohlbehüteten Europa zu tun.»

Dositheos ist der Sprecher des griechisch-orthodoxen Patriarchen in Istanbul, doch dreißig Jahre lang arbeitete er in einem hessischen Chemiekonzern.

«Ich habe Tierversuche gemacht.»

«Wie passt das mit Ihrem Glauben zusammen?»

«Gar nicht. Erst danach habe ich zum Geistlichen umgeschult.»

Dositheos lächelt. Im Rentenalter ging der pensionierte Chemiker zurück in seinen Geburtsort Istanbul und wurde Priester, jetzt verwaltet er die Reste einer griechisch-orthodoxen Gemeinde. In den Fünfzigern lebten noch hunderttausend Griechen in Istanbul, heute sind es zweitausend. An guten Sonntagen verirren sich zehn Familien in die Messe.

«Endet hier auch das christliche Europa?»

«Auf gewisse Weise schon. Europa ist ein christlicher Klub, und in der Türkei spielt sich das christliche Leben nur in Istanbul ab.»

«Und das kulturelle Europa?»

«Man kann da keine klare Grenze ziehen. Manche Teile Istanbuls sind eindeutig europäisch, andere eindeutig asiatisch. Es vermischt sich. Geh einfach spazieren, und du wirst sehen: Europa endet nicht. Alles fließt ineinander.»

Vielleicht nehme ich den Pater zu wörtlich, als ich die Treppenstufen ins Cagaloglu Hamam hinabspaziere. Ein Ort, an dem alles Mögliche fließt. Das berühmte türkische Dampfbad folgt eigentlich strengen fernöstlichen Traditionen, erliegt aber mittlerweile westlicher Werbelogik. Im Vorraum der 300 Jahre alten Badeanstalt hängt ein großes Schild: «Now you are at the Cagaloglu Hamam, one of the 1000 places you should see before you die». Ich möchte im Baderaum drehen, und Thomas präpariert die Kamera. Damit die Optik bei den hohen Temperaturen nicht beschlägt, wickelt er das Gerät in ein Handtuch ein. Die Kamera braucht etwa eine halbe Stunde, um sich an Hitze und Feuchtigkeit zu gewöhnen. Ich habe Zeit und trinke mit dem Manager des Hamams einen Tee.

«Haben Sie vielleicht schon mal von Kemal Özkan gehört?»

Der Manager hebt seinen linken Arm, nimmt Mittel- und Zeigefinger und lässt sie mehrmals auf- und zuschnappen. «Der Meisterbeschneider? Natürlich, unsere Frauen rauchen alle ohne Filter!»

Endlich ist die Kamera bereit, und ich bekomme das «full treatment», eine intensive orientalische Ganzkörpermassage. Nein, eine sehr intensive orientalische Ganzkörpermassage: Ein 150-Kilo-Mann mit breitem Schnurrbart und vollem Brusthaar greift sich mein rechtes Bein und meinen linken Arm, stellt sich auf meinen Rücken und zerrt so lange, bis jeder Knochen, jeder Wirbel und jedes Gelenk hörbar geknackt hat. Dann schreitet er langsam vom Po über die Wirbelsäule und bleibt auf meinen Schultern stehen. Aber das Schlimmste kommt erst. Bei mindestens fünfzig Grad klatschen immer mehr fette, fremde Schweißtropfen auf meinen Körper – europäische und asiatische Ausdünstungen vermischen sich. Alles fließt. War es das, was Pater Dositheos gemeint hat?

Der nächste Tag beginnt erstaunlicherweise ohne Rückenschmerzen und mit einem Anruf in aller Frühe. «Deniz!», brüllt die Dame. Und dann folgen noch zwei Wörter. Aber die machen mich glücklich.

«Interview! Eleven!»

Unfassbar. Ich habe tatsächlich einen Termin. Bei Kemal Özkan! Ich freue mich wie ein Kind. Pünktlich um elf stehe ich mit Thomas vor der Villa des Meisterbeschneiders. Sein Sohn Murat bittet uns hinein. Er spricht überraschend gut Englisch: «Nice to meet you», sagt er und gibt uns die Hand, «let me introduce you to my father.» Direkt hinter der Eingangstür ist eine silberne Honda aufgebockt, daneben steht Kemal Özkan. Lebensgroß und aus Pappe.

Über viele Treppen geht es hinunter in ein Kellergewölbe. Özkan junior erklärt, dies sei kein gewöhnliches Haus, ganz Istanbul nenne es liebevoll den «Beschneidungspalast».

An den Mauerwänden und sogar an der Decke kleben Hunderte Fotos von Kemal Özkan. Der Maestro hat sich offenbar durch die High Society geschnippelt. Die Bilder zeigen ihn mit Premierministern, Sängern und der Fußballmannschaft von Galatasaray Istanbul. Hat er sie alle beschnitten? «Yes, all of them! Lots of famous stars. And did you know that my father used to cut in a plane?»

«Du hast gesagt, er sei Künstler!», raunt Thomas mir zu.

«Ist er auch! Auf seinem Gebiet soll er ein Virtuose sein.»

Wir folgen Özkan junior auf eine Veranda, sie gehört zu einem offensichtlich florierenden Restaurant, das sich in Familienbesitz befindet. Es ist noch lange nicht Mittag, aber die meisten Tische sind schon besetzt. Die Vorhautlegende thront auf einem weißen Plastikstuhl. Ein alter Mann von etwa 75 Jahren, mit grauen Locken und getönter Sonnenbrille. Hätte er keinen Ziegenbart, könnte man ihn für Willy Millowitsch halten.

«Servus! Ich Kemal Özkan.»

Jetzt bin ich baff. Kemal Özkan, der Franz Beckenbauer unter den Beschneidern, spricht Deutsch. Na ja, das Nötigste.

«We have been to Stuttgart and Bielefeld», erklärt Özkan junior, «and we did some cutting parties there.»

«Cutting parties?»

«Yeah parties, big ones!»

Beschneidungspartys. Wie muss ich mir das vorstellen? Man betrinkt sich, plötzlich sind alle nackt, und dann greifen die Özkans zur Schere? Schon bald bekomme ich die Erklärung. Mit seinem eleganten schwarzen Gehstock richtet sich Kemal Özkan auf, und ich bemerke das goldene Amulett, das er um den Hals trägt. Darauf sind arabische Schriftzeichen aus Glitzersteinchen. Wie es sich für eine Legende gehört, schreitet Özkan langsam und würdevoll eine Treppe hinab, dabei stützen ihn zwei Bedienstete. Unten stehen beleuchtete Glasvitrinen mit Urkunden, Medaillen und Pokalen. In der Mitte des Raums ist eine Couch aus cremefarbenem Kunstleder, Kemal Özkan nimmt direkt neben mir Platz. Was für eine Ehre! Vom Sofa aus blicken wir auf einen breiten Flatscreen, der an der gegenüberliegenden Wand angebracht ist. Özkan junior startet einen Film.

«Du guck!», sagt Kemal Özkan, und geduldig sehe ich mir sein Video an. «Lass uns bitte abhauen», flüstert mir mein Kameramann zu. «Was ist das hier?»

«Warte ab. Das hat schon irgendwie mit dem Ende Europas zu tun.»

Wir sehen die Aufzeichnung der letzten Beschneidungsparty, die der Meister in seinem Palast veranstaltet hat. Eine Feier mit mindestens zehn Großfamilien.

Omas, Opas, Onkel, Tanten, Enkel und Urenkel sind von ihren Stühlen aufgesprungen und hopsen in einem Meer von Discolichtern auf einer gekachelten Tanzfläche herum. Aus den Boxen dröhnt übersteuerte türkische Popmusik, und durch die klatschende Menge läuft ein Clown mit langen roten Haaren, der abwechselnd in eine Trillerpfeife bläst oder gnadenlos schief in ein Mikrophon singt. Die Helden des Abends, Jungs im Alter von fünf bis zwölf Jahren, sind wie kleine Sultane gekleidet. Ganz in Weiß mit glitzernder Weste, Scherpe und einem silbernen Turban auf dem Kopf.

In den Armen ihrer Mütter tanzen sie den letzten Tanz ihrer Kindheit. Bald werden sie Männer sein. Der Clown führt die Jungs in fußballförmige Sessel, die in den Vereinsfarben türkischer Klubs bemalt sind. Plötzlich bewegen sich die Fußbälle und gondeln wie an einer Schnur gezogen durch den Raum. Sie fahren auf Schienen.

«Schneidezug!», ruft Kemal Özkan.

«Ein Beschneidungszug?»

«Beschneidungszug, richtig.»

Die Bahn dreht mit den Kindern ein paar Runden, dann hält sie vor der Bühne, und die Jungen stellen sich in Reih und Glied. Özkan junior setzt ihnen eine lokale Betäubungsspritze. Solch einen Luxus habe es zu seiner Zeit nicht gegeben, erzählt Özkan: «Mein Onkel hat mich streng angeschaut – das war meine Narkose!»

Nach einer weiteren Runde mit der Beschneidungsbahn wird es ernst. Was nun passiert, lässt Özkan live und ungeschnitten auf mehrere Monitore in den Festraum übertragen. Es folgen Szenen, bei denen ich im entscheidenden Moment jedes Mal zusammenzucke. Dazu singt der Imam. Kemal Özkan schneidet übrigens nicht mehr persönlich. Das ist vielleicht auch besser so. «Die Augen», murmelt er, «die Augen!»

Nach der Prozedur stellen sich die tapferen Jungs wieder in eine Reihe und marschieren etwas benommen zu Trommelmusik und Applaus am Meister vorbei, der im Zentrum der Bühne auf einem Sofa mit roten Samtbezügen sitzt. Er gibt jedem Jungen «high five».

«Ich – Number – one!», spricht der Genitalmogul. «Number one in world!» Dabei stützt er seinen linken Arm auf die Sofalehne und ahmt mit Mittel- und Zeigefinger eine Schere nach. Dann legt er den Zeigefinger der rechten

Hand dort hinein. «Hundert – zwanzig – tausend – Kind – geschnitzt!»

Unglaublich: 120 000 Vorhäute in einem Leben. Özkan ist ein Genie. Er hat aus dem fernöstlichen Beschneidungsritual etwas Ur-Westliches gemacht: eine Show. Darum ranken sich in Istanbul Legenden. Es heißt, Kemal Özkan soll schon auf Kamelen und auf dem Rücken eines Pferdes beschnitten haben. Und angeblich entfernte er in einem beispiellosen Marathon über 2000 Häute in 24 Stunden. Doch der Maestro hat noch Visionen.

«Ich denke immer, so wie eine Disneyland.»

«Sie meinen ein Beschneidungsdisneyland?»

«Jaja, Beschneidungsdisneyland», antwortet Kemal Özkan, und ich stelle mir einen leuchtenden Freizeitpark mit Fontänen und einem Free-Fall-Tower vor, den man durch eine überdimensionale rosafarbene Vorhaut betritt.

Ich möchte Beschneidungszug fahren, und Kemal Özkan lässt sich nicht lange bitten. Er ruft zwei Bedienstete, sie eilen sofort herbei, verlegen Schienen und tragen die Fußballsessel in den Saal. Özkan schlägt mir laut lachend auf den Rücken:

«Du Beschneidung jetzt?»

«Vielleicht, wenn Sie mir verraten, wo das Ende Europas ist!»

«Ich zeige dir», sagt der Meister und nimmt im schwarzweißen Sitz von Besiktas Istanbul Platz, ich wähle die Farben von Antalyaspor. Dann streckt Kemal den linken Arm in die Luft, formt eine Schere und gibt das Startsignal. «Jalla! Jalla!», ruft Özkan, während sich die Bahn langsam in Bewegung setzt. «Weiter! Weiter!» Der Zug wird immer schneller, dreht Runde um Runde und malt eine gigantische Vorhaut auf den gekachelten Grund des Palasts, einen Kreis ohne

Anfang und ohne Ende. Und ich begreife, was Pater Dositheos mir sagen wollte: Alles fließt, alles kreist, alles vermischt sich. Kemal Özkan fährt mit seiner orientalischen Beschneidungsbahn buchstäblich immer weiter Richtung Westen, und wer weiß: Vielleicht wird er damit eines Tages tatsächlich in einen norddeutschen Bahnhof einfahren und den Schneidepark Soltau eröffnen.

Ich suche das Ende Europas, und Kemal Özkan schneidet die Enden Europas. Aber auch asiatische Enden. Und amerikanische Enden. Alle Enden dieser Welt. Grenzen gibt es nicht. Der Pater hatte recht: Europa endet nicht, Europa fließt.

KAPITEL 5

# «WHERE ARE YOU GUYS FROM?»

## DER SPAZIERGANG

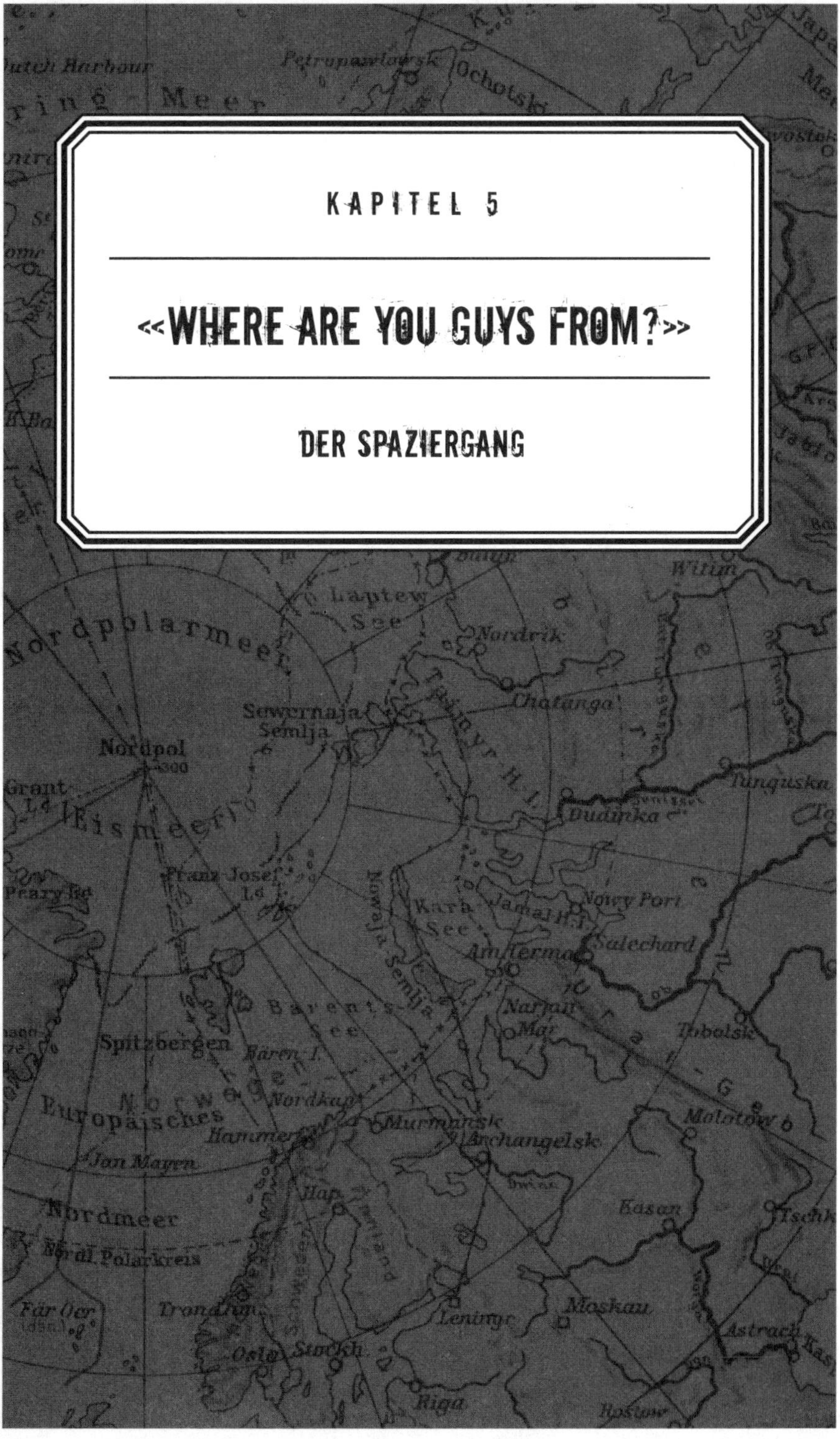

**Die** Dame an der Rezeption hatte uns gewarnt. «Ich würde euch dringend empfehlen, den Wagen zu nehmen. Der Supermarkt ist ziemlich weit weg!»

Doch wir haben genug vom Autofahren. Den ganzen Tag waren Thomas und ich auf irgendwelchen Highways unterwegs. Jetzt ist es zehn, und es reicht. Wir wollen frische Luft atmen. Das ist der Plan: etwas die Beine vertreten, eine Dose Bier kaufen, den lauen Abend genießen und Amerika auf uns wirken lassen.

Wir verlassen das Hotel, biegen um die Ecke, und zu unserem Erstaunen können wir jetzt schon den Supermarkt erkennen. Er ist keine 500 Meter entfernt. Doch schon nach wenigen Schritten fällt uns auf: Es gibt keinen Bürgersteig und auch keine Straßenbeleuchtung. Also zwängen wir uns über den düsteren Grünstreifen, und schwere Pick-ups donnern dicht an uns vorbei, manche mit vier Auspuffrohren und acht Rädern.

Ein schwarzer Chevrolet hupt ein paarmal und hält direkt neben uns, dann kurbelt der Beifahrer das Fenster herunter. Darin sitzen zwei junge Männer.

«Seid ihr aus Europa?»

KAPITEL 6

# «WAS IST DER AMERIKANISCHE TRAUM?»

## ZOMBIE STRIPPERS

**Ein** entspannter Tag am Meer. Ich liege im Sand von Venice Beach, blicke in den wolkenlosen blauen Himmel und träume. Hat nicht jeder von uns einen Traum? Meiner wird gerade wahr: Ich darf die Welt sehen, ihre guten Seiten und ihre Abgründe, und werde dafür auch noch bezahlt. Andere träumen von Luxus, Macht oder von der Frau, die sie lieben. Und hier in Venice Beach wurde das Träumen erfunden. California Dreaming. Alle träumen in Venice. Was das bedeutet, wird mir bei einem Spaziergang auf der Strandpromenade klar.

Über Venice Beach hängt eine Wolke aus Marihuana. Jeder ist bekifft. Bekiffte Basketballer trainieren neben bekifften Skatern, und bekiffte Althippies machen bekiffte Musik für bekiffte Mädchen, die ihre bekiffte Freizeit mit bekifften Surferboys verschwenden. Wer nicht bekifft ist, der ist entweder besoffen oder von sich selbst berauscht. Das ist das andere Extrem: fanatische Jogger, durchtrainierte Blondinen auf Rollerblades und Bodybuilder, die ihren Körper am Muscle Beach aufpumpen – ein winziges, aber weltberühmtes Trainingsgelände unter freiem Himmel, auf dem einst der amerikanische Traum von Arnold Schwarzenegger begann. Du kannst den Möchtegern-Rappern, den Möchtegern-Models und den Möchtegern-Schauspielern auf dem Boardwalk gar nicht ausweichen. An jeder Ecke triffst du jemanden, der entdeckt werden will. Venice Beach ist ein Laufsteg. Venice ist das Tor nach Hollywood.

Wenn du die Menschen an diesem Strand nach dem amerikanischen Traum fragst, dann wird dir jeder eine andere Geschichte erzählen. Die Hippies reden von Drogen, Sex und Freiheit, die Möchtegerns von unbegrenzten Möglichkeiten und «Hard Work», die dich vom Tellerwäscher zum Millionär machen kann. Und die Besoffenen reden dummes Zeug.

Frage: «Was ist der amerikanische Traum?»

Antwort: «In engen Badehosen rumlaufen!»

Ich setze mich auf eine kleine weiße Mauer und blicke in die untergehende Sonne. Die letzten Strahlen dieses Tages tauchen den Strand, die Baywatchbuden und die hohen Palmen in ein intensives Orange, wie ich es noch nie zuvor gesehen habe. Das legendäre kalifornische Licht.

Wir nehmen den Wagen und fahren ins Zentrum von Los Angeles oder L. A., wie der Amerikaner sagt. In West-Hollywood finden wir das «Le Petit», ein liebevoll eingerichtetes Hotel mit kleinem Dachgarten, Pool und einer gutsortierten Bar unter freiem Himmel. Allerdings kriegen wir dort keine Drinks, erstaunlicherweise verfügt das Hotel über keine Alkohollizenz. Also raus auf die Straße und rein in die Hollywood-Bars. Und auch hier wartet eine Überraschung: null Frauen, nur Männer. Wir sind offenbar im Schwulenviertel von Los Angeles gelandet. Na gut, L. A. ist eben liberal. Und wer weiß, vielleicht kann ich hier Wilmas Frage beantworten: Warum lieben sich immer mehr Männer? Es dauert nicht lange, dann spricht uns jemand an.

«Hi, nice to meet you! Ich bin der Friseur von Paris Hilton!»

«Ach, wirklich?»

«Ja! Paris ist eine sehr, sehr gute Freundin von mir. Sie ist einfach phantastisch!»

«DIE Paris Hilton?»

«The one and only Paris Hilton!»

«Und wie ist Frau Hilton so?»

«Oh, sie hat einen großartigen Charakter und einen tollen Sinn für Humor.»

«Wow.»

«Nicht wahr?»

Für einen Friseur hat sich dieser Mann zwar eindeutig zu viel Gel in die Igelhaare geschmiert, aber bekanntlich sind uns die Amerikaner ja stets einen Trend voraus. Vielleicht läuft bald ganz Bielefeld so durch die Gegend.

«Und sagen Sie, gäbe es vielleicht eine Möglichkeit, Frau Hilton mal zu treffen? Wir sind vom Fernsehen und suchen den amerikanischen Traum.»

«Na ja, ich sehe Paris unregelmäßig», säuselt der angebliche Friseur, und bald stellt sich heraus, dass er nur jemanden kennt, der jemanden kennt, der mal mit Paris Hilton in einem Friseursalon gesessen haben soll.

Wir verlassen die Bar und laufen ein paar hundert Meter bis zum berühmten Sunset Boulevard. Auch der ist eine Enttäuschung. Klubs und Restaurants an einer vierspurigen Straße, auf der Edelsportwagen in grellen Farben auf und ab fahren. Ich muss an die Whiskey-Meile in Kampen auf Sylt mit den reetgedeckten Edelrestaurants und Boutiquen denken. Das Publikum hier ist dasselbe. Wir entscheiden uns für ein kleines Sushirestaurant mit Plastiktischen. Die hübsche Kellnerin im kurzen schwarzen Cocktailkleid mustert uns von oben bis unten, dann setzt sie uns neben einen glatzköpfigen Muskelprotz im Ed-Hardy-T-Shirt, der seine goldbehängte Blondine zum Essen ausführt. Er interessiert sich nicht für uns, aber immer wenn eine lokale Größe den Laden betritt – Typ Porschefahrer mit gegelten langen Haaren –, springt er auf und umarmt den Neuankömmling ausgiebig. Ein paar Sätze und Schluss. Man kennt sich. Aber schätzt man sich?

Los Angeles ist eine wuselige Partystadt, und wer auf Champagner und Smalltalk steht, der wird hier glücklich. Ansonsten entdecke ich wenig Glamour und viel Gewöhnliches: Büroklötze, Donut-Läden, Hotels. Klar, die zwanzig Meter hohen Petticoat-Palmen an jeder Ecke sind toll, doch sie versinken immer wieder in einer riesigen Wolke aus Smog.

Wer es geschafft hat, wohnt in einer Villa in den Hollywood Hills – je höher, desto besser. Wer es geschafft hat, der reist auch nicht mehr mit dem Auto, sondern mit dem Helikopter. Tag und Nacht schwirren sie über die Dächer von Los Angeles, während das einfache Hollywood-Volk fluchend auf einer der vielspurigen Straßen im Stau stecken bleibt. Aber ob sie es nun geschafft haben oder nicht, eines verbindet die Leute: Alle fühlen sich wie Stars. Und verhalten sich auch so. Eine Blondine mit großer Sonnenbrille und Kleidchen sieht unsere Kamera und hält sich panisch ihre Handtasche vor das Gesicht. Als sei sie Cameron Diaz und wir ein Haufen Paparazzi. Und überall sprechen uns Leute an, die irgendwo, irgendwie, irgendetwas mit Film zu tun haben wollen. Wildfremde Menschen drücken uns ihre Demo-DVDs in die Hand. Dazu kursiert in Los Angeles ein Witz. Ein junger Mann trifft auf einen berühmten Filmproduzenten. «Ich bin Schauspieler!», sagt er. «Wie interessant!», antwortet der Produzent. «In welchem Restaurant?»

Ich laufe gedankenverloren über die goldenen Sterne des Walk of Fame. Marlon Brando, Alfred Hitchcock, Walt Disney, Winnie the Pooh, Godzilla. Godzilla? Plötzlich verdunkelt sich die Sonne. Etwas Großes kommt auf mich zu:

lange Beine, High Heels, wallendes rotes Haar. Die klassische Männerfresserin: Penny «The Redhead» Drake, eine angeblich sehr talentierte Nachwuchsschauspielerin. Wow, Penny muss mindestens zwei Köpfe größer sein als ich.

«Sie müssen der amerikanische Traum sein!»

Penny bekommt einen Lachkrampf. Sie kneift die Augen zusammen, reißt ihren Mund weit auf, wirft den Kopf nach hinten und stößt ein Gackern aus, das selbst Godzilla in die Flucht geschlagen hätte.

«Das ist so witzig!», juchzt Penny. «Aber du hast recht: Jeder Amerikaner hat einen Traum. Und ich jage meinen Traum!» Jetzt lacht sie schon wieder so komisch.

Penny möchte berühmt werden. Sie kommt aus einer kleinen Baptistengemeinde in Texas, ihr Vater war Pastor. Aber für ihren Traum ist sie als junges Mädchen nach Hollywood aufgebrochen, hat ein paar Wochen auf dem Sofa einer Freundin übernachtet und tagsüber Castings besucht.

«Und dann habe ich endlich meine erste Rolle bekommen! Das war so aufregend!»

«In welchem Film?»

«Zombie Strippers!»

Fall Sie diesen richtungsweisenden Streifen noch nicht kennen: Es handelt sich um einen klassischen Horrorfilm mit Softporno-Elementen. Eine Animierdame wird von einem Zombievirus befallen und liefert als Untote plötzlich Nacht für Nacht die Show ihres Lebens. Ihre Stripper-Kolleginnen sind neidisch, lassen sich ebenfalls infizieren, und plötzlich ist der abgelegene Nachtklub eine Attraktion. Doch das alles hat einen Preis: Die halbnackten Zombies bekommen Lust auf rohes Fleisch und fressen sich durch ihre aufgegeilte Kundschaft. Penny spielt in diesem Film übrigens an der Seite der berühmten Pornodarstellerin Jenna Jameson.

«Sie ist eine phantastische Schauspielerin! Jenna war so unglaublich professionell. Und halt dich fest: Wir arbeiten schon an Zombie Strippers 2 – Angriff der Klonkrieger!»

Penny hat in Hollywood übrigens noch ein zweites Mal von sich reden gemacht. Sie bekam eine Nebenrolle in «The Cook – Es ist hingerichtet»: Sechs frivole Freundinnen laden sich einen ungarischen Koch in ihr Haus ein. Eine nach der anderen versucht, den sympathischen Küchenmeister zu verführen, doch zum Dank nimmt der Chef de Cuisine sein Hackebeil, bringt eine nach der anderen um die Ecke und serviert sie ihren nichtsahnenden Freundinnen zum Abendbrot. Auch Penny landet auf dem Teller.

«The Redhead» ist mit ihren bisherigen Rollen weder berühmt noch reich geworden. Vermutlich wird sie das auch nicht mehr. «Ich bin eine hungernde, arbeitende Schauspielerin», stöhnt sie und behält dabei stets ihr zahnweißes Lächeln. Immer schön Haltung bewahren. Penny lässt sich zwar auf ihren nackten Körper, aber niemals in die Seele blicken. Nur so viel verrät sie mir: Ihre Gagen reichen nicht annähernd aus, um sich ein anständiges Leben in Los Angeles zu finanzieren. Deshalb sucht Penny in Restaurants und Fitnessstudios nach einem Nebenjob, findet aber nichts – in Hollywood gibt es schließlich genug hungernde Schauspieler. Das ist die Realität hinter dem amerikanischen Traum, aber trotzdem hat Penny noch nicht ausgeträumt.

«Mein Antrieb und meine ganze Kraft ist meine Mutter! Ich liebe meine Mutter», quietscht Penny und sagt, sie müsse nun weiter zu einem Bikinicasting.

«Ich hab das Höschen schon drunter. Das kneift wie die Hölle.»

«Du machst also Bikinifotos für deine Mutter?»

«Hey, meine Mutter hat mir diesen Body geschenkt. Ich schulde ihr was!»

«Hast du eigentlich etwas an deinem Körper machen lassen?»

«Nur meine Brüste. Die waren mir einfach zu klein. Aber das tun hier alle Mädchen.»

Auch Cathy hat sich etwas pimpen lassen. Sie ist dreißig, und ihr Gesicht ist erstarrt. Ihre Augen sind weit aufgerissen, ihre Wangenknochen stechen hervor, ihr kleiner Körper ist ausgezehrt. Früher muss Cathy eine Schönheit gewesen sein, doch jetzt wirkt sie wie ihre eigene Karikatur. Sie beherrscht genau zwei Gesichtsausdrücke: Entweder es gelingt ihr, die Mundwinkel nach oben zu reißen und ein falsches, übertriebenes Lächeln zu zeigen. Oder sie fällt wieder in die Ausgangsstellung zurück. Jetzt wirkt sie zickig und verstohlen.

Es passt zu ihrem Job. Cathy soll möglichst alles schönreden und darauf achten, dass Termine mit Journalisten professionell ablaufen. Letzteres nimmt Cathy sehr ernst. Manchmal etwas zu ernst. Ich treffe sie in einem modernen, komplett verspiegelten Kasten in Beverly Hills 90210, dem edelsten Edelviertel von Los Angeles, und bin etwa drei Minuten zu spät. Cathy ist schon in heller Aufregung: «Dennis, wo bleibst du denn? Ich habe schon bei deinem Produzenten in Deutschland angerufen und nach dir gefragt. Weißt du, wir Amerikaner sind sehr pünktliche Menschen! Come on, let's move.»

Ich folge Cathy durch ein vollbesetztes Wartezimmer und entschuldige mich bei den Patienten für die Störung. Cathy hat andere Sorgen: «Hier bitte keine Aufnahmen!», ruft sie. Die Leute zucken zusammen, das fällt Cathy gar nicht auf. Sie setzt mich in ein verlassenes Büro.

«Bereite schon mal deine Fragen vor, ich hole Dr. Nassif!»

Die Bürotür knallt zu, und weg ist sie. Aber nicht lang: «Okay, der Doktor möchte, dass du zu ihm kommst. Auf geht's!»

Ohne anzuklopfen, poltert Cathy mit mir in ein Behandlungszimmer.

«Das sind Dr. Nassif und seine Patientin Julie. Du hast zehn Minuten! By the way: Julie, du siehst wundervoll aus!» Dann rennt Cathy aus dem Raum. «Hallo, ich bin Dennis», sage ich und möchte zunächst Julie begrüßen. Aber Dr. Nassif unterbricht mich: «Hi, ich bin Dr. Nassif. Wie sollen wir's machen? Vielleicht erst mal ein Patientengespräch für die Kamera, und dann zeige ich, was ich an Julie so alles verbessert habe?»

Dr. Nassif ist Schönheitschirurg. Aber nicht irgendeiner: Der Doktor ist ein Star. Er tritt laufend in Fernsehshows auf, und halb Hollywood soll sich bei ihm schon unters Messer gelegt haben. Dr. Nassif hat ein freundliches Pferdegesicht: Für einen Schönheitschirurgen ist die Nase vielleicht etwas zu groß, und er hat einen auffallend breiten Mund, dafür aber offene, treuherzig blickende Augen. Er ist gut gebräunt und seine Haut so glatt wie ein persischer Babypopo. «Aber bald brauche ich wieder etwas Botox», lacht der Doktor. Seine Patientin Julie kann nicht darüber lachen, auch wenn sie diesen Spruch vielleicht witzig findet. Dr. Nassif hat Julies Gesicht komplett umgestaltet, und es ist noch nicht verheilt.

«Wir haben die Haut am Unterlid, an den Wangen und am Hals ein wenig gestrafft und am Oberlid eine Kleinigkeit entfernt. Jetzt ist alles enger, und die letzten Falten behandele ich mit Botox. Unter den Augen fehlte ihr etwas Fett, da war Julie viel zu schmal. Außerdem habe ich ihr die Nase gerichtet – sie hatte da so einen unschönen Höcker. Und wo wir gerade dabei waren, hat Julie auch noch ein neues Kinn bekommen. Sie trägt nun ein Implantat.»

«Und wie lange hat das alles gedauert?»

«Etwa einen Tag. Das war eine große Operation. Aber ist unsere Julie nicht wunderschön?»

Julie blickt mich etwas gequält an. Sie tut mir leid. Während der Doktor Julies Operation erläutert, hält er ihr Wattestäbchen ins Gesicht, dreht ihren Kopf hin und her und wackelt an ihrem Plastikkinn.

«Julie, waren Sie denn vorher nicht schön?»

«Doch, doch, aber ich bin jetzt fünfzig und war doch stark gealtert. Ich brauchte einfach eine Auffrischung, ein Refreshing.»

Julie arbeitet als Fitnesstrainerin in Beverly Hills. Ein Beruf, in dem Altern geschäftsschädigend ist. Die üblichen

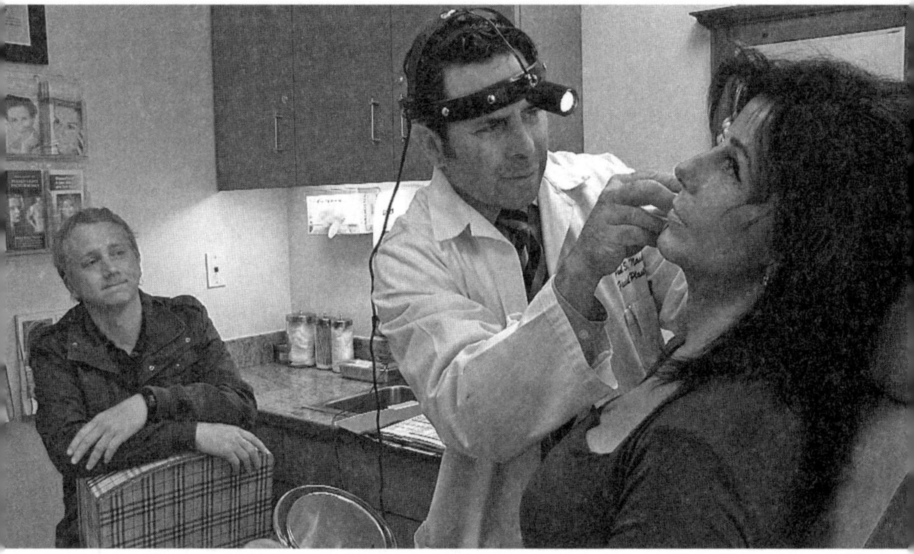

Hollywood-Operationen (Brust, Oberschenkel, Bauch) hat sie schon lange hinter sich, deshalb wollte sie ihre Familie in diesem Jahr zum Valentine's Day überraschen. Mit einem neuen Gesicht.

«Julie, gehört das zum amerikanischen Traum?»

«Ja», antwortet sie, und mit einem lauten Knall öffnet sich die Tür des Behandlungszimmers. Meine zehn Minuten sind um, und PR-Cathy führt mich zurück in das verwaiste Büro des Doktors. «Du hast gleich die Möglichkeit, Dr. Nassif drei persönliche Fragen zu stellen. Frag ihn doch, wie er zu dem Job gekommen ist.»

«Gute Idee, danke.»

Cathy wirft die Tür hinter sich zu, und ich sehe mich ein wenig um. In einem Regal entdecke ich gerahmte Fotos: Dr. Nassif mit Britney Spears, Dr. Nassif mit Matt Damon, Dr. Nassif beim Golfen mit Jack Nicholson. Auf dem Dr.-Nassif-Schreibtisch steht ein Bild von einer Blondine mit falschen Wimpern, falschen Augenbrauen, aufgepumpten Brüsten und Lippen, so breit wie Feuerwehrschläuche. Die Dame ist ganz aus Plastik. «Das ist meine Frau», sagt Dr. Nassif, der jetzt gemeinsam mit Cathy den Raum betritt. Er lässt sich hinter seinem Schreibtisch nieder, Cathy bleibt stehen.

«Drei Fragen, nicht mehr! Ich warte hinter der Tür.»

Dr. Nassif faltet die Hände, und in seinem Pferdegesicht blitzt eine Reihe auffällig weißer Zähne auf. Er thront im Bürostuhl wie ein Buddha, der mir gleich die drei großen Fragen der Menschheit beantworten wird: «Wo komme ich her? Wo gehe ich hin? Holt mich jemand ab?» Ich muss meine drei Fragen mit Bedacht wählen.

«Welche Stars haben Sie operiert?»

«Dennis, wenn ich Ihnen das verrate, dann bin ich in verdammt großen Schwierigkeiten. Aber ich sage Ihnen eins: Meine Patienten sind sehr, sehr berühmt.»

«Was würden Sie an mir operieren?»

«In ein paar Jahren sollten wir uns mal über Ihre Augenränder unterhalten. Aber ich operiere grundsätzlich nur dann, wenn es auch medizinisch notwendig ist. Zum Beispiel, wenn Sie unter Ihrer dicken Nase leiden.»

Nun bleibt mir nur noch eine einzige Frage, und Cathy steht schon in der Tür.

«Deine letzte Frage, Dennis. Dr. Nassif ist ein sehr beschäftigter Mann.»

«Dann habe ich mal eine Frage an Sie beide: Wo finde ich den amerikanischen Traum?»

«Da muss ich nachdenken», zögert Dr. Nassif, «tja, wo finde ich den amerikanischen Traum ...?»

Der Starchirurg bleibt eine Weile stumm, dann wendet er sich an seinen PR-Drachen. «Was meinst du, Cathy? Wo findet dieser Mann den amerikanischen Traum?» Jetzt sollte Cathy eine Antwort parat haben, dafür wird sie bezahlt, das könnte ihr großer Moment werden. Doch Cathy schweigt.

«Tja, keine Antwort von Cathy. Sorry, Dennis, darüber muss ich erst mal nachdenken.»

Frage drei bleibt an diesem Nachmittag unbeantwortet. Haben Cathy und der Superdoktor das Träumen verlernt?

KAPITEL 7

# «WIE STIRBT ES SICH IN TEXAS?»

## OLD SPARKY

**Die** Gabel ist aus Plastik. Das Messer ist aus Plastik, und in meinem Plastikbecher schwimmt eine gelbe Flüssigkeit, die den Namen Orangensaft nicht verdient. Sie schmeckt auch irgendwie nach Plastik. Daneben steht ein Plastikbecher mit lauwarmem Kaffee. Auf meinem Plastikteller liegt eine Art Hefebrötchen, das in heißer Butter gestorben ist. Außerdem ein gelblicher Schleim, der genauso schmeckt, wie er aussieht.

«They serve pretty good breakfast, huh?», ruft der Mann neben mir. Er trägt ein rotes Holzfällerhemd, Oberlippenbart und, ja wirklich, einen Cowboyhut. Frühstücksbuffet im Holiday Inn Express, dem besten Hotel von Huntsville/Texas.

«You like Grits?», fragt der Cowboy und meint damit den Schleim auf meinem Teller. Nein, ich hasse das Zeug, aber ich muss ja nicht gleich sein Urvertrauen erschüttern. Ich nicke, lächle ihm freundlich zu und rühre die Pampe trotzdem nicht an. Das reicht ihm, und vermutlich hätte er sich ohnehin nicht für eine ehrliche Antwort interessiert.

Texas liegt im sogenannten Grits Belt von Amerika, im Schleimgürtel der Südstaaten. Er reicht angeblich bis Virginia, und der Bundesstaat Georgia soll das Mus sogar zum offiziellen Landesgericht erklärt haben. Aber das sind hoffentlich nur Gerüchte, denn Grits nennen die Amerikaner einen Brei aus Mais und komplett ohne Geschmack. Er sieht aus wie Grießbrei, ist aber viel flüssiger. Es gibt ihn in

Gelb oder Weiß, und seine Herstellung ist simpel. Wenn er gelb ist, dann besteht Grits aus ganzen gemahlenen Maiskörnern. Ist die Pampe auf dem Plastikteller weiß, dann hat der Koch geschälten Mais verwendet. Und so können Sie gelben oder weißen Grits zu Hause nachkochen: Den Mais in heißes Wasser werfen und warten, bis daraus Schleim geworden ist. Fertig.

Grits ist ein typisches Gefängnisessen.

Und Huntsville, die Stadt, in der ich Grits gerade kennenlerne, ist vermutlich der größte Grits-Konsument weltweit. Der Ort wird von den Amerikanern «Prison City» genannt – sie ist berühmt ist für ihre sieben Gefängnisse. 36000 Menschen leben in Huntsville, und wer hier nicht im Knast sitzt, der arbeitet im Knast. Neben Grits ist das vielleicht der Grund, warum es mir hier nicht gutgeht. Huntsville ist ein übler Ort.

Keine Chance, in Huntsville/Texas ein Gefängnis zu filmen. Du kannst die Zeit stoppen, die der Sheriff braucht, um dich abzuräumen. Dann weißt du, warum der Bundesstaat überall mit *Don't mess with Texas* wirbt: «Leg dich nicht mit Texas an.» Wir haben es ausprobiert.

«What are you guys doin' here?»

Beim ersten Knast läuft die Kamera noch gar nicht, schon stehen uns zwei bewaffnete texanische Vollzugsbeamte gegenüber. Mit «you guys», also «ihr Typen», eröffnen Texaner übrigens fast jedes Gespräch: «Wo kommt ihr Typen her?», «Wo wollt ihr Typen hin?», «Was macht ihr Typen hier?». Sie finden sich offenbar besonders lässig, wenn sie «you guys» sagen.

«We're journalists from Germany», antworte ich, aber natürlich nützt das nichts, denn wir haben keine Drehgenehmigung, und dummerweise stehen wir mitten auf dem Privatparkplatz des Gefängnisses. Wir müssen also das Gelände verlassen und probieren es eine Meile weiter am nächsten Zuchthaus. Diesmal aus wesentlich größerer Entfernung von öffentlichem Gelände aus, und jetzt läuft es besser. Thomas kann eine Weile drehen, und ihm gelingen sogar ein paar erstaunliche Aufnahmen von berittenen Wachleuten mit Cowboyhut, die ihre Insassen wie Rindvieh umherscheuchen. Es sieht aus wie im Wilden Westen. Falsch, es *ist* der Wilde Westen. Denn nach ein paar Minuten bekommen wir Besuch: zwei Pick-ups, drei Polizisten und der Sheriff höchstpersönlich. Leg dich nicht mit Texas an.

«What are you guys doin' here?»

Der Sheriff ist zwei Meter groß, mindestens genauso breit und trägt einen Bart, der im weltweiten Bartregister als «Henriquatre» firmiert. Schnurrbart plus Kinnbart, an beiden Seiten die Mundwinkel hinunter zusammengewachsen. Wer sich so einen Bart stehen lässt, möchte entweder besonders fies aussehen oder sucht nachts Anschluss in den Darkrooms der Schwulenbar um die Ecke. Der Sheriff von Huntsville sieht aus wie der Ledertyp von den Village People. Aber er will nicht tanzen.

«We're journalists from Germany!»

Doch nun komme ich mit der Masche leider nicht weiter. Nein, auch nicht mit großen blauen Augen. Der Sheriff bäumt sich vor uns auf und beginnt einen Vortrag, dem ich zwar nicht folgen kann, in dem aber bedrohlich oft das Wort «Videotape» auftaucht. Der Wachtmeister will unsere Drehkassette konfiszieren. Da hört der Spaß auf. Kameras sind die Ehefrauen der Filmer und Kassetten ihre ungeborenen Kinder. Beide beschützen sie mit ihrem Leben, beide geben sie für kein Geld der Welt her. Ich sehe die Panik in Thomas' Gesicht, aber auch etwas anderes.

«Sir, give me your videotape!», raunt der Sheriff. Thomas zögert ein wenig, und plötzlich kann er kein Englisch mehr. «What mean? Video?», stammelt er. «We Germany! No understand, we Germany!»

Das ist genial. «Germany!», stimme ich ein. «No understand! We Germany Television.» Der Sheriff und seine drei Begleiter sehen uns fragend an. «No understand. What mean? Video?», quasseln wir jetzt beide im Chor, und dann passiert das Merkwürdige. Der Sheriff lässt uns ziehen. Mit Videotape. Und wünscht dabei noch einen schönen Tag: «Have a good one, you guys!»

Ich habe etwas gelernt: Wenn du in den USA auf Probleme stößt, dann stell dich einfach dumm. So dumm es eben geht. Und behaupte, dass in Deutschland eh alles ganz anders sei.

*«Sir, Sie sind zu schnell gefahren!»*

*«Ach wirklich? Das wusste ich nicht. Wissen Sie, in Deutschland haben wir kein Speedlimit.»*

*«Sir, machen Sie die Kamera aus! Sie brauchen eine Drehgenehmigung!» – «Ach wirklich? Das wusste ich nicht. Wissen Sie, in Deutschland haben wir keine Drehgenehmigungen.»*

«Sir, wir wissen, wer Sie sind. Und Sie verschwinden hier!»

Diesmal funktioniert die naive Tour überhaupt nicht. Denn vor mir steht kein Wald-und-Wiesen-Sheriff, sondern ein Wachmann der Walls Unit, des weltweit berüchtigten Hinrichtungsknasts von Huntsville/Texas. Die Frage war nun mal «Wie stirbt es sich in Texas?», und die Antwort wird nicht lustig.

«We're journalists from Germany!»

Man kann es ja mal probieren. Aber keine Reaktion.

«Germany, Television! No understand!»

Wieder nichts.

«Entschuldigen Sie, ich hatte versucht, Ihre Pressestelle zu erreichen, aber ...»

«Sir, Sie verschwinden jetzt! Ich werde nicht mit Ihnen diskutieren. Und wenn Sie nicht sofort verschwinden, dann stecke ich Sie in den Knast!»

Mich in den Knast stecken? Das kann er doch nicht. «Doch, das kann er», sagt Carroll Pickett, ein Pfarrer, mit dem ich vor der Walls Unit verabredet bin. «Einem Freund ist das schon passiert. Er war dabei, als hier ein paar Leute gegen eine Hinrichtung demonstriert hatten. Eine Frau ist über die Absperrung gefallen, und mein Freund wollte ihr helfen. Dann haben sie ihn einfach in den Knast gesteckt.»

«Wirklich?»

«Wirklich. Willkommen in Texas.»

Carroll Pickett ist ein ernster Mann, irgendetwas quält ihn. Er trägt einen schwarzen Anzug, ein hellblaues Hemd und Krawatte. Seine getönten Brillengläser kaschieren dunkle Höhlen, die etwas verbergen. Carroll Pickett hat Dinge gesehen, die niemand sehen möchte. Dinge, die kein Mensch verkraften kann. Pickett ist ein gebrochener Mann.

Sechzehn lange Jahre war er Death House Chaplain in der Walls Unit. Am Tage ihrer Exekution begleitete der Gefängnispfarrer die Sträflinge auf ihren letzten zehn Treppenstufen hinauf in das Todeshaus, wo ihnen die Giftspritze gesetzt wurde. Pickett ist diese zehn Stufen 95 Mal gegangen.

«Jemand hat meinen Vater erschossen. Und ich war überzeugt, dass der Mörder meines Vaters den Tod verdient hat. Und all die anderen verdammten Mörder auch!»

Carroll Pickett muss ein starker, beeindruckender Mann gewesen sein. Einer, der mit fester Stimme Sonntag für

Sonntag seine texanische Gemeinde zum Beben brachte. Und man kann sich vorstellen, wie Pickett mit wehenden Fahnen in das Todesgefängnis einzog, um seinen Vater und alle anderen Mordopfer zu rächen. Aber heute redet Pickett leise.

Seine Hand deutet auf die Kreuze hinter uns. Wir stehen mittlerweile auf dem Friedhof des Gefängnisses. Ein ruhiger Ort – sanft und unheilvoll. Es sieht aus wie auf den weitläufigen Gräberfeldern der Weltkriege. Ein Wald aus Steinkreuzen – grau, gleich und anonym. Die Regierung von Texas hat es jahrelang abgelehnt, die Steine zu markieren und den Hingerichteten ihren Namen zu geben. In die neueren Kreuze sind ein paar Nummern eingraviert und ein «X» für «exekutiert». Auf manchen Grabstellen liegen Kränze und ein paar Blumen. Die meisten sind leer. Niemand besucht die Gräber von Mördern.

«Ich habe viele von diesen Jungs sterben sehen, und die meisten waren einfach nur arme Schweine. Zurückgebliebene Menschen, die nichts gelernt hatten und nichts konnten. Sie hatten nie eine Chance im Leben, und wir haben ihnen auch keine mehr gegeben.»

«Finden Sie die Todesstrafe immer noch gerecht?»

Er zögert. Und für einen Moment kann ich durch die getönten Brillengläser und die dunklen Augenhöhlen in Carrolls Seele blicken.

«Wissen Sie, ich habe hier einen, zwei, drei oder fünfzehn Menschen sterben sehen, bei denen ich mir sicher war: Diese Jungs haben kein Verbrechen begangen. Ich wusste, dass wir hier Unschuldige töten. Das ist unmoralisch, das ist unchristlich, das ist illegal. Es ist einfach falsch.»

Der Pfarrer schaut ins Leere.

«Es gibt weltweit nur vier Staaten, die mehr Leute hinrichten als ein einziger Bundesstaat in den USA: China, Nordkorea, Pakistan und Iran. Darauf bin ich nicht stolz.»

Carroll Pickett steigt in den viel zu großen weißen Pickup-Truck, mit dem er gekommen ist. Bevor er losfährt, drückt er mir ein Buch in die Hand. Er hat alles aufgeschrieben, seine ganze Geschichte. Sechzehn Jahre im Todestrakt auf ein paar hundert Seiten. Er wollte sich das alles von der Seele schreiben, aber es wird einfach nicht besser. Der Pfarrer hat Schuld auf sich geladen, die er nie wieder loswird. Carroll Pickett ist selbst 95 Mal gestorben.

Und so stirbt es sich in Texas: Seit den siebziger Jahren hat der Bundesstaat 447 Menschen hingerichtet, weit mehr als jeder andere Staat in den USA. Abgeschlagen auf Platz zwei liegt das Schleimgürtelland Virginia mit 104 Hingerichteten. Die hohe Zahl hat auch damit zu tun, dass texanische Richter so gut wie niemanden begnadigen. In anderen

Teilen der Vereinigten Staaten von Amerika kommen laut Statistik zwei Drittel aller zum Tode verurteilten Menschen mit einer lebenslangen Haftstrafe davon. In Texas nicht.

Wer sich mit Texas anlegt, der ist tot. Darauf sind sie hier stolz, und damit rühmen sich Cowboys, Richter und Gouverneure gleichermaßen. George W. Bush hat es auch getan. In seinen sechs Amtsjahren als Gouverneur von Texas hat er 152 Menschen hinrichten lassen. So viele wie kein anderer Gouverneur in der Geschichte der Vereinigten Staaten.

In diesem Moment sitzen mehr als 400 Männer und Frauen in texanischen Gefängnissen und warten auf die Vollstreckung. Manche seit über dreißig Jahren. Ihr Leben unterscheidet sich nicht von anderen Häftlingen, die einfach nur ihre Zeit absitzen. Bis der Hinrichtungsbefehl kommt.

Dann verlegen sie den Verurteilten in einen Sicherheitsbereich. Allein. Und von jetzt an läuft der Countdown. Noch drei Wochen, noch zwei Wochen, noch sieben Tage. Sechs. Fünf. Vier. Drei. Zwei. Die letzten 24 Stunden verbringen sie in einer Überwachungszelle mit Radio und Fernseher direkt neben der Todeskammer. Bis 12:30 Uhr dürfen sie noch einmal Verwandte, Freunde, einen Geistlichen oder einen Anwalt sehen. Dann ist Schluss.

15:30 Uhr: die letzte Mahlzeit. 16:00 Uhr: die letzte Dusche. Es ist den Häftlingen gestattet, zur Hinrichtung frische Kleidung anzuziehen. Mit sechs Schnallen fixiert der Wärter den frisch geduschten Verurteilten auf der Todesbahre. Hinter den Scheiben aus Sicherheitsglas stehen bis zu 55 Zeugen, strikt voneinander getrennt: der Gefängnisdirektor, der Generalstaatsanwalt, zwei Ärzte, prominente Bürger aus der Gemeinde, Journalisten, die Familie des Verurteilten, die Familie des Opfers.

Von der Decke baumelt ein Mikrophon. Jetzt hat der Todeskandidat das Recht, für alle Zeugen hörbar ein letztes Statement abzugeben. Einige bitten ihren Gott um Vergebung oder die Familie des Opfers. Die meisten sagen etwas über Liebe. Manche sagen nichts. Der Verurteilte Nummer 391, ein Mann, der eine 17-Jährige vergewaltigt und erschossen hatte, sagte:

«Uh, I don't know, um, I don't know what to say. I don't know. (Pause) I didn't know anybody was there.»

Und dann verabschiedete er sich auf texanische Art. Sein letztes Wort: «Howdy.» Das Texas Department of Criminal Justice veröffentlicht diese letzten Worte seit Jahren im Internet, jeder kann sie dort lesen. Amerika ist das Land der Freiheit.

In den USA sind fünf verschiedene Hinrichtungsarten zugelassen: Erschießen, Erhängen und Vergasen werden seit den siebziger Jahren nur noch sehr selten angewandt. Am gängigsten ist heute «lethal injection», die Giftspritze. Kochsalzlösung macht den Weg für das Gift frei. Fünf Gramm Natriumthiopental betäuben den Verurteilten, 50 Kubikzentimeter Pancuroniumbromid lassen die Muskeln erschlaffen, das Zwerchfell und die Lungen kollabieren. Kaliumchlorid ist der Killer. 50 Kubikzentimeter stoppen den Herzschlag. Manche nennen das «human». Deswegen hat Injektion die Elektrokution abgelöst, den Tod auf dem elektrischen Stuhl.

«Dreihunderteinundsechzig Männer sind in diesem Stuhl gestorben», sagt Jim Willet und zeigt auf den elektrischen Stuhl direkt vor unserer Nase.

«Der ist echt?»

«Yes, Sir», antwortet Jim. Ich hatte mich schon gewundert, dass das Prison Museum, das Gefängnismuseum von

Huntsville, auf großen Plakaten am Interstate Highway mit einem elektrischen Stuhl wirbt. Aber ich hätte nie gedacht, dass der auch echt ist.

«Doch, doch, der stand früher drüben in der Walls Unit.»

Jim reißt seine Augen merkwürdig weit auf und murmelt: «Die Insassen haben ihn immer Old Sparky genannt.»

Er muss es wissen. Nicht weil Jim das Museum leitet, sondern weil er früher selbst bei Hinrichtungen dabei war. Neunundachtzig Mal hat er als Wärter das Zeichen zur Exekution gegeben, neunundachtzig Menschen hat er sterben sehen, neunundachtzig Särge hat er aus dem Todeshaus getragen. Jetzt ist Jim Rentner, und man könnte behaupten, er hätte seinen alten Beruf zum Hobby gemacht. Aber das ist falsch. Jim Willet hat nie aufgehört, Wärter zu sein.

Sein Gefängnismuseum sieht aus wie ein Gefängnis, und das ist Absicht. Es hat Gefängnismauern und einen Gefängnisturm mit einem Gefängniswachmann aus Plastik. Drinnen ist eine Gefängniszelle mit Gefängnisgittern, einer Gefängnispritsche und einem Gefängnisklo. Jim hat mir die Gefängnisuniformen gezeigt und die kleinen Kunstwerke, die Gefängnisinsassen aus Papier, Seife und Draht gebastelt haben. Sogar ein kleiner elektrischer Stuhl war dabei. Ich durfte auch Waffen sehen, die Sträflinge selber gebaut oder ins Gefängnis geschmuggelt haben. In Jims Gefängnis feiern ehemalige Gefängnisangestellte Gefängniserinnerungspartys, und ich wette, Jim isst zum Frühstück Grits, den Gefängnisbrei.

Jim ist selbst ein Gefangener. Sein Arbeitsplatz ist ein Gefängnis, und sein Kopf ist es auch. Er wird die Erinnerungen an neunundachtzig Exekutionen nicht mehr los.

«Können Sie mir sagen, warum Hinrichtungen in Texas so beliebt sind?»

«Nein, Sir», antwortet er, und ich zähle die Ringe in seinem Gesicht. «Ich, ich weiß nicht, warum wir hier so viele Menschen hinrichten. Mehr als in allen anderen Staaten.» Jim beginnt zu stammeln.

«Sir, ich schätze ... Also vielleicht haben wir hier so eine Wildwest-Einstellung: Wenn du nach Texas kommst und ein Verbrechen begehst, dann denken wir darüber nach, dich zu töten. Und wir ziehen das durch.»

Der Mann sagt diese Worte nicht aus Überzeugung. Er sagt sie auch nicht mit Stolz. Er ist unsicher. Aber nicht, weil er sich möglichst korrekt, objektiv oder unverfänglich ausdrücken möchte. Es ist etwas anderes. Die Toten verfolgen ihn.

Ich frage Jim, ob es einen Souvenirshop gibt, und folge ihm. In einer Glasvitrine liegen Becherhalter aus Rindsleder mit aufgedrucktem elektrischem Stuhl. «Old Sparky» steht darauf.

«Da kannst du deine Cola reinstellen.»

«Meine Cola?»

«Ja, deine Coke.»

«Kaufen die Leute das?»

«Sicher, die gehen gut weg. Hier sind auch noch Old-Sparky-Schlüsselanhänger, Sir!»

Jim schweigt und schaut wie ein Schuljunge, der in der Mathestunde auf die nächste Frage des Oberstudienrats wartet und weiß, dass er sie nicht beantworten kann. Oder wie ein Kind, das etwas angestellt hat und fürchtet, dass Papa ihm eine knallt.

Mir fielen noch Hunderte Fragen ein, die ich ihm gerne stellen würde. Wie es ist, einen Menschen sterben zu sehen. Wie es ist, 89 Menschen sterben zu sehen. Neun-und-achtzig. Wie lange es dauert, bis ein Mensch tot ist. Wie oft es schiefgegangen ist. Ob er sich noch an die Gesichter der Toten erinnert und ob er manchmal von ihnen träumt. Wie Freundinnen, Mütter und Väter reagiert haben, die bei der Exekution hinter der Glasscheibe standen. Ob er manchmal Mitleid hatte, ob er immer Mitleid hatte, ob er heute ein schlechtes Gewissen hat. Und ob er nachts gut schlafen kann.

Ich stelle Jim keine dieser Fragen. Ich gebe ihm die Hand und verabschiede mich. Ich lasse ihn leben.

KAPITEL 8

# «WER HAT ANGST VORM SCHWARZEN MANN?»

## LADY WHITE PRIDE UND MISTER KLAN

**Noch** acht Stunden bis Little Rock. Wir verlassen Texas, fahren in die Hauptstadt von Arkansas, und ich ahne, dass diesmal alles noch schlimmer kommen könnte. Keine Sau will nach Arkansas, aber wir müssen dorthin. Schließlich hatte ich Ihnen ja versprochen, jede Frage dieser Welt zu beantworten. Das habe ich nun davon.

Links und rechts des Interstate Highways liegen Roadkills, totgefahrene Gürteltiere. Und vermutlich gibt es in Arkansas wesentlich mehr von diesen kleinen gepanzerten Säugern als Menschen. Der US-Bundesstaat ist halb so groß wie Deutschland, hat aber kaum drei Millionen Einwohner. Deshalb nennen ihn die Amerikaner den «Natural State». Arkansas ist grün. Und im Sommer eine grüne Hölle: feucht und heiß. Statt durch die Natur zu streifen und Gürteltiere zu jagen, verharren die meisten deshalb im kühlen Hauch einer Klimaanlage. In klimatisierten Autos fahren sie in ihr klimatisiertes Büro und anschließend ins klimatisierte Fitnessstudio. Danach geht es entweder ins klimatisierte Restaurant oder im klimatisierten Wagen an den Drive-in-Schalter einer klimatisierten Fastfood-Bude.

Drive-in ist überall: Drive-in-Cafés und Drive-in-Bauernhöfe mit Drive-in-Scheunen, in denen sie Milch und Eier verkaufen. Ich habe sogar einen Drive-in-Eisladen gesehen. Du fährst mit deinem Pick-up vor die Theke, bestellst sieben Kugeln in der Waffel und hältst dann auf einem überdachten Parkplatz direkt an der Straße. Vergiss dabei nicht, den Motor laufen zu lassen, sonst versagt deine Klimaanlage, und du willst doch nicht, dass dein leckeres Eis schmilzt?

Als wir Little Rock erreichen, ist es schon dunkel. Im Holiday Inn Presidential finden wir zwei freie Zimmer und allerlei Artefakte aus dem Weißen Haus. Bill Clinton stammt aus Arkansas, war einige Jahre Gouverneur in Little Rock, und das Hotel ehrt ihn mit Fotos und Erinnerungen aus dieser Zeit. Ein Bild von Monica Lewinsky kann ich nicht entdecken. Good night and good luck.

Manche sagen, der in jeder Beziehung liberale Clinton sei gewissermaßen der erste schwarze Präsident des Landes gewesen. Wenn das so ist, dann hat Amerika nun mit Barack Obama seinen zweiten schwarzen Präsidenten. Gibt es irgendeinen Menschen auf der Welt, der Angst vor diesem schwarzen Mann im Weißen Haus haben könnte?

Termin im Parlamentsgebäude der Stadt. Im State Capitol Building, der etwas zu klein geratenen Kopie des Kapitols in Washington, treffe ich Jeannie Burlesworth. Sie begrüßt mich in weißer Bluse und schwarzem Hosenanzug. Jeannie ist so aufgeräumt wie Sarah Palin, so selbstbewusst wie ein Cowgirl und so überschminkt wie Britney Spears. Sie trägt eindeutig zu viel Rouge.

Frau Burlesworth ist die Chefin von «Secure Arkansas» – ein Kollege aus Little Rock hatte mir den Tipp gegeben, diese Organisation mal zu besuchen. Außerdem sind da noch Betty und Shirley, zwei Rentnerinnen in Pastellfarben. Die beiden begleiten ihre Vorsitzende aus Sicherheitsgründen. «Ihr kommt aus Deutschland, da waren wir uns nicht sicher, ob ihr vielleicht Neonazis seid», lächelt Betty.

Auf der Internetseite des Vereins heißt es, man engagiere sich für Bürgerrechte, Verfassung und freie Marktwirtschaft. Man findet eine Schuldenuhr, die an den Bund der Steuerzahler erinnert. Ich möchte mehr über Secure Arkansas erfahren.

«Frau Burlesworth, ist Arkansas nicht sicher genug?»

«Nein, es ist überhaupt nicht sicher! Wir, der Steuerzahler, wir, die Mittelklasse, fühlen uns bedroht von der Flut illegaler Einwanderer. Es ist eine Invasion.»

«Eine Invasion?»

«Dennis, wir Amerikaner sind sehr großzügige Menschen, aber diese Illegalen halten ihre Hand auf, nehmen unser Geld und unsere Jobs und wollen immer mehr. Die nutzen unser Bildungssystem, unser Wohlfahrtsprogramm und verstopfen unsere Krankenhäuser.»

Schon hat sie sich in Rage geredet: «Das alles ist ein Genozid an der Mittelklasse!» Jeannie Burlesworth hält mir einen langen Vortrag, bei dem sie abwechselnd zu mir und dann mahnend das Wort direkt in die Kamera spricht. Fazit: Die Ausländer sind an allem schuld.

«Aber sollte man den illegalen Einwanderern nicht helfen?»

«Nein, die sind illegal hier. Manche sind krank, manche sind kriminell, und wissen Sie was, Dennis?»

Jetzt macht sie eine rhetorische Pause, richtet den Blick in die Kamera und redet zur ganzen Welt: «Ja, wir Amerikaner haben Angst vor Terrorismus!»

Frau Burlesworth spürt, dass mich ihre Worte nicht erreichen, und unterbricht das Interview für einen Augenblick. Sie wolle ja nicht, dass ich sie für eine Rassistin halte, das sei ihr wichtig.

Ich möchte auf den schwarzen Mann im weißen Haus zu sprechen kommen. Der Präsident will illegale Einwanderer integrieren.

«Haben Sie Angst vor Obama?»

«Dennis, ich denke, Obama ist ein Faschist.»

«Ähm, Frau Burlesworth, in Deutschland ist Faschist ein hartes Wort ...»

«Gut, sehr gut! Vielleicht wacht Deutschland dann endlich mal auf!»

Das Interview ist beendet, und Frau Burlesworth möchte mit Thomas und mir essen gehen. Auch ihre beiden Begleiterinnen Betty und Shirley sind ganz angetan von den «nice German guys». Sie bedanken sich für das «very interesting» Interview und tätscheln unsere Hände. Plötzlich bekomme ich Angst vor der Weißen Frau. Wir flüchten die Treppen des Kapitols hinab auf den Parkplatz, werfen unsere Ausrüstung in den Kofferraum und setzen uns in den Wagen. Da sind die drei schon wieder. Thomas wirft den Motor an, setzt zurück und braust davon. Raus aus Little Rock.

Wir schießen über den Highway Richtung Norden, und bald taucht hinter uns ein festlich geschmückter Tannenbaum auf: ein blinkender Polizeiwagen mit hundert roten und blauen Lichtern auf dem Dach. Was jetzt passiert, kennen wir aus Filmen: Rechts ranfahren, das Fenster öffnen und beide Hände auf das Lenkrad legen. Der Tannenbaum hält direkt hinter uns, und es dauert eine Weile, bis der Cop aussteigt. Endlich öffnet sich die Tür, und ein großer schwarzer Mann bewegt sich auf uns zu.

«Sir, Ihren Führerschein und die Wagenpapiere.»

Auch dieser Satz erinnert uns an die Straßen von San Francisco. Vorsichtig gibt ihm Thomas die Dokumente, jetzt bloß keine hektischen Bewegungen.

«Sir, Sie sind zu schnell gefahren», sagt der Cop, und wir fragen uns, welche Filmszene als Nächstes folgt. Vielleicht raus aus dem Wagen und die Hände aufs Dach? Oder zieht der Officer lieber gleich seine Knarre und legt uns beide um – im Kampf gegen den internationalen Terrorismus? Der Mann sieht uns mit ernster Miene an:

«Sir, ich schreibe Ihnen eine Verwarnung.»

Eine Verwarnung? Tatsächlich: Er kritzelt einen kleinen, völlig unbedeutenden Zettel und lässt uns ziehen. Das ist wirklich nett. Er wünscht uns sogar eine gute Weiterreise. Wieso können nicht alle so nett sein? Und warum dürfen manche so böse sein wie Frau Burlesworth?

«We've got freedom of speech. Der Grund ist Redefreiheit», sagt Bishop Anthony Taylor. «Das bedeutet, du darfst in diesem Land die idiotischsten und hasserfülltesten Sachen sagen, die du dir vorstellen kannst. Einfach so.»

Taylor leitet eine kleine Gemeinde in Rogers, einem überschaubaren Ort, in dem viele illegale Einwanderer aus Mexiko leben. Der Geistliche ist ein unscheinbarer Mann mit grauen Haaren, grauer Brille und grauem Schnurrbart. Aber er hat ein großes Herz, und genau das brauche ich jetzt.

«Weißt du, es ist vieles besser geworden in diesem Land. Ich erinnere mich noch, wie ich als Kind meinen Großvater in Fort Worth/Texas auf der Arbeit besucht habe. Alles war nach Schwarz und Weiß getrennt: die Toiletten, die Kantine, die Sitzplätze im Bus.»

«Und gibt es immer noch Menschen, die ernsthaft Angst vorm schwarzen Mann haben?»

«Klar. Das sind Leute, bei denen irgendwas schiefgelaufen ist. Wütende Menschen, die ihren Hass an anderen auslassen. Loser.»

«Sie meinen, ich muss nach den Idioten suchen?»

«Richtig, und es werden Vollidioten sein.»

Das klingt nach einem Plan. Wir starten den Wagen und fahnden im Licht der untergehenden Südstaaten-Sonne nach Idioten. Es dauert nicht lange, bis wir zwei Exemplare finden: uns selbst. Weil wir Idioten uns auf der Suche nach einem Schlafplatz nicht entscheiden können – auf Motels haben wir keine Lust, das nächste Hotel ist zu teuer und das übernächste ausgebucht –, landen wir in Branson/Missouri. Es ist kurz vor Mitternacht, aber wir können das Örtchen bereits aus fünfzehn Kilometern Entfernung deutlich erkennen. Es strahlt so hell wie die Sonne, aber in allen Farben dieser Welt: Blau, Rot, Grün, Pink, Violett. Wir kommen näher und trauen unseren Augen nicht, als wir in das Meer aus Leuchtreklamen und Scheinwerfern eintauchen. Auf der Straße ist Stau, und links und rechts erheben sich riesige Hotelanlagen, Casinos und Musical-Theater. Sind wir in Las Vegas? Branson nennt sich die «Live Entertainment Capital of the World» – die internationale Hauptstadt der Live-Countrymusic. Ich hasse Countrymusic, aber hier kann ich ihr nicht ausweichen. An jeder Ecke stehen Countryclubs, die abgehalfterte Countrysänger hier eröffnet haben. Das scheint ein lukratives Geschäft zu sein. Amerika ist nun mal ein unvorstellbar großer Markt, und selbst wenn du überhaupt keine Platten mehr verkaufst, lockst du am Wochenende immer noch fünfhundert Leute in deine Countrybude am Ende der Welt. Branson hat 6000 Einwohner, zählt jedes Jahr aber fast acht Millionen Touristen.

Natürlich haben wir keine Mühe, hier ein Hotel zu finden. Es ist sogar überraschend günstig. Countrymusic ist der Sound der einfachen weißen Leute.

Wir sind hungrig und haben die Wahl zwischen Schlotzky's (Sandwiches), Domino's (Pizza) und Denny's (Burger). Letzteres ist mir auf Anhieb sympathisch. Ich hatte tagelang versucht, mich von Salat und Mineralwasser zu ernähren, bin dabei aber immer wieder auf Unverständnis gestoßen. Jetzt möchte ich mich der lokalen Küche nicht mehr verschließen und bestelle ein Menü aus drei «Mini-Burgern». Drei stattliche Brötchen, in denen ein Berg aus Käse, ein See aus Tomatenketchup und mindestens zwei Rinder verarbeitet sind. Ich sehe mich um und stelle fest, dass in diesem Laden jeder Mann, jede Frau und jedes Kind schwer übergewichtig ist. Auch die Bedienung. Einfach alle. Und alle sind weiß. «White Trash» – weißen Müll schimpfen die Landsleute dieses Volk.

Der nächste Morgen, der nächste Highway. Unser Tag beginnt mit einer handgezeichneten Karte, die ich in meinem E-Mail-Postfach entdeckt habe. Ich hatte das alles für einen Scherz gehalten: die Internetseite des Ku-Klux-Klans, die Kontaktperson, die Einladung zum Interview. Aber offensichtlich existiert dieser Verein, sozusagen die Mutter aller Angst-vorm-schwarzen-Mann-Besessenen, tatsächlich immer noch. Wir haben einen Termin. Auf der Anfahrtsskizze des Klans ist eine grobe Wegbeschreibung. Falls Sie den Kuttenklub selbst einmal besuchen wollen, hier finden Sie ihn: Von der Stadt Harrison/Arkansas aus fahren Sie etwa sieben Meilen auf dem Highway Nummer sieben nach Norden. An der Conoco-Tankstelle rechts, dann noch einmal sieben Meilen die Straße entlang. Es geht einen Hügel hinab, über Gleise und eine kleine Brücke. Dann kommt ein dichter Wald. Die Straße macht erst einen Bogen nach rechts, dann nach links, und plötzlich bremst Thomas hart ab.

«Ganz kurz: Ist das richtig, was wir hier machen?»

«Ich weiß es auch nicht», antworte ich, und zum ersten Mal überkommt mich auf meiner Weltreise echte Angst. Kindliche, naive Angst. Wir passieren einen verfallenen Bauernhof, auf dem zwei Gestalten ihre Schweine mit verschimmeltem Fleisch füttern. Sind dies die Überreste der letzten Reporter, die sich hierhin getraut haben?

Ich studiere die Klan-Karte. Nach anderthalb Meilen führt der Weg über zwei kleine Brücken, dann taucht rechts die Morgan Cave Road auf. Nicht in die Morgan Cave Road einbiegen, sondern nach weiteren hundert Fuß rechts in die erste Einfahrt. Dort begrüßt uns ein neongelbes Schild mit einer Überwachungskamera: «Warning! 24 Hour Video Surveillance in Operation!»

Wir passieren einen verwaisten Wachtposten und fahren durch ein Spalier aus Amerikaflaggen auf einen breiten Hof. Ich zähle drei Holzhäuser, aber keine Menschen. Plötzlich taucht hinter einer Gardine der Kopf einer Frau auf – weg ist er wieder.

«Sollen wir da wirklich rein?», fragt Thomas, und ich frage mich, ob wir hier zu weit gehen. Wir sind viele Meilen tief in den Wald gefahren, und wenn etwas passiert, dann wird uns hier keine Menschenseele finden. Unsere Handys haben keinen Empfang, und niemand weiß, dass wir hier sind, nur der Ku-Klux-Klan. Bin ich fahrlässig? Riskiere ich unser Leben für eine Story? Nur für eine einzige Frage von 80 000?

Wir fassen uns ein Herz und klopfen an die Tür der Hütte, in der sich gerade noch etwas geregt hatte. Nichts. Dasselbe am zweiten Haus: keine Reaktion. Erst am dritten tut sich was. Es ist ein scheunenartiges Holzhaus mit Veranda und Doppeltür. Die Pforte öffnet sich, und darin stehen ein Mann und eine Frau, die weder Kutten noch Kappen tragen.

«Sind Sie der Ku-Klux-Klan?»

«Ja», sagt der Mann, «aber wir haben nicht viel Zeit. Lasst uns loslegen, wir müssen gleich zu einer Hochzeit.»

Thomas Robb, der sich Pastor Thomas Robb nennt, trägt ein beigefarbenes Sakko, dazu ein weißes Hemd und eine karierte Krawatte. Er könnte Mathelehrer sein: kurze graue Haare, Brille und ein etwa sechzig Jahre altes Faltengesicht.

Sie ist deutlich jünger, vielleicht dreißig: Rachel Pendergraft, blondes langes Haar, blaues Sommerkleid, etwas rundlich.

«Tragen Sie nicht mehr diese lustigen Ku-Klux-Klan-Kostüme?»

«Was soll an denen lustig sein?», antwortet Mister Klan, und ich beschließe, mir solche Kommentare vorerst zu verkneifen. Wir folgen den beiden durch eine weitere Doppeltür, darauf sind zwei rote Kreuze gemalt, dann betreten wir einen bestuhlten Saal. Zu unserer Überraschung ist in der rechten Ecke des Raumes ein kleines Fernsehstudio aufgebaut, Mr. und Mrs. Klan begeben sich direkt ans Moderationspult. Hinter ihnen hängt ein Bild des kleinen Kapitols in Little Rock. «Wir zeigen euch mal, wie wir's machen», lispelt Rachel, fast genauso schlimm wie ihre Moderatorenkollegin Katja Burkard von RTL. Das Licht geht an, wir erhalten eine Kostprobe.

«Hi, mein Name ist Thomas Robb, ich bin der Direktor der Ritter des Ku-Klux-Klans.»

«Und mein Name ist Rachel Pendergraft, willkommen zu *Das ist der Klan!*»

«Hey, Rachel, hast du von Barack Obamas Einwanderungspolitik gehört?»

«Ja, Thomas. Er will es den illegalen Einwanderern in diesem Land noch einfacher machen.»

«Ganz genau, Rachel. Dabei gibt es doch schon jetzt eine Flut von Einwanderern, 24 Stunden am Tag. Das verändert unser Land in etwas, das wir nicht wollen.»

«Da gebe ich dir recht, Thomas. Statt nach Afghanistan sollte Obama lieber Soldaten an die mexikanische Grenze schicken.»

«Richtig, Rachel, denn jeden Tag werden dreizehn Amerikaner von besoffenen illegalen Einwanderern getötet.»

«Das stimmt, Thomas. Unsere Straßen sind gefährlicher als die Straßen von Bagdad.»

Bei Interesse sollten Sie «This is the Klan» mühelos im Internet finden. Über den Sender «White Pride TV» verbreiten Thomas Robb und Rachel Pendergraft ihre Mission in die ganze Welt. Es gibt im Netz sogar einen kleinen Fanshop: Klan-Statuen aus Keramik für 24,95 Dollar das Stück.

Ich folge dem Klan auf eine kleine Bühne, die beiden

wollen mir das Symbol ihrer Organisation zeigen. Mister Klan nimmt eine rote Fahne in die Hand, darauf ist ein schwarzes Symbol auf weißem Grund.

«Das ist ein Runenkreuz. Es besteht aus dem Kreuz Jesu Christi und dem Rad der Schöpfung. Ein altes arisches Symbol.»

«Arisch? Wäre ich dann nicht mit meinen blonden Haaren und meinen blauen Augen das perfekte Mitglied für Sie?»

«Ich weiß nicht, ob Sie perfekt sind. Sind Sie schwul?»

«Nein, aber wäre das ein Problem?»

«O ja, das wäre ein Problem.»

«Können Schwarze denn auch Mitglied werden?»

«Nein, wir sind eine weiße Organisation. Wir glauben an die Reinheit der Rasse. Weiße mit Weißen und Schwarze mit Schwarzen. Wir möchten die wunderbare Vielfalt bewahren, die Gott uns gegeben hat.»

«Schade. Aber haben Sie vielleicht schwarze Freunde?»

«Schwarze Freunde?»

«Ja, oder haben Sie Angst vor denen?»

«Nein, aber ich habe nie die Notwendigkeit empfunden, schwarze Freunde zu haben. Sollte ich es jemals für nötig halten, schwarze Freunde zu haben, dann vielleicht.»

Das mit den schwarzen Freunden hätte mich auch sehr gewundert. Rachel und der Pastor bitten mich nach draußen. Unterwegs steckt er mir, dass der Klan sehr gute Freunde in der ganzen Welt habe. «Übrigens ganz besonders gute Freunde in Deutschland, Mister Gastmann.» Auf der Veranda wage ich eine letzte Frage.

«Sagen Sie, warum hat man Sie eigentlich noch nicht verboten?»

«Ob man uns was?»

«Warum man Sie noch nicht verboten hat.»

(Wilma Brunkhorst würde sagen: «Das ist doch eine ganz normale Frage.»)

«Unsere Organisation steht für Redefreiheit», lispelt Rachel. «Ganz genau», steigt Mister Klan mit ein: «In Amerika darf jeder sagen, was er will. Wir nennen das Freedom of Speech.»

KAPITEL 9

# «IST AMERIKA NOCH EINE SUPERMACHT?»

ALAMONSTER

**Der** Autostadt sind die Autos ausgegangen. Wir sitzen auf einem riesigen Parkplatz am Flughafen von Detroit und blicken ins Nichts. Neben uns auf dem kalten Bordstein hocken Rentner, Großfamilien, Pärchen und streiten sich darüber, wer schuld an dem Schlamassel sei. Geschäftsleute brüllen in ihre Handys und versuchen den Kinderwagenchor zu übertönen, der das kleine Häuschen der Autovermietung einrahmt. Es ist nicht zu fassen. Wir alle haben für diesen Abend bei der Firma «Alamo» einen Wagen reserviert, aber die hat sich verkalkuliert: Alle Autos sind weg, und etwa zwanzig Kunden sitzen fest.

«Haut doch alle ab zu Hertz!», ruft uns die Alamo-Mitarbeiterin zu, eine zwei Meter große Texanerin, die ihre Idee von Service offenbar bei der Deutschen Bahn verfeinert hat. Sie schnauzt alles an, was sich bewegt: «Ich hab keine Autos, geht das in eure Schädel rein?»

Ich pflege solche Konflikte einfach auszusitzen. Schließe die Augen, mein Gehirn schlägt ein Zelt auf, zieht die Wohlfühlsocken an und brät Marshmallows über dem knisternden Lagerfeuer. Doch offenbar ist mein schwäbischer Kamerakollege da anders. Meine Augen öffnen sich und sehen, wie sich Thomas vor der Alamo-Bestie aufbaut. Mein Gott, er spielt mit seinem Leben.

«Was willst du?», raunt das Alamonster, und ich gehe in Deckung. Schließlich war meine neue Jacke teuer, und ich fürchte, dass ich die Blutflecken nie wieder rauskriege.

«Ich will mit Ihnen reden!»

«Ich habe aber keine Zeit zu reden, Junge.»

«Nein, verdammt nochmal. Sie hören mir jetzt zu!»

«Was?»

«Ich will Ihnen was sagen!», brüllt Thomas, und ich plane schon mal alles durch: Gerichtsmedizin, Totenschein, Rücktransport.

«Wir haben bei Ihnen ein Auto gemietet! Hier ist der Beleg: Kleinwagen, Navigationssystem, drei Tage. Und hier ganz unten ist der Scheißstempel Ihrer Scheißfirma drauf, Sie werden uns also sofort eines Ihrer Scheißautos geben!»

Das war's dann, tschüs, Welt. Die Alamo-Supermacht zögert noch eine Weile, vermutlich überlegt sie gerade, in wie viele Teile sie uns zersägen will. Dann greift sich die riesige Frau an den Gürtel und holt etwas Schwarzes aus ihrem Halfter – ein Handy. Und plötzlich rollt etwas Weißes auf uns zu, es ist sehr, sehr groß.

«Was haltet ihr von einem Van?»

Ein Wunder! Das Alamonster überlässt uns das wohl größte Auto auf diesem Planeten und will nicht mal eine Unterschrift. Wir sind Gewinner. Und weil wir hungrige Gewinner sind, schaukeln wir in unserer großen weißen Badewanne nach Downtown Detroit. Wir finden eine Pizzeria und sind froh, dass wir vorher im Auto noch Extra-Pullis angezogen haben, denn drinnen sorgen Klimaanlage und Ventilatoren für gefühlte minus vier Grad bei heftigen Böen. Ich habe es aufgegeben, in amerikanischen Restaurants nach Mineralwasser zu fragen, und bestelle gleich das Nationalgetränk – Coca-Cola.

«Dazu hätte ich gerne eine kleine Pizza Salami.»

«Ist das schon alles?»

«Ja, das reicht mir.»

Fünfzehn Minuten später bekomme ich meine Pizza. Sie ist so groß wie ein mittelalterliches Wagenrad.

«Ich hatte eine kleine Pizza Salami bestellt.»

«Das ist die kleine Pizza Salami. Kommen Sie aus Europa?»

«Sagen Sie, warum ist in diesem Land eigentlich alles so groß?»

«Das ist Amerika. Wir lieben große Sachen.»

Think big. Genau das ist Detroit zum Verhängnis geworden. Größer, immer größer. Am nächsten Morgen treffen wir einen kauzigen Schotten mit Brille und Vollbart. Robin Boyle ist Professor für Stadtentwicklung, und ihm fällt sofort unser riesiger Van auf. «Ich fahre», ruft er und gibt ordentlich Gas. Es folgt die trostloseste Stadtrundfahrt meines Lebens. Und das will was heißen: Ich habe Salzgitter, Kassel und Schrecklinghausen gesehen. «Look at that», sagt der Professor, während wir links und rechts eine Ruine nach der anderen passieren: «Oh boy, what a mess!»

Verlassene Häuser, wohin du auch siehst. Die Türen sind vernagelt, die Fenster zerschlagen. Aus den Dächern wachsen Bäume, wenn es überhaupt noch Dächer gibt. Ganze Stadtteile sind verwaist: Schulen, Kindergärten, Wäschereien, Supermärkte, Pubs, Motels, Tankstellen, Kirchen. Vierzig Prozent der Gebäude in Detroit stehen leer und verfallen.

«Wo sind denn die Leute alle hin?»

«Weg! Diese Stadt hatte zwei Millionen Einwohner. Jetzt sind es nicht mal mehr die Hälfte.»

Der Professor fährt mit uns zur ehemaligen Packard-Fabrik, ein sterbender Koloss aus verfallenen Fertigungshallen und Verwaltungsgebäuden. Manche stehen kurz vor dem Einsturz. Die Dächer hängen in der Mitte durch, die

Mauern biegen sich nach innen, es genügt nur ein kleiner Stoß. Alles ist voller Sperrmüll, Rost, Pappkartons, Plastikflaschen, Autoreifen, Spritzen, Kondome, Graffiti und böser Energie. Ein verseuchter und gefährlicher Ort, um den sich niemand mehr kümmert.

«Was ist das hier?»

«Es ist kaum zu glauben, aber dieser Haufen Schrott war mal eine der größten Autofabriken der Welt», erklärt Boyle, und über uns fliegen ein paar Gänse hinweg. «Detroit war das Epizentrum der Autoindustrie. Der Legende nach bot Henry Ford den Leuten fünf Dollar die Stunde, und alle Welt kam hierher, um zu arbeiten. Sie kauften sich Häuser, einen Zweitwagen und ein Boot auf dem Lake Erie.»

Heute kommt die Welt nicht mehr nach Detroit. Die Fabriken sind weitergezogen: erst in die Low-Cost-Gebiete im Süden – Alabama, Tennessee. Dann nach Südamerika und Asien. «Detroit ist zwar immer noch das Zentrum für Design und Marketing, aber was die Autoproduktion angeht, nur noch ein Schatten seiner selbst.»

«Und ist Amerika auch nur noch ein Schatten seiner selbst?»

«Na ja, das 20. Jahrhundert war das Jahrhundert der USA. Die Frage ist: Wie richtet sich Amerika auf das neue Jahrhundert ein?»

Detroit, das ehemalige Symbol des amerikanischen Wohlstands, ist heute das internationale Symbol wirtschaftlichen Niedergangs. Es klingt absurd, aber hier fühle ich mich wohl. Kein Fanatismus, kein aufgesetztes Lächeln. Motor City ist frei von Silikon und oberflächlichem Gehabe. Amerikaner würden es vielleicht «down to earth» nennen.

Durch die Ruinen weht ein Blues, in den die ganze Stadt mit einstimmt. Du kannst ihn hören, er pfeift durch jede

Ritze und jedes Loch, das die Eichhörnchen in den sterbenden Vierteln der Autostadt hinterlassen. Und wenn du dir etwas Zeit nimmst und genau hinsiehst, entdeckst du die Schönheit in dem Verfall. Efeu wächst über die alten Holzhäuser, Gras durchbricht den Zement, und in den Sträuchern hinter dem verlassenen Supermarkt nisten Fasane. Detroit ist nicht nur die Stadt der Gangster, Junkies und Pornoproduzenten. Es ist auch ein Ort für Künstler, Fotographen und Philosophen.

Grace Lee Boggs ist mehr als eine Philosophin. Sie ist ein Orakel. Mrs. Boggs hat ihr halbes Leben in Detroit verbracht, und das will was heißen: Sie ist fast einhundert Jahre alt. Grace empfängt uns in ihrem kleinen Wohnhaus. Ganz allein.

«Wovor sollte ich denn Angst haben?»

Die alte Dame bittet uns in ihr Wohnzimmer. Ein Raum

mit grünen Wänden und rotem Teppich, vollgestopft mit Büchern und Zeitschriften. Wir sinken in ein Sofa mit gehäkeltem Überzug, den Couchtisch hat Grace mit Post-it-Zetteln beklebt. Mrs. Boggs ist mindestens genauso klein wie Wilma Brunkhorst und mindestens genauso fröhlich. Sie hat lustige asiatische Gesichtszüge und trägt einen weißen Pagenkopf, ihre Eltern waren Einwanderer aus China. Grace hat sich in Detroit engagiert: für die Rechte der Einwanderer, für die Rechte der Frauen, für die Rechte der Schwarzen. Sie hat einen Haufen Bücher geschrieben und einen viel größeren Haufen Preise dafür gewonnen. Seit Jahrzehnten wird sie für ihr Lebenswerk ausgezeichnet, aber das scheint noch lange nicht vollendet. Sie schreibt, sie nimmt an Podiumsdiskussionen teil, sie debattiert mit jungen Leuten, die sie in ihr Haus einlädt. Mrs. Boggs ist nicht nur eine Legende, sie ist die pure Weisheit.

«Erzählen Sie mir von den guten alten Zeiten.»

«Ich weiß nicht, ob das gute Zeiten waren. Es waren materialistische Zeiten. Die Leute in Detroit waren nur am Geld interessiert und haben vergessen, Mensch zu sein. Und Amerika hat sich zu sehr damit beschäftigt, eine Supermacht durch Größe, Dominanz und Wirtschaftskraft zu werden. Doch die beste Supermacht zeigt der Welt ein menschliches Gesicht und überzeugt durch Nächstenliebe.»

Grace Lee Boggs lächelt und erwartet meine nächste Frage. Vielleicht sollte sie meinen Job machen – es scheint so, als ob Mrs. Boggs jede Antwort auf meine 80 000 Rätsel schon kennt.

«Was wird denn nun aus Detroit, Mrs. Boggs?»

«Wir sind an einem Punkt in der Geschichte, vergleichbar mit dem Übergang vom Jagen und Sammeln zur Landwirtschaft vor elftausend Jahren und von der Landwirtschaft zur Industrialisierung vor zweihundert Jahren. Das ist eine große Chance!»

«Eine Chance?»

Sie lächelt. «Ja, warum denn nicht? Du denkst, das hier ist das Ende der Welt – ist es aber nicht. Die Industrie hat uns Unfrieden, Gift und Krankheiten gebracht. Jetzt sollten wir wieder anfangen, mit unseren Händen zu arbeiten. Wir können das Land zurück in die Stadt bringen.»

Bald wird mir klar, was die alte Dame damit gemeint haben könnte. Auf einer grünen Wiese, etwa eine halbe Meile von den Wolkenkratzern in Downtown entfernt, treffe ich John Hantz, einen Mann in Anzug und Krawatte.

«Wollen Sie wirklich mitten in der Stadt Ackerbau betreiben?»

«Ich weiß, es klingt verrückt, aber es ist möglich. Hier war mal eine Wiese, dann hat jemand ein paar Häuser darauf gebaut, jetzt ist es wieder eine Wiese.»

«Aber ist der Boden nicht ...?»

«Nein, das ist kein verseuchter Boden. Und schau dich doch mal um: In welcher Stadt der Welt liegen hektargroße Grünflächen einfach so brach? Es ist ein toller Ort für Fasane, aber das war's auch schon.»

John ist kein Biologe. Auch kein Bauer. Er ist Unternehmer, und er hat eine Vision: Hantz Farms. Seit Jahren sammelt er Genehmigungen, bald will er den Boden von Motor City im großen Maßstab umpflügen und einsäen. Seine Internetseite ist voll mit Fotos von knackigen roten Äpfeln und taufrischem Salat. Ein lächelndes Mädchen steht vor einem Maisfeld und hält eine Handvoll fruchtbaren Mutterboden, in dem eine Pflanze keimt. Auf einem anderen Bild wuchten Vater und Sohn einen überdimensionalen Kürbis. John träumt vom größten urbanen Bauernhof der Welt. Das

Motto seiner Firma: «A journey of a thousand miles begins with a single step.»

«Wir müssen uns einfach von der Hoffnung verabschieden, dass die Stadt eines Tages wieder ihre alte Größe erlangen könnte.»

«Sie meinen, Detroit kehrt zu seinen Wurzeln zurück?»

«Da liegst du zu hundert Prozent richtig. Also lasst uns die Traktoren holen!»

Eigentlich möchte ich John hassen. Für seine gegelten Haare, sein perfekt rasiertes Gesicht und seine selbstbewusste, dynamische Art. Aber ich kann mir nicht helfen: Mögen seine Ideen auch sonderbar sein (ich weiß nicht, ob ich Salat essen möchte, der unter der Dunstglocke Detroits groß geworden ist), aber John imponiert mir.

«Zeichnet das eine Supermacht aus: Visionen?»

«Das ist Amerika! Spirit of Change: Wenn etwas schiefläuft, dann jammern wir nicht. Wir starten etwas Neues. Und im Grunde ist deine Weltreise auch typisch amerikanisch, ob du nun willst oder nicht. Niemand traut dir zu, alle Fragen dieser Erde zu beantworten. Aber du machst es einfach. Das ist deine Vision.»

Und so endet meine Reise durch das Land der unbegrenzten Möglichkeiten mit etwas Versöhnlichem. Natürlich ist Amerika noch eine Supermacht. Und das wird es auch bleiben, wenn es wirklich in der Lage ist, sich zu verändern. Ich hoffe nur, dass sich Amerika bis zu meinem nächsten Besuch sehr verändert.

Zurück am internationalen Flughafen von Motor City, umarme ich die Dame am Air-France-Schalter.

«Bringen Sie mich zurück nach Europa?»

«Naturellement!», sagt sie, und ich glaube, ich möchte sie heiraten.

KAPITEL 10

# «WO LIEGT EIGENTLICH ABSURDISTAN?»

TEKNIKAL SWORUM

«**Das** ist er!», sagt der Produzent.

«Das gibt's doch nicht.»

«Doch, das ist er!»

«Nicht zu fassen», rufe ich und gehe zu ihm. Wochenlang hatte ich ihm hinterhertelefoniert – ohne Erfolg. Und jetzt sitzt er einfach so ein paar Meter von uns entfernt im Terminal am Frankfurter Flughafen, wartet auf denselben Flug und versteckt sich hinter dem Sportteil der «Bild am Sonntag». «Hallo, Herr Vogts», sage ich und strecke ihm meine rechte Hand entgegen, «ich bin Dennis.»

Doch Berti Vogts weigert sich, mir seine Hand zu geben. Stattdessen schielt er pikiert über seine Halbrandbrille.

«Ich, ähm, hatte versucht, Sie zu erreichen. Darf ich mich kurz setzen?» Wieder keine Reaktion.

Ich setze mich trotzdem und erkläre Herrn Vogts, dass ich Weltreporter sei. Ein Weltreporter auf dem Weg nach Absurdistan. Und dass ich Absurdistan in Aserbaidschan suchen wolle, weil das ja so ähnlich klinge. Und da er schließlich Nationaltrainer dieses Landes sei, könne er mir doch sicher helfen. Vielleicht mit einem Interview?

«Da sollten Sie mit dem Verband sprechen», sagt Berti Vogts genervt. Aber das habe ich schon. Sogar mehrfach. Ich bleibe hartnäckig, und der Terrier legt für einen Moment seine Zeitung beiseite. Er nimmt sogar die Brille ab und beginnt zu reden, als sei ich irgendein Sportreporter. Man müsse «abwarten», wie sich «die Dinge» entwickeln.

Er müsse erst mal das «ein oder andere» Gespräch führen. Und überhaupt: Einige «Dinge» in der Nationalmannschaft seien zuletzt «suboptimal» gelaufen.

Ich gebe auf. Nach dem Interview ist schließlich vor dem Interview, die Erde ist rund, und ein Flug dauert viereinhalb Stunden. Dann landen wir gemeinsam mit Berti Vogts in einem Ozean aus Millionen orangefarbener Lichter am Kaspischen Meer. Fördertürme, Häuserblocks, Landebahn. Touchdown in Baku. Willkommen in der Hauptstadt von Aserbaidschan.

Was weiß die Menschheit eigentlich über dieses Land? Nicht viel. Ich auch nicht, deswegen habe ich auf dem Flug einen Reiseführer gelesen. Na gut, ich habe ihn überflogen. Aber drei Dinge sind mir im Gedächtnis geblieben: Kaukasus, Gas und Öl. Aserbaidschan soll so absurd reich an Bodenschätzen sein, dass es angeblich gar nicht mehr weiß, was es mit seinem Reichtum anfangen soll. Vermutlich investiert es deshalb in absurde Nationaltrainer. Und dann las ich im Reiseführer noch ein absurdes Zitat über die Bevölkerung des Landes. Es heißt, die Aseri, also die Einwohner Aserbaidschans, seien «verschlagen». Beispiel: Wenn du im Restaurant nicht vorher fragst, was alles koste, könne es passieren, dass du am Ende das Datum mitbezahlst.

Entsprechend skeptisch betrete ich die Empfangshalle des Flughafens Heydär Äliyev. «Hello, hello!», ruft jemand. «Mister Dennis!» Es ist ein kleiner Mann, Mitte vierzig, mit schütterem Haar und einer deutlich verbogenen schwarzen Sonnenbrille. In der linken Hand hält er sein Handy, mit der rechten begrüßt er uns.

«I am Natiq, your driver!»

Der quirlige Kerl führt uns zu seinem Auto, einem schwarzen Geländewagen mit Allradantrieb.

«You are very lucky. I am not only driver, but also history expert of the country», sagt Natiq, während wir mit hoher Geschwindigkeit Richtung Downtown Baku rauschen. Der Rest der Stadt ist übrigens in wahrhaft historischen gelben oder blauen Ladas unterwegs, offenbar ist der Reichtum des Landes noch nicht überall angekommen.

«I tell you story. What kind of story iş this?»

Natiq blickt uns bedeutungsschwer über den Rand seiner Sonnenbrille an, dann fährt er fort: «It is story about Baku. First of all: Why is Baku called Baku?» Wieder so ein Blick, wir wissen die Antwort aber leider nicht.

«I tell you why. Baku is called Baku because of the Persian words bad and kube. So what does bad and kube mean?»

Nope, keine Ahnung.

«‹Bad› means wind and ‹kube› means strong. So Baku means city of strong wind. It's easy.»

Na bitte, das sind doch gute Nachrichten, schließlich ist es Hochsommer, und da kann ein wenig Sturm nicht schaden. Natiq fährt uns ins Hotel, einen zentral gelegenen Betonbunker mit schweren Teppichen und großen weißblauen Standvasen. «See you tomorrow!», ruft Natiq, und bei mittleren Winden aus Südwest checken wir ein. «Ah, you from Germany», sagt der junge Mann an der Rezeption. «I am big fan of Hitler! You see, Hitler used to know how to get things done.» Geduldig erkläre ich ihm, dass Deutsche in der Regel keine Fans von Adolf Hitler seien. Der Mann entschuldigt sich mehrmals, weist mich aber darauf hin, dass Aserbaidschan ein muslimisches Land sei und manche Muslime dem bösen Onkel Hitler durchaus etwas abgewinnen könnten. Und dass wir uns doch nicht schämen sollten.

Ich schlafe mit einem Lächeln ein. Gute Nacht, Stadt der Winde. Gute Nacht, Aserbaidschan. Gute Nacht, Reiseführrer. Ich suche Absurdistan, und irgendetwas sagt mir, dass ich hier goldrichtig bin.

Der nächste Morgen beginnt mit Fett und Cholesterin. Eine ältere, schwer überlackierte Russin drückt mir im Speiseraum eine eingeschweißte Menükarte in die Hand. Ihre Kolleginnen sitzen in der Küche und sehen rauchend zu – keine von ihnen spricht Englisch. Oder besser gesagt: Keine hat Lust, Englisch zu sprechen. Eigentlich hat niemand Lust, überhaupt zu sprechen. Die Sowjets haben Aserbaidschan zwar offiziell vor zwanzig Jahren verlassen, aber ihre sympathische Art scheint dageblieben zu sein. Auf der Karte sind verblichene Fotos leicht unterschiedlicher Frühstücksvariationen: Rührei, Rührei auf Brot, Eier, Spiegeleier, Spiegeleier auf Brot. Ich entscheide mich für etwas mit Ei, dann kommt Natiq: «Good morning, Mr. Dennis, we have to get filming permission!»

Er fährt mit uns in die Innenstadt. Ich war zwar noch nie in Cannes, aber so ähnlich stelle ich es mir vor: hohe, weiße Prachtfassaden, eine nagelneue Uferpromenade, Gucci, Prada, Bulgari. Außerdem scheint es in Baku zwei Traditionen zu geben: Slipper und Polyesterhosen. Das günstige, aber stilvolle Standardoutfit des aserischen Mannes. Vielleicht die einzigen Traditionen, die hier überleben werden, denn ansonsten verdrängt der Bauboom all das, was einmal war. Überall schießen Wolkenkratzer in die Höhe, ganze Wände davon. Die Stadt ist eine einzige absurde Baustelle.

Wir erreichen ein großes neues Bürogebäude im Regierungsviertel der Stadt. Es ist kurz vor neun, und etwa dreißig Leute warten in einem kleinen betonierten Vorgarten auf Einlass. Ein paar Minuten später öffnet ein Beamter die Tür des Gebäudes, und alles rennt. «Come on, come on», ruft Natiq, und wir versuchen, mit der Meute Schritt zu halten.

Wir rasen eine Treppe hinauf, bloß nicht hinfallen, dann noch eine, dann durch einen Vorraum und dann in einen weiteren Raum. Darin sitzen zwei Männer hinter einer Glasscheibe und warten auf Kundenkontakt.

Der lässt sich nicht lange bitten: Alle dreißig Personen rennen gleichzeitig an den Schalter, bilden eine Traube und reden laut auf den Schalterbeamten ein. Natiq schafft es, sich von ganz hinten durch die Menge bis ganz nach vorn zu wühlen. Nach zwei Minuten spuckt ihn die Menschentraube wieder aus: «This is wrong entrance!», sagt er, und außer Atem verlassen wir das Gebäude wieder Richtung Haupteingang. Dort geht alles ganz schnell. «Welcome to Azerbaijan», sagt ein Regierungsbeamter und drückt mir meinen Presseausweis in die Hand. Eine grob ausgeschnittene und verschweißte Karte: «Denny Qastmann» steht darauf. Das gefällt mir – endlich ein Reportername mit Format.

«Denny Qastmann wants to see your country!»

«Okay, Mister Denny», lächelt Natiq.

Sightseeing in Absurdistan, wir fahren ins Umland von Baku. Teerstraßen werden zu Schotterpisten, Prachtbauten werden zu einfachen Klinkerhäusern, aber die Baustellen hören nicht auf: halbfertige Bungalows, halbfertige Einfamilienhäuser, halbfertige Hotels, wohin du auch siehst. Es müssen Tausende sein. Weitere Highlights: gigantische grüne Melonen, die sie an jeder Ecke verkaufen, völlig überladene Ladas und riesige Salzseen. Je nach Wetterlage und Lichteinfall schimmern sie in Gelb, Grün oder anderen Farben.

«We have every colour you want. Which colour you want to see?» Ich entscheide mich für Rot. «Let's go!», ruft Natiq, und wenig später erreichen wir tatsächlich einen weiten purpurroten See in der Halbwüste. Zwei Männer schaufeln einen Berg Salz auf, am Ufer steht eine aserische Familie mit hochgekrempelten Ärmeln und Hosenbeinen. Die Leute reiben sich mit öligem Schlamm ein, lassen ihn in der Sonne trocknen und waschen ihn im Salzsee wieder ab.

«This is very good for your skin!»

Ölschlamm soll übrigens auch gut für die Gelenke sein, Ölbäder helfen angeblich gegen Rückenschmerzen, Prostatabeschwerden und Unfruchtbarkeit. Du findest das klebrige Zeug überall in Aserbaidschan, und manchmal genügt es schon, einfach die Hand in den Boden zu stecken. Wenn du sie wieder rausziehst, ist sie schwarz.

Natiq fährt mit uns durch weite, völlig verdreckte Ölfelder, wenige Kilometer vor den Toren von Baku. Wir durchqueren einen Wald aus verschmierten und verrosteten Fördertürmen. Die Armee der ächzenden Ungeheuer reicht bis zum Horizont und taucht die Erde in ein trostloses, klebri-

ges Schwarz. Das alles haben die Sowjets dem Land überlassen. Die Älteren unter Ihnen wissen ja noch, wie es aussieht, wenn die Russen abhauen.

«I tell you story. What kind of story is this?»

Kurzer Blick zu mir nach hinten.

«It is story about my country. First of all: What is nickname of my country?»

Ich zucke genervt die Achseln.

«My country is called land of fire. Why is it called land of fire?»

«Natiq, please!»

«Okay, okay, I show you why! Let me take you to Yanardag.»

Auch davon hatte ich im Reiseführer gelesen. Yanardag, der brennende Berg, die angeblich atemberaubendste Sehenswürdigkeit des Landes: Ausströmendes Erdgas hat sich entzündet und, so heißt es, eine komplette Felswand in Flammen gesetzt. Natiq sagt, der Berg brenne lichterloh – und zwar schon seit dem Altertum. Mein Reiseführer behauptet allerdings, ein ungeschickter Hirte hätte den Fels vor fünfzig Jahren versehentlich in Brand gesteckt. Wie auch immer: Als wir Yanardag erreichen, ist mir das alles schon wieder egal, denn leider ist der brennende Berg nicht viel mehr als eine brennende Böschung. Daneben steht eine kleine Teebude, und vor dem Feuer lungern drei Wachleute. Sie wollen Geld.

Und das sind die weiteren Attraktionen des Landes: ein Tempel mit einer «ewigen Flamme», die jeden Abend nach dem Besucheransturm gelöscht wird; ein Stein, der angeblich wie ein Tambourin klingt, wenn man mit einem anderen Stein darauf herumkloppt; und Schlammvulkane hoch oben auf einem Berg. Die gefallen mir: kalte, kleine Tümpel aus Wasser, Schlick und Gas, die alle zwei Minuten «Blubb» machen. Das war's. Und zwischen den kleinen Kratern sitzt eine Frau mit langen grauen Haaren und auffallend großen Zähnen, die all diese absurden Sehenswürdigkeiten vermarkten muss: Gila Altmann. Vielleicht kennen Sie «Miss Gila», wie Natiq sagt, noch aus dem Bundestag.

Frau Altmann war unter Rot-Grün Staatssekretärin im Bundesumweltministerium, jetzt soll sie im Auftrag des aserischen Instituts für Tourismus reiche Urlauber ins Land locken. Für das Fernsehen hat sie auf einem roten, geknüpften Teppich Platz genommen, Kekse und Madeleines mitgebracht.

«Was ist absurder: Berlin oder Baku?»

«Da brauch ich noch ein bisschen Zeit», sagt Miss Gila.

Kurz und bündig. Sie ist eben Ostfriesin.

«Warum sollte ich hier Urlaub machen? Im Süden liegt der Iran, im Westen Armenien, mit dem Aserbaidschan im Krieg liegt, und im Norden ist Tschetschenien auch nicht weit.»

«Herr Gastmann, Aserbaidschan ist ein sehr sicheres Land!», antwortet Miss Gila und erzählt mir von Nationalparks, Klimazonen, Skigebieten und Vogelkundlern, die bevorzugt nach Aserbaidschan kämen.

«Ist Aserbaidschan eine Demokratie?»

Miss Gila hält inne: Ja, das Land sei auf dem Weg zur Demokratie, aber mehr könne und wolle sie darüber nicht sagen. Sie sei schließlich hier, um über Tourismus zu reden. Seltsam, zu Zeiten von Rot-Grün war Frau Altmann eine durchaus streitbare Politikerin. Ich probiere es nochmal.

«Bringt der Ölboom nur Gutes für Aserbaidschan?»

«Das muss man abwarten.»

«Stimmt es, dass hier alle so korrupt sind?»

Und jetzt entwischt Frau Altmann ein kleines, aber vielsagendes Lächeln. «Ich habe von Korruption gehört», erklärt sie geheimnisvoll, mehr könne sie aber nicht darüber sagen. Ich verstehe sie. Wenn sie in die Hand beißt, die sie füttert, dann verliert sie vielleicht nicht nur ihren Job. Aber wie gut, dass es einen Weltreporter gibt, der nichts zu verlieren hat.

Natürlich kannst du in Aserbaidschan nicht einfach sagen, was du denkst. Oder besser: Du kannst es nur ein einziges Mal sagen. Ein aserischer Bürgerrechtler hatte das kurz vor unserem Besuch zu spüren bekommen. Emin Milli gab dem ZDF-Magazin «Aspekte» ein Interview und wurde darin sehr deutlich. Das Öl, sagte er, schmiere in Aserbaidschan fast jedes Geschäft. Die Regierung könne es sich leisten, Oppositionelle und Protestler einfach zu kaufen. Und wer unbestechlich bleibe, den packe bald die eiskalte Hand des Staates.

Milli sollte recht behalten. Kurz nach dem Interview schlugen ihn zwei Männer in einem Restaurant zusammen. Der Bürgerrechtler ging zur Polizei und wollte Anzeige erstatten, aber er verließ das Revier nicht mehr. Man behielt ihn gleich da. Der Vorwurf: «Hooliganismus». Klingt absurd, aber Milli sitzt immer noch im Knast, und überall in Baku stehen Wachleute, die erst unsere Qastmann-Presseausweise sehen wollen und dann fragen: «Sind Sie vom ZDF?»

Freie Presse? Eine Straßenumfrage in Baku? Wenn die Leute hören, dass es um Politik geht, rennen sie vor deiner Kamera weg. Aserbaidschan gehört zu den korruptesten Ländern der Erde. Es ist zwar reich, aber von diesem Reichtum profitiert nur eine kleine Schicht – fast fünfzig Prozent der Aseri leben unterhalb der Armutsgrenze. Und statt die soziale Not des Landes zu lindern, schießt in Baku ein Prestigebau nach dem anderen in den Himmel. Angeblich

Geldwäsche. Häuser, die niemand bewohnt und niemand braucht, Dutzende Wolkenkratzer mitten im Erdbebengebiet. Baku möchte Dubai sein, aber baut sich ein Absurdistan. Und was ist, wenn das Öl in zwanzig Jahren aus ist?

Ich besuche BP. Der Ölkonzern hat mit der Regierung Aserbaidschans einen großen Vertrag abgeschlossen und betreibt im Auftrag des Staates die Nabelschnur des Landes, eine Pipeline von Baku an den Russen vorbei über Tiflis nach Ceyhan an der türkischen Mittelmeerküste. BP empfängt mich auf dem Sangachal-Terminal, einer Gas- und Ölraffinerie am Kaspischen Meer. Es geht sofort in den Presseraum. Kaffee, Kekse, Propaganda. Eine ausgesprochen strenge und sehr laute Lady hält mir und einem holländischen Fotojournalisten einen langen Vortrag darüber, wie viele Millionen Tonnen Öl und Gas jetzt schon aus der Kaspischen See in Richtung Türkei strömen und wie viele es schon bald sein werden. Dann beginnt die Sprecherin, über Umweltschutz zu reden. Das könnte spannend werden.

Es habe in letzter Zeit «Gerüchte» gegeben. Umweltschützer hätten behauptet, dort, wo die Pipelines lägen, sei der Boden verseucht und das Gras würde nie wieder wachsen. «Da wurde viel Wind gemacht», sagt die BP-Frau und zeigt uns Bilder von blühenden Landschaften mit saftig grünen Wiesen. «Aber ich verspreche Ihnen: Fahren Sie dorthin, laufen Sie über diese Wiesen, und Sie werden nie im Leben merken, dass direkt unter Ihnen eine Pipeline verläuft, durch die täglich eine Million Barrel Öl schießen!»

Es geht zur obligatorischen Werksbesichtigung mit Arbeitskleidung, Helm und Sicherheitsstiefeln. In einem weißen Transporter fahren wir durch einen sandfarbenen Dschungel aus Rohren, Ventilen und Leitungen. Neben mir sitzt ein bärtiger Mann, mein Aufpasser. Er spricht gut Englisch und soll mir alles erklären. Wir halten an, verlassen den Bulli, und plötzlich schlägt aus einem Brennturm eine dreißig Meter hohe Stichflamme in den Himmel. «Don't film this», ruft der Mann panisch und bittet uns, schnell mitzukommen, «this is nothing interesting.»

In einer Gruppe mit mehreren Ölarbeitern erreichen wir den Ort, wo die große Wunder-Pipeline in den Boden eintaucht. «You see, this could be an alternative for Europe», erklärt mir ein Techniker, «just in case you have problems with the Russians ...» Doch dann fährt ihm mein Aufpasser über den Mund. «Teknikal Sworum!», ruft er – oder so ähnlich, mein Aserisch ist leider eingerostet, aber den Kern verstehe ich. «Sie dürfen nur technische Auskünfte geben, richtig?» Der Techniker nickt.

Die chaotische Karawane zieht weiter. Wir klettern eine Leiter hinauf auf eine höhere Ebene. Von hier aus blicken wir über die ganze Raffinerie, und ich frage mich, wie so ein Milliardenvertrag zwischen einer korrupten Regierung und einem zu allem entschlossenen Ölkonzern wohl zustande kommt. «Wissen Sie, ich habe gelernt, dass Aserbaidschan für zwei Dinge berühmt ist. Das erste ist Öl. Und das zweite ist Korruption. Hat das Unternehmen BP damit in diesem Land eigentlich Probleme gehabt?»

«We are absolutely in no position to answer this question», antwortet der Aufpasser. Die Werksführung nimmt ein schnelles Ende.

Abschied von Absurdistan. Weil sich nur die wenigsten in Baku an Verkehrszeichen oder Straßenmarkierungen halten, ist der Weg aus der Stadt verstopft. In Fünferreihen versuchen die Ladas in Einbahnstraßen hineinzufahren, dabei drängen sie Lastwagen und Schulbusse einfach ab. Wir sind mittendrin, aber Natiq ist ein guter und vor allem kompromissloser Fahrer. Es geht voran, und während ich noch einmal darüber nachdenke, ob Aserbaidschan es sich wirklich gefallen lassen muss, von mir Absurdistan geschimpft zu werden, klingelt mein Telefon. Es ist einer unserer Interviewpartner. Die Person bittet uns, sofort weite Teile ihrer Aussagen zu löschen. Wenn man uns am Flughafen durchsucht und die Kassetten überprüft, würde das für uns alle nichts Gutes bedeuten. Wir sind überrascht, aber erfüllen diesen Wunsch. So viel zu Absurdistan. Du kannst es auf der ganzen Welt suchen, aber in Aserbaidschan findest du es ganz bestimmt.

«Sag mal, Natiq, stimmt es eigentlich, was die Leute über dein Land sagen? Sind wirklich alle korrupt? Die Regierung, die Ölleute, die Polizei?»

«No, no, absolutely not. Police is not corrupt! You can never ever pay police. Seriously! I tell you story!», sagt er, und während er diese Geschichte erzählt – ich glaube, es ging um drei Könige, deren Namen ich leider vergessen habe –, beginnt Natiq ein äußerst gewagtes Fahrmanöver. Weil die vierspurige Fahrbahn Richtung Flughafen verstopft ist und wir es eilig haben, zieht er kurzerhand links rüber in den Gegenverkehr, überholt ein paar Dutzend Fahrzeuge und biegt schließlich quer über die Gegenfahrbahn ab.

Wenn du so was in Deutschland machst, bist du deinen Führerschein erst mal los. Vielleicht sogar für immer. Und auch für aserische Verhältnisse war das etwas zu viel des Guten. Polizei, rechts ranfahren, Führerschein und Fahrzeugpapiere bitte. Natiq greift hinter die Sonnenblende und nimmt seine Papiere, doch bevor er aussteigt, fischt er noch etwas aus dem Handschuhfach. Er legt es in seinen Pass, reicht es an den Polizisten weiter, und wie durch ein Wunder lässt er uns ziehen. Teknikal Sworum.

KAPITEL 11

# «WIE MACHT MAN EINEN ELEFANTENFÜHRERSCHEIN?»

## GATIN UND DIE PRINZESSIN

**Bunlua** ist ein Affe. Senke deinen Blick in Demut, und du darfst ihn streicheln. Siehst du ihm aber in die Augen, dann beißt er dir die Finger ab. Lächele ihn niemals an. Und vor allem: Schenke dem Kaninchen in Bunluas Käfig keine Aufmerksamkeit. «Das ist sein Kaninchen», sagt Michelle, «und Bunlua liebt das Kaninchen. Aber wenn du es streichelst, wird er wütend. Dann tötet er das Kaninchen.» Seit Bunlua von einem Rudel Hunde angegriffen wurde, hat er sich verändert. Äußerlich: Er besitzt nur noch seinen linken Arm und keine Beine mehr. Innerlich: Der Affe ist nun eine launische Primadonna. «Männer. So sind sie eben. Testosteron verursacht Probleme.»

Eigentlich müsste Testosteron Michelles zweiter Vorname sein. Die Australierin läuft breitbeiniger als John Wayne, sie ist auffällig tätowiert, und auf ihrem wuchtigen Kreuz trägt sie einen kantigen Schädel mit kurzen schwarzgrauen Haaren und sauber ausrasiertem Nacken. Michelle ist gelernte Zoowärterin, hätte aber besser in die Army gepasst. Jetzt kümmert sie sich um die gestrandeten Tiere auf einer thailändischen Elefantenfarm bei Ayutthaya – und um die Besucher, die hier überleben wollen. «Ich muss dir noch etwas zeigen», ruft Michelle und führt mich zu einem Wasserbecken aus Beton, etwa fünf mal drei Meter groß. Sie klopft ein paarmal mit der flachen Hand an den Beckenrand. Plötzlich taucht unter der trüben Oberfläche ein Schatten auf. Ein großer Schatten. Ein wirklich sehr großer Schatten. Michelle wirft einen toten Vogel in das Bassin, und der riesige Schatten schnellt aus dem Wasser. Für eine Sekunde scheint es so, als würde das ganze Becken explodieren. «Deswegen möchte ich nicht, dass du da reinfasst!» Ich verspreche es ihr hoch und heilig.

Ach ja: Natürlich gibt es auch Elefanten auf dieser Farm, sie sind schwer zu übersehen, es sind über zweihundert. Die Babyelefanten und viele Weibchen laufen frei über das Gelände aus Wiesen, offenen Gehegen, Bambushütten und einem kleinen Tempel. Auf den gewaltigen Bullen reiten Männer, sogar Kinder steuern die Giganten. Ganz allein.

«Ein Elefant hat immer Vorfahrt. Egal, ob er Bambus transportiert oder einfach nur durch die Gegend läuft, mach ihm einfach Platz und sieh zu, dass du niemals zwischen zwei Elefanten gerätst – sie werden dich zerquetschen. Und da ist noch etwas: Wir haben hier auf der Farm über achtzig Bullen, und die Brunft beginnt. In dieser Zeit haben die Typen mächtig Kopfschmerzen und versuchen, alles zu töten, was sich bewegt.»

«Alles?»

«Alles. Halt dich einfach fern von ihnen!»

Ich verstehe. Testosteron verursacht Probleme.

Trotz dieser Sicherheitseinweisung folge ich Michelle mit einem flauen Gefühl über das Farmgelände. Es ist, als würden wir einfach quer durch ein Gehege in Hagenbecks Tierpark spazieren. Von links und rechts kreuzen graue Riesen, hinter uns laufen Babyelefanten, stupsen mich an und versuchen, meine Mütze zu klauen.

«Wir haben übrigens gerade hohen Besuch!»

Eine echte Prinzessin gebe sich für ein paar Tage mit ihrem Gefolge auf der Farm die Ehre: Yugala Rangsinoppadol, angeblich so etwas wie die thailändische Lady Di. Yugala sei die Schutzpatronin der Elefanten, eine der angesehensten Persönlichkeiten des Landes, und vielleicht, so heißt es, werde sie eines Tages sogar den Thron besteigen. Doch noch thront Ihre Majestät breitbeinig auf einem weißen Plastikstuhl.

«Das ist sie!»

Michelle weist dezent auf eine rauchende alte Frau mit verquollenen Augen, schwarzem Schlabber-Shirt und grünen Leggings. Die Prinzessin macht kein besonders erfreutes Gesicht, also ziehen wir weiter.

Michelle möchte mich dem Besitzer der Farm vorstellen, ein Mann mit gütigen Augen und der Aura eines Mönchs. Wir treffen ihn vor seinem Wohnhaus. «Mein Name ist Piom, willkommen auf meiner Farm.» Der Meister verbeugt sich vor mir und bittet mich, auf einer Bank direkt unter einem Elefanten Platz zu nehmen, ein gewaltiger Bulle mit geschwungenen Stoßzähnen. «Keine Sorge, ich bin mit ihm aufgewachsen. Dieser Elefant wird uns nichts tun.»

Wir setzen uns, und Piom tätschelt die Wangen des Tiers, kitzelt seine Zunge, und der Koloss brummt wie ein riesiger Teddybär. Piom ist Mahut, ein Großmeister unter den Elefantenfahrlehrern. «Für mich ist ein Elefant kein Tier. Es ist ein Mensch wie du und ich. Und dieser Elefant hier ist ein gleichberechtigtes Mitglied meiner Familie.»

«Haben Sie denn einen Elefantenführerschein?»

«Weißt du, viele Leute kommen hierher und fragen nach einem Führerschein. Aber ein Elefant ist kein Auto, und der Führerschein steckt tief in deinem Herzen. Dein Herz kann einen Elefanten steuern.»

Piom lächelt mich sanftmütig an.

«Wenn du Mahut werden willst, muss dein Elefant dir

vertrauen. Er muss Teil deines Lebens und deiner Seele werden. Dann wird er alles tun, was du von ihm verlangst.»

«Und wo fange ich an?»

«Kümmere dich!»

Piom bittet mich, ihm in die Stallungen zu folgen. Der Meister deutet auf ein älteres Weibchen mit borstigen Haaren und mehreren hellen Flecken auf der ledernen Haut. Als würde die Farbe des Elefanten langsam abblättern. Auf der Stirn ist seine Haut kreisförmig ausgebleicht, die alte Dame trägt ein großes rundes Mal, so kann ich sie leicht erkennen. «Das ist Gatin. Sie ist schon über achtzig Jahre alt und hat ein gutmütiges Wesen. Gatin wird für die nächsten Tage dein Elefant sein, sei gut zu ihr, dann wird sie dir gehorchen.» Na toll. Piom vertraut mir eine Rentnerin an.

Die Altenpflege beginnt am nächsten Morgen. In aller Frühe scheucht mich Michelle aus meiner Bambushütte, und ich finde mich mit Harke und Besen in einem völlig verdreckten Elefantenstall wieder. «Have fun!», lacht Michelle, und ich dachte eigentlich, ich solle mich nur um EINEN Elefanten kümmern, nur um Gatin. Aber jetzt räume ich die fußballgroßen Dungkugeln einer ganzen Herde aus dem Weg. Und als ob das nicht genug wäre, terrorisiert mich auch noch ein Elefantenkleines mit höllisch lautem Gebrüll. Um sieben Uhr morgens. Das Vieh hat Durchfall.

«Eat some elephant shit!», brüllt Yugala, die kettenrauchende Thai-Prinzessin. Sie lehnt am Elefantenstall und amüsiert sich prächtig über mich. «We Thais do that all the time. I eat elephant dung every morning, try it, it's healthy!»

Ihre Durchlaucht zieht rauchend von dannen, und ich verzichte erst mal auf diesen Genuss. Stattdessen wate ich eine geschlagene Stunde mit Flipflops durch den Mist, dann blinkt der Elefantenstall wie neu. Man könnte nun wirklich vom Boden essen.

«Nun geh und hol deinen Elefanten!», ruft Michelle, und ich folge ihr auf eine Wiese, die von einem rotbemalten Holzzaun aus Baumstämmen umschlossen ist. Dort stehen acht Elefantendamen. Ich erkenne Gatin sofort, sie wiegt mit dem Morgenwind hin und her. Und scheint sich auf mich zu freuen. «Gatin sieht nicht mehr besonders gut. Sprich mit ihr, wenn du dich ihr näherst. Beruhige sie.»

«In welcher Sprache?»

«Völlig egal. Sag einfach irgendwas.»

«Na guck mal, wer da ist! Hier ist der liebe Onkel Dennis!», sage ich oder so ähnlich und komme mir reichlich blöd vor, als ich mich der Elefantin mit Babysprache nähere. Sie scheint es allerdings nicht zu stören. Im Gegenteil. Ich plappere weiter, klopfe ihr mit der flachen Hand auf die Seite, streichele ihr Ohr, berühre ihren Rüssel, und Gatins Bewegungen werden immer sachter. Als wolle sie sich an mich schmiegen wie ein Schoßhündchen. Michelle sagt, ich solle Gatin nun in den Stall führen.

«Brauche ich dafür eine Leine?»

«Nein, nimm einfach ihr Ohr.»

Na gut. Ich greife das linke Ohrläppchen und ziehe ein wenig daran. Langsam. Ganz vorsichtig. Dann passiert etwas Wunderbares. Auf einmal setzt sich dieser große graue Berg in Bewegung. Schritt für Schritt. Einfach so. Gatin könnte mich zerquetschen, Gatin könnte einfach weggehen oder tun, wozu sie sonst gerade Lust hat. Aber das tut sie nicht. Sie tut, was ich will.

Wenn ich ihr Ohr nach rechts bewege, geht sie nach rechts. Ziehe ich ihr Ohr nach links, dann geht sie nach links, und so folgt sie mir tatsächlich bis in den Stall. «Gutes Mädchen!» Ich tätschele sie ein paarmal und hole einen ganzen Busch aus Bambusblättern. Gatin nimmt die Blätter mit ihrem Rüssel, und ich hole einen weiteren Busch. Und noch einen. Diese Elefantin mag zwar alt sein, aber sie verdrückt gut und gerne einhundert Kilo am Tag. Wassermelonen, Gras, Ananas, Bananen, Zuckerrohr – was die vegetarische Küche gerade so hergibt.

Dann ist Gatin durstig. Sie dreht ihren Rüssel herum und hält das Ende in die Höhe. Ich verstehe sie, hole einen Schlauch und stopfe ihn hinein. Druckbetankung. Es ist unglaublich, wie viel Flüssigkeit in so einen Rüssel passt. Eine ganze Minute lang lasse ich das Wasser laufen, dann setzt Gatin ab, steckt sich den Rüssel in den Mund und lässt das kühle Wasser in ihren Körper laufen. Sie schluckt und schluckt, und jedes Mal geht ein tiefes Grollen durch sie hindurch, während sich das Wasser in ihrem riesigen Leib verteilt. Es klingt wie ein V8-Motor.

Gatin beschäftigt mich den ganzen Tag. Sie möchte geduscht werden, sie möchte geschrubbt werden, sie möchte auch ein bisschen Auslauf. Ähnlich anstrengend stelle ich mir Urlaub auf dem Ponyhof vor. Und während ich den Elefanten erneut mit Unmengen an Bambusblättern und Ananas vollstopfe, beobachte ich die Prinzessin. Yugala Rangsinoppadol reitet einen Bullen, den größten Elefanten, den ich je gesehen habe. Sie beherrscht ihn voll und ganz, er folgt ihr aufs Wort. An einer Hütte steigt Yugala auf, dann reitet sie ein paar Meter, wendet das Tier auf der Stelle und reitet wieder zurück. Der Elefant lässt die Prinzessin wieder herunter, und sie küsst seine verdreckten Wangen.

«Smell very badly!», blafft Yugala. «Must take bath!» Und steckt sich wieder eine Zigarette an. Ihre Majestät hat sich heute übrigens erstaunlich hübsch gemacht. Shirt und Leggings besitzen dieselbe Farbe, ihr wildes Haar hat sie zu zwei Zöpfen gebunden, dazu trägt sie ein goldenes Stirnband und silberne Armreife. Aber einer fehlt. «Get it, go, get it!!», brüllt Yugala ihren Dienern zu, die hektisch um sie herumwuseln. «Why don't you fucking know where it is? Get it!! Get it fast!!!» Dann wendet sie sich zu mir: «You know, I tip them all the time. But they are so fucking lazy.»

«Sagen Sie, essen Sie eigentlich wirklich Elefantenmist?»

«No», antwortet Yugala, ihr ledriges Gesicht zerknautscht, und sie bricht in ein dreckiges Raucherlachen aus. Ihre Majestät hat mich verarscht.

Es gibt übrigens einen Grund dafür, warum die Prinzessin sich heute so herausgeputzt hat. Yugala Rangsinoppadol soll an diesem Nachmittag einer wichtigen Zeremonie beiwohnen. Die ganze Farm sitzt oder kniet vor einem Stall, in dem nur eine einzige Elefantendame untergebracht ist. Ihr Name ist Nathalie. Räucherstäbchen brennen, und ein buddhistischer Mönch im orangefarbenen Tuch betet gemeinsam mit den Mahuts für die Seele des Elefanten. Sie falten ihre Hände, schließen die Augen und wiederholen ihre Gebete wie ein Mantra. Es hat etwas von einer Teufelsaustreibung. Nein, genau das ist es, denn Nathalie hat getötet. Nathalie hat oft getötet. Zuletzt vier Menschen in einem Monat. Ein Bauer wollte sie zur Feldarbeit einsetzen, doch der Bauer ist kein Mahut. Es gelang ihm einfach nicht, das mächtige Tier zu kontrollieren. Jetzt sitzt er zwischen den anderen und trauert um seinen Bruder und drei weitere Mitglieder seiner Familie. Der Bauer ist kein alter Mann, aber sein Haar ist schneeweiß.

«Killerelefanten» nennt Piom solche Tiere. Er hat Dutzende von ihnen aus dem ganzen Land bei sich aufgenommen und versucht, die Killer zu resozialisieren. Wenn ein Elefant tötet, dann sammelt Piom Spenden, kauft dem unglücklichen Besitzer das Tier für einen guten Preis ab und holt es auf seine Farm.

Nach der Zeremonie bittet mich Piom zu sich. Im Abendlicht folge ich ihm an den Stall des Killerelefanten. «Weißt du, Nathalie ist Miss Universe. Sie ist der schönste Elefant, den ich je gesehen habe. Aber jemand hat versucht, sie zu kontrollieren, und das wollte sie nicht. Wie löse ich dieses Problem?»

Ich schweige, und Piom lehnt sich an das Gitter des Stalls. «Als Nathalie zu mir kam, gab ich ihr in der ersten Nacht einen älteren Bullen. Vielleicht mag sie ja einen Big Boy, habe ich gedacht. Aber Nathalie wollte nicht. In der zweiten Nacht gab ich ihr einen Young Boy. Aber Nathalie hatte keine Lust. Und dann habe ich gedacht: Vielleicht ist etwas schiefgegangen, als Nathalie noch ein Baby war. Und in der dritten Nacht gab ich ihr ein Elefantenjunges. Sie tat dem Baby nicht weh. Sie ließ es an sich heran und beschützte es. In dieser Nacht hat Nathalie nicht geschlafen. Sie hat von Sonnenuntergang bis Sonnenaufgang über das Kleine gewacht.»

Und jetzt steht die Elefantendame ganz ruhig da und schlackert freundlich mit den Ohren. Sie hat nichts mehr von einem Killerelefanten.

Piom holt ein großes goldenes Buch. Darin sind einfache Zeichnungen von Elefanten in Weiß, Rot, Schwarz und Gold. «Dieses Buch hat mir der König gegeben, es lehrt dich, wie du den Charakter eines Elefanten erkennst. Die Leute glauben, es gäbe nur zwei Arten von Elefanten: Afrikanische und Asiatische, aber das ist falsch. Es existieren 120 verschiedene Arten.» In ganz Asien, sagt Piom, gebe es nur wenige, die dieses Buch besäßen. Darin sei das gesamte Wissen der Mahuts beschrieben, auch die Übungen, mit denen man einen Elefanten für den Krieg trainiere. «Tang Hung», eine effektive Attacke gegen feindliche Infanterie, oder «Lor Pan» – Elefant gegen Reiter: «Zerbrich den Speer, zerquetsche das Pferd, zerstöre den Reiter.»

Vor langer Zeit waren Mahuts die Elitetruppe des Königs, sie lebten mit den Elefanten, zogen mit ihnen in den Krieg und starben an ihrer Seite. Heute würde eine Panzerdivision nur müde über Kriegselefanten lachen. Das thailändische Nationaltier hat kaum noch einen Nutzen und wird auch immer seltener zur Feldarbeit eingesetzt.

«Deshalb muss ich das Wissen der Mahuts weitergeben. Wenn keiner mehr weiß, wie man einen Elefanten kontrolliert, dann werden die Elefanten eines Tages wütend und töten Menschen. Und dann werden die Menschen wütend und töten die Elefanten. Es ist so wie mit den Drachen. Vor Tausenden von Jahren haben deine Vorfahren in Europa Seite an Seite mit Drachen gelebt und sind mit ihnen durch den Himmel geflogen. Aber eines Tages habt ihr die Tiere einfach vergessen. Die Drachen sind böse geworden, und ihr habt sie alle umgebracht.»

Die Sonne geht unter, und ich kehre zurück zu Gatin, führe sie an einem Ohr zurück auf ihre Schlafwiese und lege ihr noch einen Bambussnack für die Nacht hin. Dann streichele ich ihr Gesicht und blicke ihr ins Auge. Gatin weint. «Du bist so weit», sagt Michelle. «Morgen früh wirst du Gatin reiten. Aber vorher möchte dich noch jemand kennenlernen.»

Die Prinzessin. Yugala Rangsinoppadol will mir eine Audienz gewähren. Oder sagen wir: Ihre Majestät zitiert mich zur Audienz. Michelle erzählt mir, die königliche Dame habe soeben erfahren, dass ich aus Deutschland komme. Und Deutschland interessiere sie sehr. «Aber sei höflich! Wenn du zu ihr gehst, dann falte deine Hände und verbeuge dich zur Begrüßung. Vergiss das nicht. Und noch eins: Sie stellt die Fragen. Du antwortest. Nicht umgekehrt.»

Etwas aufgeregt folge ich Michelle zwischen zwei kleine Bambushütten. Dort sitzt Yugala an einem Campingtisch, rauchend und deutlich angeheitert. Neben ihr steht ein Keyboard. Ich will mich verbeugen, aber Yugala unterbricht mich.

«Sit down here and play!», brüllt sie. Nein, sie krächzt. Die Prinzessin muss mindestens zwei Packungen am Tag verqualmen. Sie sieht nicht nur aus wie Mickey Rourke, sie hat auch seine Stimme. «Spiel deutsche Lied!! Auf Wiedersehn, auf Wiedersehn, bleib nicht zu lange fort!»

Tatsächlich hatte ich ein paar Jahre Klavierunterricht und bringe den alten Durchhalteschlager ganz passabel über die Tasten. Aber warum spricht die Prinzessin Deutsch? «Ich hatte deutsches Kindermädchen», blafft Yugala und schlägt mir auf den Arm. «Spiel, spiel!», ruft sie, und ich spiele. Auf Wiedersehen, Ännchen von Tharau, Heidschi Bumbeidschi. Erst bietet mir Yugala frittierte Kartoffelecken an, später Zigaretten, dann übergibt sich ihr Hund. Ein großartiger Abend. «Sie sind die coolste Prinzessin auf diesem Planeten», sage ich, und Yugala bittet mich, sie eines Tages in ihrem Palast zu besuchen. Ich falle ins Bett und zersäge meine Bambushütte. In der Hand halte ich eine königliche Visitenkarte. Ganz in Gold.

Es gibt zwei Arten, auf einen Elefanten zu steigen. Variante eins: «Leg Mount». Der Elefant zieht ein Vorderbein an, du stellst dich darauf, hältst dich an einem Elefantenohr fest und kletterst auf das Tier. Variante zwei: «Trunk

Mount», die Königsvariante. Ich probiere sie am nächsten Morgen. Der Elefant senkt seinen Rüssel, du stellst dich darauf, fasst beide Ohren, und während das Tier den Rüssel hebt, läufst du flink darüber bis auf den Kopf, drehst dich und lässt dich im Nacken des Elefanten nieder. So weit die Theorie. In der Praxis ist das alles erheblich schwerer. Ich stelle mich auf den Rüssel, fasse beide Ohren, aber schaffe es nicht im Ansatz, leichtfüßig bis hoch auf das Haupt zu laufen. Stattdessen hievt mich der Elefant in die Höhe, ich rutsche wie ein nasser Sack auf seinen Rücken, und jemand muss mich drehen, bis ich endlich in Fahrtrichtung im Nacken von Gatin Platz nehmen kann.

«Jetzt ruf HUAH!», brüllt Michelle.

«Huah.» Gatin rührt sich keinen Zentimeter.

«HUUAAHH!! So wie ein Mann!»

«HUUUAAAHHH!», brülle ich, und Gatin setzt sich in Bewegung.

«Huah!» bedeutet in thailändischer Elefantensprache: Vorwärts! «Toi!» ist das Kommando für rückwärts, und wenn du mit dem Fuß leicht gegen das linke oder rechte Ohr deines Elefanten trittst und «Ben!» rufst, biegt das Tier nach links ab. Oder eben nach rechts. «Gep!» bedeutet übrigens: «Heb das Ding da vorne hoch!», und «Gep Bonsung!» heißt: «Heb das Ding da vorne hoch und gib es mir!»

Falls Sie Interesse an weiteren Elefantenvokabeln haben, dann rufen Sie mich bitte einfach an.

«HUAH!» – was für ein Gefühl. Gatin balanciert mich in ihrem Nacken, und ich spüre jeden ihrer Schritte, jeden ihrer Muskeln. Erst fürchte ich herunterzustürzen, klammere meine Beine an ihren Kopf und halte ihre Ohren so fest wie Zügel. Aber Gatin würde mich niemals fallen lassen. Sie hält mich ganz sicher. Und dann lasse ich los.

«HUUAAAH!» Niemand kann uns noch aufhalten. Wir reiten durch das Tor der Farm hinaus auf die Straße, durchqueren einen Dschungel und steigen in einen Fluss aus braunem Wasser. Gatin taucht ihren Rüssel in die Fluten und spritzt mir ins Gesicht. Ich stehe auf, stelle mich auf ihren Rücken und breite die Arme weit aus. Die Elefantendame schüttelt sich und wirft mich in den Strom. Dann legt sie sich behutsam auf die Seite, und ich wasche ihr den Dreck des Tages von der Haut. Sie brummt.

In diesen Momenten habe ich ein Gefühl, das ich nur selten empfinde. Ich bin glücklich.

KAPITEL 12

# «WO IST NORDKOREA?»

## MEISENHEIMER KOMMT ZUM ENDE

**Frage:** Woran merkst du, dass du zu weit gegangen bist? Antwort: Das Rohr eines Panzers ist auf deinen Kopf gerichtet. Aber was hätte ich denn machen sollen? Ein Zuschauer wollte wissen, wo bitte schön Nordkorea sei. Die sonderbarste Frage, die mir bisher gestellt wurde. Erst hielt ich sie für einen schlechten Scherz, doch dann wurde mir klar, was damit vermutlich gemeint war: «Wie kommt man nach Nordkorea?» Und jetzt blicke ich in die Mündung einer koreanischen Panzerkanone. Sollte ich besser den Koffer fallen lassen und die Hände hochnehmen?

Ehe ich reagieren kann, gibt es einen lauten Knall. Der Panzerschütze hat das Feuer auf mich eröffnet. Es knallt erneut, und mein Kopf sitzt noch immer auf meinen Schultern. Dabei stehe ich direkt vor dem tarngefleckten Ungetüm, es dürfte mich gar nicht verfehlen. Während des nächsten Donners sehe ich mir den Kampfpanzer genauer an. Auf dem beweglichen Geschützturm sind zwei Lautsprecher befestigt, der Schütze selbst bleibt regungslos. Er ist aus Plastik. Und hinter ihm lugt der Kopf eines kleinen koreanischen Mädchens im blauweißen Sommerkleid hervor. Es drückt Knöpfe, zieht Hebel und lächelt mich an.

Nein, ich bin nicht in Nordkorea. Noch nicht. It's all about Seoul: Ich treibe mich vor der «War Memorial Hall» in der Hauptstadt Südkoreas herum. Ein Kriegsmuseum, dessen Gigantismus mich, mit Verlaub, stark an die Germania-Architektur von Albert Speer erinnert. Die steinerne Halle ist ringsum von Säulen umschlossen. Vier haushohe Tore führen ins Innere, das Zentrum bedeckt eine mächtige Kuppel. Auf den langgezogenen Stufen vor dem Haupttor exerzieren Rekruten, hundert Männer und Frauen in Tarnhosen und T-Shirts reißen ihr Gewehr von einer Schulter auf die andere. «He – ha! He – hi!», rufen die Soldaten, während sie im Gleichschritt an mir vorbeimarschieren, dabei knallen die Absätze ihrer schwarzen Stiefel auf den Steinboden. Jeder Südkoreaner muss mindestens zwei Jahre zum Militär.

Vor dem Museum ist ein Irrgarten aus stillgelegten Panzern, Raketen, Bombern, Düsenjägern und Flakgeschützen. Ein Abenteuerspielplatz für die Großen und die Kleinen. Das Mädchen ist mittlerweile vom Geschützturm geklettert und in einen Truppentransporter gelaufen. Ihre Mutter und ein Junge eilen hinterher. Auf den Bänken vor der Halle sitzen weißhaarige Männer. Veteranen, die vom Koreakrieg erzählen, den sie nie gewonnen und nie verarbeitet haben. Sie blicken auf eine Statue aus Stein: Zwei Brüder fallen sich auf dem Schlachtfeld weinend in die Arme. Der eine aus Südkorea, der andere aus Nordkorea.

«HAL-LO!»

Ein älterer Herr spricht mich an. Oder besser: Er brüllt mich an, dabei klingt er wie eine Mischung aus Captain Jack und Kermit dem Frosch.

«ICH – SPRE-CHE – DEUTSCH!»

Was für ein Zufall. Der Mann sagt, er sei Professor, habe den Produzenten und mich belauscht und dabei erfahren, dass wir Fragen beantworten. Nun stemmt er beide Arme in die Hüften, lehnt seinen Oberkörper zurück und brüllt wie ein General. Ein Kermit-General.

«BE-STIMMT KANN ICH IH-NEN BE-STIMMTE ANT-WORT GE-BEN!»

«Danke schön!»

«WEL-CHE FRA-GE MÖCHTEN SIE MIR STEL-LEN?»

«Waren Sie mal beim Militär?»

«Ja, ja, ja, ja.»

Jetzt lacht er sein Froschlachen. Wie viel Freude man doch mit der deutschen Sprache haben kann. Aber zurück zum Thema.

«Wie komme ich nach Nordkorea?»

«Ähm …»

Sein «Ähm» wird immer länger. Plötzlich zögert der Mann. Er blickt hin und her.

«FAST UN-MÖG-LICH!»

«Unmöglich?»

«Ja, leider.»

Und hier wäre meine hübsche kleine Geschichte eigentlich zu Ende. Doch der Mann sprach eben von «fast» unmöglich. Also fangen wir noch einmal von vorn an. Frage: Wo ist Nordkorea? Antwort: im Norden von Südkorea, okay. Aber wo ist Nordkorea nachts? Da fällt die Antwort erheblich schwerer. Schon mal ein nächtliches Satellitenbild von der koreanischen Halbinsel studiert? Der Süden ist hell erleuchtet, der Norden irgendwie dunkel. Stockdunkel. Diktator Kim Jong-il hat sein Schattenreich so abgewirtschaftet, dass es nicht mal seine Straßen beleuchten kann.

Aber zu jeder Tag- und Nachtzeit findet man Nordkorea auch in Südkorea. Offiziell leben hier 16 000 Flüchtlinge aus dem Norden. Und immer wieder treffen wir jemanden, der «drüben» noch Verwandte hat oder zumindest hofft, dass es den Bruder, die Schwester, den Sohn oder die Tochter noch gibt. Die Teilung ihres Landes beschäftigt die Koreaner, ähnlich wie es den Ost- und Westdeutschen zu Mauerzeiten ging. Und mitten in Seoul steht ein symbolisches Stück Berliner Mauer.

Ich besuche das südkoreanische Ministerium für Wiedervereinigung, ein hochgesicherter Betonklotz im Herzen der Stadt. Herr Chun, Sprecher des Ministers, erwartet mich bereits. Der freundliche Herr im Anzug, filigrane Züge und penibel gekämmte Haare, mustert mich etwas skeptisch. Ich entschuldige mich wortreich für mein Äußeres – die Turnschuhe, die verschlissenen Hosenbeine, die grüne Jacke mit den Schulterklappen und das dreckige Ringel-T-Shirt darunter. «Bitte fassen Sie das nicht als Respektlosigkeit auf», sage ich, «die Deutschen kennen mich nun mal so.» Herr Chun lächelt und reicht mir seine Visitenkarte. Ich gebe ihm meine.

Was nun passiert, ist von äußerster diplomatischer Wichtigkeit. In Asien sind Visitenkarten nicht nur ein Stück Pappe, sondern Teil deiner Persönlichkeit. Wenn dir jemand seine Karte gibt, dann nimm sie in beide Hände und lies sie aufmerksam durch. In meinem Fall erübrigt es sich zwar – die Schriftzeichen sind koreanisch. Trotzdem schenke ich der Karte genügend Wertschätzung, betrachte sie ausführlich und nicke Herrn Chun dabei immer wieder freundlich zu. Er tut dasselbe. Nach einer halben Minute lege ich die Visitenkarte vor mir auf den grünen Ministertisch. Dort sollte sie während des ganzen Gesprächs liegen bleiben, auch das ist sehr wichtig.

Neben der Karte des Sprechers liegt die Karte seiner Kollegin. Herr Chun versteht zwar gut Englisch, spricht es aber selten und möchte sein Land nicht stammelnd repräsentieren. Deshalb übersetzt eine junge Frau mit Pagenkopf, sie hat neben Herrn Chun Platz genommen und hält Zettel und Stift bereit. Beide sitzen mir erwartungsvoll gegenüber. Das Protokoll sieht nun vor, dass ich die erste Frage stelle. Ich muss zugeben: Ich bin etwas nervös.

«Wissen Sie ... nun ja, ein Zuschauer hatte da so eine Frage: Wo ist Nordkorea?»

Der Sprecher legt seine Stirn in Falten und blickt mich ratlos an. Schnell eine andere Frage.

«Nun ja, stimmt es, dass man in Südkorea nichts Gutes über Nordkorea sagen darf?»

(So steht es immerhin im Nationalen Sicherheitsgesetz: Wer das Bruderland öffentlich lobt oder gar verherrlicht, der muss mit einer Haftstrafe rechnen.)

Herr Chun gibt eine ausführliche Antwort in allerbestem Koreanisch. Obwohl ich natürlich kein Wort verstehe, blicke ich ihm dabei achtsam in die Augen und nicke fortwährend bei jedem Satz. Chun beginnt zu lächeln, und auch meine Mundwinkel zucken.

«Mister Chun, ich würde Sie wahnsinnig gern verstehen!»

Jetzt bricht der Sprecher des Ministers in schallendes Gelächter aus. Auch die Übersetzerin stimmt mit ein. Mein großes politisches Interview mutiert zu einem Kaffeekränzchen. Doch glücklicherweise gibt es eine Sprache, die jeder versteht: Musik. Herr Chun erzählt von einem Lied, das alle koreanischen Schüler lernen. Im Süden wie im Norden.

«Der Name des Liedes ist: ‹Unsere Hoffnung ist die Wiedervereinigung›», erklärt die Übersetzerin.

«Und wäre es möglich, dass Sie mir etwas daraus vorsingen?»

Schon wieder lacht Herr Chun. Aber jetzt hat er ein Problem: Es gilt in Asien als ausgesprochen unhöflich, seinem Gast einen Wunsch abzuschlagen. Singt er nicht, dann verliere ich mein Gesicht. Singt er aber falsch – noch dazu im deutschen Fernsehen –, steht er dumm da. Herr Chun lächelt verlegen, seine Übersetzerin grinst und kritzelt etwas auf ihr Papier. Dann passiert es. Der Sprecher des südkoreanischen Ministers für Wiedervereinigung sammelt sich und beginnt zu singen. Mit bebender Stimme und zitternden Lippen versucht Herr Chun, dieses Kinderlied von nationaler Bedeutung seriös über die Bühne zu bringen. Dabei blickt er mich mit gebotenem Ernst an: «Unsere Hoffnung ist die Wiedervereinigung», trällert er, «wir träumen von der Wiedervereinigung, lasst uns die Wiedervereinigung schaffen. Mit all unserer Kraft.»

Der Einheitssong dauert gefühlte zehn Minuten. Währenddessen starrt die Übersetzerin auf die Tischplatte und kichert. Auch ich kann mich kaum bremsen. Und nach der letzten Silbe bricht es aus uns allen heraus. Mit Tränen in den Augen diktiert Herr Chun einen letzten Satz. Seine Kollegin sieht ihn kurz fragend an, dann übersetzt sie:

«Herr Chun sagt, das war sein interessantestes Interview, seit er Sprecher dieses Ministeriums geworden ist.»

«Oh, vielen Dank», antworte ich, und ein letztes Mal lachen wir drei Spaßvögel im Chor. Jetzt aber Schluss mit lustig – wo ist Nordkorea?

Es ist nicht besonders weit weg, nur fünfzig Kilometer trennen Seoul von der Nord-Süd-Grenze. Manche machen daraus ein Geschäft: In der Lobby unseres Hotels entdecke ich den Prospekt eines südkoreanischen Reiseunternehmens. Darin bieten sie geführte «Adventure-Tours» in das Grenzdorf Panmunjeom an. Der Prospekt ist geschmackvoll gestaltet mit bunten Fotos von Soldaten, Stacheldraht und Wachhunden. Auf der Vorderseite sind drei Einschusslöcher aufgemalt: «We invite you to a special tour, where you can feel the reality and pain of the only separated nation in the world.»

«Reality and pain» – das macht mich neugierig, doch der Produzent erinnert mich daran, dass wir seriöse politische Journalisten sind. Zumindest seien wir das vor unserer Weltreise einmal gewesen. Also buchen wir eine seriöse Pressetour und nehmen in aller Frühe ein Taxi in Richtung Grenze. Es beginnt zu regnen, Morakot ist uns auf den Fersen. Vor ein paar Tagen hatte der Taifun den Süden Taiwans heimgesucht, Straßen weggeschwemmt, Häuser unterspült, an der Küste rutschte ein großes Hotel einfach ins Meer. Jetzt erreichen die Ausläufer Korea und peitschen Wasser über die Scheiben unseres Wagens. Das Taxi wird immer langsamer, draußen ist nichts mehr zu erkennen. Wir schlafen ein.

Eine Stunde später werden wir jäh aus den Träumen gerissen. «Open!» – Ein Soldat klopft ans Fenster. Der Regen hat nachgelassen, und wir halten vor einem Wachtposten. «Your ID, Sir!»

Ich gebe dem Mann unsere Ausweise, und er verschwindet mit den Dokumenten. Nun taucht ein kleiner älterer Herr mit Karohemd und Brille auf. Mister Kim überreicht uns zwei leuchtend blaue Armbinden, die wir mit einem Klettverschluss befestigen. «MEDIA» steht darauf. Kim bittet uns in einen weißen Minibus, in dem noch weitere seriöse Nordkoreatouristen sitzen. Nun ja: eine ältere Amerikanerin mit rotgetönter Föhnfrisur, die für ein Waffenmagazin schreibt und die USA zum ersten Mal verlassen hat; ein Südkoreaner, der als Scharfschütze an der Grenze postiert war und offenbar nicht loslassen kann; und ein junger amerikanischer Soldat, der die letzten Monate im Irak verbracht hat. Kaum bin ich eingestiegen, zeigt er mir ein

Album mit Briefmarken, die er gesammelt hat. An beiden Händen fehlen mehrere Finger.

Dann steigt noch jemand zu und stellt sich als Sergeant Meisenheimer vor. Ein US-Soldat im beigefarbenen Flecktarn. Kaum zu glauben, aber der Sergeant sieht noch jünger aus als ich. Seine kurzgeschorenen braunen Haare versteckt er unter einer Kappe, die er tief ins Gesicht gezogen hat. Meisenheimers Miene ist ernst. Sehr ernst. Schließlich ist das hier kein Schulausflug in den Vogelpark Walsrode. An seinem Gürtel trägt der Sergeant eine Waffe, seine Armbinde ist schwarz und wesentlich größer als meine. «JSA» lese ich in weißer Schrift – «Joint Security Area». Diese sogenannte gemeinsame Sicherheitszone teilen sich die Streitkräfte Südkoreas, Nordkoreas und der Vereinten Nationen. UN-Truppen, hauptsächlich GIs.

Meisenheimer gibt uns Instruktionen. Erstens: Zu keinem Zeitpunkt sollen wir von seiner Seite weichen. Zweitens: Den Anweisungen des Sergeants ist immer und unbedingt Folge zu leisten. Ansonsten sei er unser Ansprechpartner für alle Fragen, die wir im Laufe des Tages haben.

An Meisenheimers Seite stoßen wir in Richtung Front vor. Zwei Soldaten öffnen einen Schlagbaum, dann durchbrechen wir die erste Welle aus schwarzgelben Panzersperren und Stacheldraht. Hinter einer weiteren Schranke beginnt Camp Bonifas, der letzte westliche Außenposten vor der Grenze. Er steht unter dem Kommando der UN. Captain Arthur G. Bonifas wurde übrigens in den siebziger Jahren bei dem Versuch getötet, einen Baum im Grenzgebiet zu stutzen. Sein Auftrag: freie Sicht auf Nordkorea. Doch die Kommunisten überraschten den US-Soldaten, entrissen ihm seine Axt und brachten ihn damit um. Danach rückte eine ganze UN-Einheit an und fällte den Baum.

Bis heute scheinen die Vereinten Nationen viel Zeit für Landschaftspflege zu haben: Die Wiesen im Camp sind frisch gemäht, zwischen den Hütten stehen hübsch geschnittene Buchsbäume. Sergeant Meisenheimer deutet auf eine Grünfläche:

«Hier sehen Sie unseren weltberühmten Golfplatz. Die Sports Illustrated hat ihn im Jahre 1988 zum gefährlichsten Golfplatz der Welt ernannt, weil er an drei Seiten von Minenfeldern umschlossen war.»

Wir erreichen eine Baracke mit hellblauem Blechdach, darin ist ein Schulungsraum mit Kinosesseln und Leinwand. An der Seite stehen Glasvitrinen: Wandteller und Pokale. Darüber hängt eine gerahmte Zeichnung: Amerikanische GIs reichen südkoreanischen Soldaten die Hand. «We go together» steht darunter. Außerdem entdecke ich Fotos von prominenten Camptouristen: George Bush senior, George Bush junior, Condoleezza Rice. Der kleine Mister Kim aus dem Bus eröffnet das Buffet: Sprudelwasser, Kaffee und Kekse. Doch bevor es allzu gemütlich wird, tritt Sergeant Meisenheimer vor die Leinwand und knipst das Licht im Raum aus.

«Im Namen des Kommandos der Vereinten Nationen und der Streitkräfte in der gemeinsamen Sicherheitszone möchte ich Sie hier in Camp Bonifas begrüßen!»

Sein Vortrag beginnt wie ein militärisches Briefing. Ich kenne solche Szenen aus amerikanischen Filmen: Meisenheimer ist der General, wir die Fliegerstaffel. Sollen wir den Todesstern angreifen? Auf der Leinwand erscheint eine Karte von Nord- und Südkorea.

«Der weiße Streifen zwischen den Ländern symbolisiert die militärische Demarkationslinie. Sie verläuft auf dem 38. Breitengrad. Nach dem Waffenstillstand mussten alle

Befehlshaber ihre Truppen 2000 Meter von dem Punkt des letzten Feindkontakts zurückziehen. So entstand die vier Kilometer breite und 240 Meter lange Demilitarisierte Zone, kurz DMZ. Ich werde jetzt in die Details gehen.»

Nun rattert der Sergeant mit der Feuergeschwindigkeit eines Sturmgewehrs einen auswendig gelernten Text herunter. Verschachtelte Sätze und geschönte Formulierungen, die in irgendeinem Militärhauptquartier entstanden sind. Dabei starrt Meisenheimer ins Leere und wackelt nervös von einem Fuß auf den anderen.

«Auf unserer Seite der Demilitarisierten Zone liegt Daeseong-dong, das Dorf der Freiheit. 800 Meter weiter nördlich liegt Kijong-dong, das Propagandadorf.»

Eigentlich heißt Kijong-dong übersetzt «Friedensdorf». Den Namen «Propagandadorf» gaben ihm die Amerikaner, weil es Daeseong-dong jahrelang mit nordkoreanischen Liedern beschallte. Und Daeseong-dong heißt wörtlich «Dorf des großen Erfolgs». Die Amerikaner bevorzugen den Namen Dorf der Freiheit, weil ihre Einwohner gewisse Privilegien genießen – sie sind zum Beispiel vom Militärdienst befreit. Allerdings dürfen sie abends ihre Häuser nicht mehr verlassen.

«Hier sehen Sie einen Fahnenmast mit nordkoreanischer Flagge. Der Mast stand in Kijong-dong und war einer der höchsten Fahnenmaste der Welt. 1991 schenkte Südkorea dem Dorf Daeseong-dong einen höheren Mast. Die Nordkoreaner reagierten schnell und bauten einen noch höheren Mast. Heute ist der Fahnenmast von Daeseong-dong 100 Meter und der von Kijong-dong 160 Meter hoch.»

Fahnenmastwettrüsten, der Kalte Krieg hat überlebt. Angeblich hat die nordkoreanische Flagge momentan einen Durchmesser von 31 Metern und soll fast 300 Kilogramm schwer sein: die größte Flagge der Welt. Meisenheimer kommt zum Ende.

«Die Armee der Vereinten Nationen und die Armee von Südkorea sind stolz auf das gemeinsame Motto: ‹Wir sind allen voraus!› So, wir fahren jetzt nach Nordkorea. Muss vorher noch jemand aufs Klo?»

Schnell ist auch diese Mission erledigt, und der Sergeant führt uns auf einen Balkon. Dort geschieht ein Wunder – plötzlich klart es auf. «So weit konnten wir noch nie sehen!», ruft ein Soldat. Überall auf dem Plateau bringen sich die vereinigten Streitkräfte in Stellung und schießen mit Handys und Digitalkameras auf den Grenzstreifen. Freie Sicht auf die Dong-Dörfer, die Weltrekord-Flagge der Nordkoreaner, Zäune, Wachtürme und die Brücke ohne Wiederkehr. Nach dem Koreakrieg tauschten beide Länder über diese Verbindung Gefangene aus.

Ansonsten ist die sogenannte Demilitarisierte Zone grün, erstaunlich grün. Und wie im ehemaligen Grenzgebiet zwischen Ost- und Westdeutschland sollen auch hier seltene Tier- und Pflanzenarten überlebt haben. Doch was heißt hier überhaupt «demilitarisiert»? Das Gelände ist voller Minen und Scharfschützen. Niemand weiß genau, was die andere Seite darin so anstellt. Ein neuseeländischer Soldat spricht mich an. Auf seiner Kappe ist ein weißer Kiwi.

«Wussten Sie, dass Südkorea im Grenzstreifen über 100 Fabriken betreibt?»

«Nein, das wusste ich nicht.»

«40 000 Nordkoreaner arbeiten darin.»

«Südkorea beschäftigt 40 000 Nordkoreaner? Warum?»

«Peace and prosperity.»

Na ja, vielleicht nutzt Südkorea auch nur billige Arbeitskräfte.

Der Himmel reißt weiter auf, und plötzlich können wir sogar über den Grenzstreifen bis nach Nordkorea blicken. Ich sehe durch ein Fernrohr und kann Gebäude erkennen: graue Hochhäuser vor Bergen mit schneebedeckten Gipfeln. Da ist auch eine Statue, etwa zwanzig Meter hoch: Kim Il-sung, der «Ewige Präsident». Er ist zwar seit über fünfzehn Jahren tot, gilt aber immer noch als offizielles Staatsoberhaupt vor Kim Jong-il. «Nordkorea gibt wohl den Großteil seines Geldes für Kim Il-sung-Statuen aus», scherzt der Kiwi. Und weil Touristen bekanntlich den Großteil ihres Geldes für sinnlose Souvenirs ausgeben, haben wir nun die Möglichkeit, zollfreie Erinnerungen an die Demilitarisierte Zone einzukaufen. DMZ-T-Shirts, DMZ-Baseballkappen, DMZ-Schnapsgläser und nordkoreanische Spirituosen. Nebenbei erfahre ich, dass Südkorea im Grenzgebiet angeblich einen Querfeldein-Radweg bauen möchte. Eine lärmende Schulklasse betritt den Laden, wir steigen zurück in den Minibus.

«Entschuldigen Sie, Sergeant Meisenheimer, wo ist Nordkorea?»

«Es ist da vorne. Wir nehmen die Hauptstraße, sie führt uns direkt an die Grenze.»

Nordkorea liegt also an einer Hauptstraße. Nach ein paar Minuten halten wir vor einem modernen Gebäude aus Glas und Beton. Meisenheimer sagt, es sei das «Freedom House», ein Konferenzzentrum, in dem offizielle Treffen zwischen Nord- und Südkorea stattfinden.

«Ab jetzt hören Sie bitte uneingeschränkt auf mein Kommando. Wir werden gleich unter sehr genauer Beobachtung der Kommunisten sein. Zeigen Sie niemals auf einen nordkoreanischen Soldaten und provozieren Sie die Männer auch nicht mit Gesten.»

Es geht zehn Treppen hinauf und zehn Treppen herunter. Dann verlassen wir das Freiheitshaus auf der Rückseite und blicken zu unserer Verwunderung auf ein fast baugleiches Gebäude auf nordkoreanischer Seite. «Das ist kein Zufall, Sir», sagt Meisenheimer, «die Kommunisten haben sogar noch eine dritte Etage auf ihr Gebäude gesetzt, damit es mächtiger aussieht als unseres.»

Auf den Treppen des geklonten Freiheitshauses steht ein nordkoreanischer Soldat. Er ist fesch gekleidet: brauner Anzug mit bunten Abzeichen und goldenen Knöpfen, braune Generalsmütze, brauner Gürtel, goldene Schnalle. Der Mann beobachtet uns durch ein Fernglas.

Vor unserem Freiheitshaus verharren mehrere südkoreanische Soldaten in Taekwondo-Stellung und blicken auf Nordkorea: die Beine auseinander, Oberkörper gespannt, Fäuste geballt. Sie sind lässiger gekleidet als ihre kom-

munistischen Kollegen: olivgrüne Hose, graues Hemd, olivgrüner Helm. Außerdem tragen sie auffallend große Sonnenbrillen in Tropfenform, ich glaube, die inoffizielle Bezeichnung ist Pornobrille.

«Eine Sonnenbrille hilft! Die Nordkoreaner schneiden gerne Grimassen oder zeigen uns den Mittelfinger», ruft Meisenheimer.

Und so starren sich nord- und südkoreanische Brüder aus wenigen Metern Entfernung regungslos an. 24 Stunden am Tag. 365 Tage im Jahr. Zwischen ihnen sind mehrere Baracken. Die silbernen gehören Nordkorea, die blauen den Vereinten Nationen.

«Sie sehen vor jeder blauen Baracke einen Soldaten, der halb auf Nordkorea blickt und mit der anderen Hälfte seines Körpers direkt vor der Barackenwand steht. Das hat einen Grund: Wenn auf den Soldaten geschossen wird, ist er dem Feuer nur halb ausgesetzt und kann es rasch erwidern.»

Soldaten, die Tag und Nacht halb hinter einer dünnen Wand stehen und mit einem Auge die Baracke anstarren – doch das ist noch nicht alles. Meisenheimer führt uns in ein Gebäude, das direkt auf der Grenze steht. Es ist neutral und wird abwechselnd von beiden Ländern genutzt – beide Seiten führen Touristengruppen an diesen Ort. Das Innere ist blau gestrichen, blankpolierte Holztische, Ledersessel. Am Ende des Raumes ist eine weitere Tür, sie führt direkt nach Nordkorea. Davor stehen zwei südkoreanische Soldaten.

«Diese Männer sind hier zu Ihrem Schutz. Sie stellen sicher, dass niemand aus der nördlichen Tür kommt oder durch sie hindurchgeht.»

«Und was passiert, wenn ich es versuche?»

«Die hauen dich um.»

«Die hauen mich um?»

«Ja, Sir. Das ist ihr einziger Job. Höhö.»

Meisenheimer erklärt, die Nordkoreaner hätten schon des Öfteren die Tür geöffnet und versucht, einen Südkoreaner über die Grenze zu ziehen.

In der Mitte des Raums steht ein schwerer Verhandlungstisch mit Mikrophonen. Gelegentlich sitzen sich hier Vertreter beider Länder gegenüber, sagt der Sergeant. Die Tischmikros seien 24 Stunden am Tag aktiv und würden von beiden Seiten abgehört. Doch die lange braune Tafel scheint noch ein Geheimnis zu bergen. Der Sergeant stellt sich breitbeinig vor das Ende des Tischs und holt Luft.

«Ladies and Gentlemen, diese Mikrophone repräsentieren die militärische Demarkationslinie. Alle, die rechts von mir stehen, sind sicher. Sie sind in Südkorea. Alle, die links von mir stehen, sind jetzt in Nordkorea.»

«Ich bin in Nordkorea?»

«Ja, Sir. Alles nördlich der Tischmikrophone ist Nordkorea.»

Was für eine Grenzerfahrung.

KAPITEL 13

# «KOMMEN ADAM UND EVA AUS AFRIKA?»

HAILE, HAILE

**Koffer** gepackt, Taxi bestellt, Kameramann abgeholt, zum Flughafen gefahren, eingecheckt, das Handgepäck durchleuchtet, einen Kaffee gekauft, eine Zeitung bei Lufthansa geklaut, abgeflogen, Film angesehen, Chicken oder Beef bestellt und minutenlang den roten Strich auf dem Bordbildschirm dabei beobachtet, wie er sich auf der Karte langsam von Deutschland aus nach Süden bewegt. Er frisst sich durch die Adria, zerteilt das Mittelmeer, durchquert erst Ägypten, dann den Sudan und endet in Äthiopien.

Willkommen in Addis Abeba. Willkommen in der Wiege der Menschheit. Hier soll alles mal angefangen haben, doch für uns ist alles schon vorbei. Ein äthiopischer Zollbeamter beschlagnahmt unsere Kamera und die gesamte Ausrüstung. Begründung: keine Drehgenehmigung. Wir hatten die Papiere vor Wochen beantragt und sollten sie genau hier abholen. Aber der Wisch ist angeblich nie am Flughafen angekommen. Hilft mein Presseausweis? Hilft Lautstärke? Geld? Keine Chance. Notgedrungen lassen wir die teure Technik am Flughafen. Der Super-GAU. Afrikaner sind erstaunlich bürokratisch.

Und wieder verlassen wir irgendeine Empfangshalle in irgendeinem Land auf irgendeinem Kontinent und haben keine Ahnung, was uns hier erwartet. Du steigst in Frankfurt ein und in Äthiopien wieder aus. Äthiopien! Wir lassen uns von einem Rastafari bequatschen und nehmen ein uraltes Taxi, das er in Jamaika-Farben bemalt hat. Die

Tür fällt fast aus dem Rahmen, als ich sie öffnen will. Der Wagenboden ist komplett durchgerostet. Im Innenraum kleben Bilder von Bob Marley, Peter Tosh und Haile Selassie, dem letzten Kaiser von Äthiopien – die Rastas verehren ihn wie einen Gott. Übrigens bitte nicht zu verwechseln mit Haile Gebrselassie, ebenfalls Äthiopier und der vielleicht größte Langstreckenläufer aller Zeiten. Auch er ist für seine Landsleute ein Heiliger. Äthiopien ist eine Läufernation. Angeblich trainieren Hunderte Äthiopier jeden Morgen um sechs Uhr auf den Stufen des Amphitheaters, mitten im Zentrum von Addis Abeba. Wenn das stimmt, dann bringt dich dieses Training entweder um, oder es macht dich sehr, sehr hart. Erstens: Die Stadt liegt zwischen zwei- und dreitausend Meter hoch, die Luft ist dünn. Zweitens: Offenbar hat noch niemand in Addis Abeba das Wort «Katalysator» gehört. Die uralten Lastwagen und überfüllten Minibusse blasen gehörige Rußwolken ungefiltert in die Luft. Ich schließe das Seitenfenster – schlechte Idee: Nun strömen die Abgase direkt von unten in den Innenraum und bleiben auch dort.

Die Rushhour sollte lange vorbei sein, aber es geht trotzdem nicht voran. Alle Hauptstraßen sind verstopft oder kaputt oder beides. Mitten auf der Fahrbahn tun sich metertiefe ungesicherte Abgründe auf. Links und rechts laufen uns Menschen entgegen. Wer sich den Minibus nicht leisten kann, geht jeden Abend zu Fuß von der Arbeit nach Haus. Einen Kilometer, fünf Kilometer, zwanzig Kilometer. Immer wieder klopfen Kinder an mein Fenster. «Birr, Birr, Birr!», rufen sie. Birr ist die äthiopische Währung, ein Birr entspricht fünf Cent.

«Gib ihnen nichts», ruft der Rastafari, «lass die Kinder nicht damit durchkommen. Du erziehst sie zu Bettlern.»

Ich blicke in traurige Kinderaugen und möchte jedem der Kleinen am liebsten hundert Euro in die Hand drücken.

Nach zwei Stunden im Smog-Taxi erreichen wir das Hotel Dimitri, ein abgelegenes Haus in der Mitte des Nichts mit Plastikblumen in der Lobby und osteuropäischem Charme. Ich huste schwarze Brocken in den Ausguss und blicke vor dem Einschlafen noch einmal aus dem Fenster. In der Ferne leuchten die Lichter der Stadt, links neben dem Hotel ist ein kleiner Wellblechverschlag. Auch darin glimmt ein Licht. Äthiopien. Mein Körper ist schon hier, aber mein Kopf braucht noch eine Weile.

Am nächsten Morgen ist mein Kopf noch immer nicht da. Ich sollte vielleicht etwas nachhelfen. Äthiopien mag die Wiege der Menschheit sein, ganz sicher aber ist es die Mutter des Kaffees. Was das bedeutet, merkst du, wenn du das tiefdunkle Gebräu, das sie hier in kleinen eckigen Tassen servieren, das erste Mal deine Kehle herunterlaufen lässt. Es ist so dunkel wie Espresso, aber nicht bitter, eher würzig. Fast fruchtig. Ein wenig wie Mokka. Die Äthiopier haben den Kaffee erfunden. Und ihr Kaffee hat nichts mit der Plörre gemein, die wir uns in Deutschland antun. Ich trinke eine Tasse und werde langsam klar, während ich draußen auf einem Plastikstuhl sitze und auf die hohen Mauern starre, die das Hotel umschließen. Die Einfahrt ist vergittert, davor stehen zwei Wachleute. Sie winken mir zu.

Dann öffnet sich das Tor, ein dunkler Geländewagen rauscht heran, und ein kleiner Mann mit rundem Bauch und rundem Kopf stellt sich vor. Er heiße Sisay, das äthiopische Kultusministerium habe ihn geschickt und es täte ihm alles furchtbar leid. Sisay sieht lustig aus. Lachende große Augen über einer Knollennase, darunter hängt ein drolliger Oberlippenbart. Er habe den ganzen Morgen telefoniert, und wir würden bald unsere Kamera zurückbekommen. Ganz sicher. Ganz bald. Doch zunächst sollten wir etwas essen gehen. Wir vertrauen Sisay gerne und steigen zu ihm in den Wagen.

Bei Tageslicht zeigt Addis Abeba ein anderes Gesicht. Ja, es ist versmogt, aber da ist auch ein bisschen Grün. Ja, es ist Äthiopien, aber trotzdem leben die Leute nicht in der Steinzeit. Auch Äthiopier kaufen gerne mal im Supermarkt um die Ecke ein. Und ja, die Stadt ist extrem chaotisch, aber friedlich. Fast herzlich. Wir können uns völlig frei bewegen. So frei man sich in einer Traube aus bettelnden Kindern eben bewegen kann. Hellblonde Reporter mit blauen Augen laufen hier nur selten durch die Straßen. Noch seltener vermutlich mit einem kleinen Mädchenkoffer aus falschem Burberry. Jetzt beginne ich doch, den Kindern Scheine zuzustecken, und sehe, was ich davon habe. Aus fünf Kindern werden zehn, aus zehn werden hundert. «Tu es einfach nicht», sagt Sisay, «auch wenn es hart ist. Wir kaufen gleich etwas Obst, das kannst du ihnen geben.»

Äthiopier sind schöne Menschen. Ein Zuschauer hat mir mal die Frage gestellt: «Wo leben die schönsten Frauen der Welt?» Nun, dieses Land liegt ganz weit vorn. Es ist, als würdest du an jeder Ecke Naomi Campbell begegnen. Sisay zeigt uns die Universität und die Dreieinigkeitskathedrale, in der ich den Sarg des Königs der Könige berühren darf, Haile Selassie. Übrigens ist in der Kathedrale auch ein Fensterbild mit Adam und Eva. Aber wir haben ja noch keine Kamera.

Und während wir mit Sisay das äthiopische Nationalgericht, Injera, genießen – säuerliche Teigfladen, dazu Fleisch und Soßen –, frage ich mich, ob wir in diesem Land überhaupt noch zum Arbeiten kommen. «Wisst ihr», sagt Sisay, «die meisten ausländischen Reporter, die nach Äthiopien reisen, haben dieselben Bilder im Kopf: Slums und unterernährte Kinder mit dicken Bäuchen und Fliegen in den Augen. Das ist nicht fair. Deswegen wollten wir euch kennenlernen, bevor ihr hier was dreht.»

Im Klartext: Die internationale Presse hat Äthiopien jahrelang nur verarscht, und bitte, bitte, Jungs, berichtet nicht nur über das Elend. Ich verstehe Sisay. Und dann geht alles ganz schnell. Wir betreten das Presseministerium und verlassen es ein paar Minuten später mit Kamera, Ausrüstung und Drehgenehmigung. «Mr. Dennis Gusman» steht darauf. Wundervoll – Gusman soll ab jetzt mein Kampfname für Afrika sein. Los geht's.

Kommen Adam und Eva aus Afrika? Eine gute Frage. Aber vorher sollten wir uns diese stellen: Hat es Adam und Eva überhaupt gegeben? Die Bibel sagt ja. Und die Wissenschaft redet von einem sonderbaren Prinzip: Evolution. Ich will das mal kurz erklären.

Alles fing damit an, dass Fische plötzlich Beine bekommen hatten. Beine haben alles revolutioniert. Sie lösten Flossen ab, Fische konnten endlich aus dem Wasser laufen und die Welt erkunden. Die Evolution der Beine hat ungefähr so viel verändert wie die Erfindung des USB-Anschlusses. Und hätte nicht der Mensch den USB-Anschluss erfunden, wer weiß, vielleicht wäre irgendeinem Fisch eines Tages einer gewachsen. Evolution. Aber zurück zu den Beinen.

Den Fischen gefiel es an Land offenbar ganz gut, denn einige von ihnen blieben und wurden richtig große Nummern: Krokodile, Säbelzahntiger, Dinosaurier. Vielleicht ist Evolution mit Murphy's Law zu erklären: «Wenn etwas schiefgehen kann, dann wird es auch schiefgehen.» Und wenn einem Fisch ein Bein wachsen kann, dann wird ihm eines Tages ein Bein wachsen. Oder eine Lunge. Oder eben ein USB-Anschluss.

Die Fische mit den Beinen waren also irgendwann Dinosaurier geworden. Eine klassische Fehlentwicklung, da muss man nichts beschönigen. Dinosaurier hatten zwar tolle Namen: Triceratops, Archaeopteryx, Tyrannosaurus. Aber sie waren faul, fett und gefräßig. Vielleicht traf sie Murphy's Law deshalb so hart. Ein Komet schlug irgendwo in der Nähe von Mexiko ein, riss ein Riesenloch und wirbelte so viel Staub auf, dass sich die Sonne verdunkelte. Jahrelang.

Den Rest kennen Sie: Wo keine Sonne scheint, kann nichts wachsen. Wenn nichts wächst, kann man nur noch seinen Nebenmann fressen. Und wenn der auch nicht mehr da ist, stirbt man halt aus. Und so blieben nur ein paar Krokodile übrig, die Kakerlaken und diese Riesenechsen auf den Galapagosinseln. Die hatten vermutlich von alledem wenig mitbekommen, saßen auf ihren Felsen, blickten verträumt aufs Meer hinaus, und das warme Wasser schwappte ihnen um die Echsenfüße.

Ein paar Affen müssen den Riesenknall auch überlebt haben, denn nach der Evolutionstheorie soll der Mensch ja vom Affen abstammen. Meistens wird das ganz plastisch mit einem Schaubild erklärt. Ganz links ein Affe, ganz rechts ein frisch rasierter Mann im Anzug. Dazwischen krümmen sich verschiedene Gestalten, denen man nachts nicht auf der Straße begegnen möchte. Mit der Zeit verlieren sie die Körperhaare, die wulstige Stirn bildet sich zurück, sie lernen den aufrechten Gang, und der Vorletzte trägt einen Speer in der Hand. Und vermutlich werden Forscher eines Tages das Schaubild vom Affen zum Anzugtyp um ein weiteres Bild ergänzen: der Anzugtyp mit einem USB-Anschluss an der rechten Hand.

Der Affe war also jetzt ein Mensch. Und der Mensch war davon ziemlich überrascht, und er brauchte eine Weile, um zu begreifen, was Murphy's Law da gerade aus ihm gemacht hatte. Diese Schockstarre dauerte ziemlich lange. In der Zwischenzeit saß der Mensch meistens in einer Höhle rum und fror. Und weil es ihm langweilig wurde, machte er es sich schön. Er erlegte ein paar Tiere, die der mexikanische Komet übrig gelassen hatte, wickelte sich in warmes Fell ein, grillte das Fleisch auf dem Feuer, das er gerade erfunden hatte, und bemalte die Höhlenwände mit pfiffigen Dekomotiven. So entstanden auch Tine Wittler und ihre Einrichtungssendung bei RTL. Wenn etwas schiefgehen kann, wird es eines Tages schiefgehen.

Evolution. Wenn du eine so wunderliche Theorie halten willst, dann musst du graben. Du brauchst Beweise. Melka Kunture ist eine der ältesten Ausgrabungsstätten Äthiopiens, etwa fünfzig Kilometer südlich von Addis Abeba, nicht weit vom Fluss Awash. Mitten im Buschland hatte ein Holländer in den sechziger Jahren nach Wasser gebohrt und war dabei auf einen Haufen Knochen gestoßen. Tierknochen, aber auch Knochen, die zunächst niemand einordnen konnte. Es waren menschliche Überreste, etwa 800 000 Jahre alt. Was für eine Sensation! Bis dahin war die Wissenschaft noch weithin davon ausgegangen, der Mensch sei nur wenige hunderttausend Jahre alt und stamme aus Europa oder Asien. Nun gab es kein Halten mehr. Wissenschaftler aus aller Welt kamen nach Äthiopien und pflügten das ganze Land um.

Ihre Funde liegen heute im äthiopischen Nationalmuseum, mitten in Addis Abeba. Homo erectus (600 000

Jahre), Paranthropus boisei (1,4 Millionen) und Australopithecus afarensis (3,3 Millionen), besser bekannt als «Lucy». Die etwa 1,20 m große Dame galt lange Zeit als unsere Urmutter, bis Dr. Berhane eine noch ältere Urmutter ausbuddelte: «Ardi», 4,5 Millionen Jahre alt. Ich treffe Dr. Berhane in einem Raum voller Knochen auf der Rückseite des Nationalmuseums. Seit der Entdeckung von Ardi ist der Doktor ein weltweit gefragter Mann.

«Ich gebe Ihnen fünf Minuten. Danach werde ich sehr, sehr teuer.»

Dr. Berhane ist ein kleiner, kerniger Mann mit grauem Haarkranz und einer Adlernase. In seinem Blick ist Adrenalin. Die Entdeckung von Ardi hat den Doktor schlagartig berühmt gemacht, seither ist ihm die Pressemeute des gesamten Planeten auf den Fersen.

Berhane drückt mir eine Replik von Ardis Schädel in die Hand.

«Ist das hier mein Vorfahre?»

«Das ist unser Vorfahre, Ardi ist der Vorfahre aller Menschen. Wir haben auf der ganzen Welt noch kein älteres menschliches Skelett entdeckt.»

Und dieser Ardi sei weder Mensch noch Affe. Eher ein kleiner Vormensch, der auf zwei Beinen lief und vermutlich Nüsse und Insekten frühstückte.

«Also könnte Äthiopien tatsächlich die Wiege der Menschheit sein?»

«Sagen wir so: Die ältesten menschlichen Überreste haben wir hier in Äthiopien gefunden. Und solange wir nicht irgendwo anders irgendetwas Älteres ausgraben, weist alles auf Äthiopien hin.»

«Ich komme also aus Afrika?»

«Jeder Mensch, jede Person, die du auf dieser Erde siehst,

kommt ursprünglich aus Afrika», sagt der Doktor, und die fünf Minuten sind um.

«Ihre allerletzte Frage!»

Und plötzlich – mitten in Äthiopien – muss ich an Wilma Brunkhorst denken.

«Sagen Sie, Dr. Berhane, wenn wir beide verwandt sind, warum bin ich dann weiß und Sie schwarz?»

Der Doktor zögert keine Sekunde mit einer Antwort.

«Bei Ihnen in Deutschland scheint die Sonne nicht so stark. Deshalb kann Ihre Haut mehr Vitamine aus dem Sonnenlicht ziehen als meine. Jetzt wissen Sie alles über Rasse.»

Darum ist der «Neger» also schwarz – schöne Grüße an den Deich. Aber zurück zum Thema. Adam und Eva waren also kleine, affenähnliche Wesen, die sich von Insekten ernährten. Und sie waren schwarz. So wie der liebe Gott

vermutlich auch, schließlich ist die Sonneneinstrahlung bei ihm im Himmel noch deutlich stärker als hier in Afrika. Das bedeutet also: Äthiopien, eines der ärmsten Länder dieser Erde, muss einmal das Paradies gewesen sein. Oder doch nicht?

Ich suche kirchlichen Beistand und finde ihn direkt neben dem äthiopischen Nationalmuseum. Das Patriarchat der Äthiopisch-Orthodoxen Tewahedo-Kirche befindet sich auf dem Nachbargrundstück – allerdings liegen dazwischen wohl Welten. «Gehen Sie da nicht hin», hatte mir Dr. Berhane geraten, «Sie verschwenden nur Ihre Zeit.» Aber ich will es wissen. Was sagt eine der mächtigsten Religionsgemeinschaften der Erde zu meinen Erkenntnissen? Die Äthiopische Kirche hat viele Millionen Mitglieder, der Patriarch, seine Heiligkeit Abune Paulos, ist hier so angesehen wie in Europa der Papst.

Entsprechend ehrfürchtig passiere ich die Pforte. In der Hand halte ich ein Empfehlungsschreiben, das mir die Äthiopische Kirche vor der Reise zugefaxt hatte. Man erwarte mich, freue sich sehr auf meine Fragen und werde alles möglich machen, damit mein Besuch in Äthiopien erfolgreich werde. Der Brief endet mit den Worten: «May the Almighty God bless us all!» Darunter das Siegel von Abune Gerima, dem Sprecher des Patriarchen. Halleluja. Ich bin im Namen des Herrn unterwegs.

Das Haupttor ist eingerahmt von zwei überdimensionalen weißen Tauben, eine trägt einen Zweig im Schnabel. Abune Gerimas Siegel öffnet alle Türen. Sofort lassen mich die Wachen passieren, als würde ich die Bundeslade vor mir hertragen. Drinnen begrüßen mich Mönche, sie tragen schwarze Gewänder, schwarze Turbane und führen mich zu Abune Gerimas Haus. Dort steht mir ein alter Mann gegenüber. Er trägt eine rote Phantasieuniform mit goldenen Knöpfen und salutiert vor mir, erklärt allerdings, Abune Gerima sei nicht da.

Am zweiten Tag passiere ich das Portal wieder ohne Probleme. Dahinter wartet die Mutter Maria: So stellt sich ein kleiner Mönch mit lustigem grauem Kinnbart vor. Er sagt, er habe in Wien studiert, und verwickelt mich in ein Gespräch. Ein langes Gespräch, aus dem ich eigentlich nur einen Satz behalten habe: Der Heilige Geist ist ein Österreicher.

«Ist Abune Gerima denn zu sprechen?»

«Bedaure, der hat nun Feierabend.»

Kruzifix!

Auch am dritten Tag keine Probleme am Haupttor. Und gottlob keine Mutter Maria. Der alte Mann in der roten Phantasieuniform salutiert, ich salutiere zurück und folge ihm in das Haus von Abune Gerima. Dort setzt mich der Wachmann auf einen Holzstuhl. «Wait here!», sagt er und ist weg. Nach einer halben Stunde Warten beginne ich, vom Glauben abzufallen. Warum nur habe ich das Gefühl, dass mich die Kirche gar nicht empfangen will?

Aber in Momenten größter Verzweiflung geschehen Wunder. Nach exakt einer Stunde schreitet ein uralter, in Schwarz gehüllter Mönch auf mich zu. Er trägt einen grauen Rauschebart, seine Augen sind milchig, er ist beinahe blind. Ich verbeuge mich vor ihm.

«Mein Name ist Abune Gerima. Du bist hartnäckig, dafür sollst du belohnt werden. Der Patriarch hat zwei Priester ausgewählt, sie werden dir morgen früh um halb neun die Antwort auf deine Frage verlesen. Sei pünktlich.» Dann schreitet Abune Gerima genauso andächtig davon, wie er gekommen ist. Bin ich einem Heiligen begegnet?

Am vierten Tag führt mich der Wachmann in ein modernes Gebäude mit Flachdach, drinnen ist ein kleiner Altar, auf dem Marienbilder stehen. Vor den großen Fenstern hängen goldene Vorhänge. In der Mitte des Raumes steht ein langer Tisch mit bunten Blumen und einer Plastikdecke. Davor sitzen Megabe Biluy Seifer Selassie Yohannes und Melake Tabor Teshome Zerihun. Sie sind die Auserwählten.

Es hat etwas Feierliches. So wie Weihnachten in der Schule. Ich möchte meinen Kopf auf den Tisch legen, Spekulatius essen und am Daumen nuckeln. Aber ich bin ja schon ein großer Junge.

«Kommen Adam und Eva aus Afrika?»

Melake Tabor Teshome setzt seine Brille auf die Nase, räuspert sich und entfaltet ein Blatt Papier. Darauf stehen die Worte des Patriarchen.

«Wenn man Ihre Frage aus biblischer Sicht beantwortet, dann ist es ausgeschlossen zu sagen, Adam und Eva kämen aus Afrika. Wissenschaftler mögen behaupten, was sie wollen, aber die Kirche muss sagen, was die Bibel sagt. Die Bibel verrät uns nicht, wo der Garten Eden oder das Paradies geographisch liegt. Aus diesem Grund sagen wir: Adam und Eva kommen nicht aus Afrika.»

«Nicht aus Afrika?»

«Nein. Doch es ist unwichtig, die genaue Lage dieses mysteriösen Ortes zu bestimmen. Wichtiger ist es, dessen ganz gewahr zu sein, dass es einen Ort der absoluten Glückseligkeit und unbeschreiblich großer Freude für alle Seelen nach dem Tod und die ganze Menschheit nach der Erlösung gibt.»

Amen. Der Priester legt das Papier beiseite.

«Das ist unsere Antwort auf Ihre Frage. Danke schön.»

«Dann waren Adam und Eva also keine Menschenaffen, so wie Lucy und Ardi?» Und jetzt passiert etwas Wunderbares. Seifer Selassie Yohannes und Melake Tabor Teshome rutschen auf ihren Stühlen hin und her wie kleine Schuljungs. Sie lächeln, murmeln etwas, drucksen herum, und eigentlich bedarf es keiner Antwort mehr. Sie versuchen es trotzdem.

«Wissen Sie, das hier sollte eigentlich nicht darüber hinausgehen. Sie haben unsere Antwort gehört. Es ist die Antwort der Bibel.»

Die beiden lehnen sich zurück, falten ihre Hände und kichern. Was auch immer in der Bibel geschrieben steht, die wahre Antwort kann ich in diesen Sekunden aus den Augen der Priester lesen.

Tja. Am Anfang schuf Gott Himmel und Erde. Am sechsten Tag schuf er den Menschen. Aber wo er das tat, hat er wohl während der Kaffeepause am siebten Tag vergessen.

KAPITEL 14

# «WO IST DER SCHWARZE KONTINENT AM SCHWÄRZESTEN?»

## MUTTER MATOKE

«**Most** of my job is just walking!», scherze ich, und alles lacht, während ich mit meinem eigenartigen Koffer in die Hauseinfahrt wackele. «Ey, Koffertyp, noch einmal!», ruft Thomas. «Gib Gas!», und wieder kichern die Leute. Gelöste Stimmung bei Dreharbeiten am Rande von Nakuru, einer mittelgroßen Stadt im Osten Kenias. Vierzig Frauen und Männer aus der Gemeinde stehen im Halbkreis vor dem Eingang des «Hope Natural Health Centre» und freuen sich über unseren Besuch. Digitalkameras klicken, Camcorder rattern, Handys klingeln. Herzliches afrikanisches Chaos.

Zwei ältere Damen haben uns in einem weißen Minibus mit Safari-Sitzbezügen auf dem Weg hierhin begleitet. Die eine mit Rastazöpfen und Baseballkappe, die andere im leuchtend grünen Kleid. Beide arbeiten in einem renommierten Labor für alternative Medizin, das einem staatlichen Institut angeschlossen ist. Sie entwickeln pflanzliche Medikamente gegen Asthma, Diabetes, Bluthochdruck und alles Mögliche. Ihr Labor kooperiert mit Naturheilkliniken aus ganz Kenia, und die beiden sagen, das flache blaue Haus mit dem roten Pfannendach, vor dem wir nun stehen, sei ihr ganzer Stolz.

Eine lächelnde Frau im schwarzweiß karierten Sommerkleid kommt auf uns zu. Ihre Haare hat sie mit einem gleichfarbenen Tuch zusammengebunden. «Mein Name ist Lydia Matoke, ich bin die Direktorin des Hope Natural

Health Centres. Vielen Dank, dass Sie den weiten Weg zu mir auf sich genommen haben.»

Sie strahlt. Frau Matoke ist eine lustige Frau. Ihr Lachen ist so frisch und warmherzig, dass wir aus voller Seele zurückstrahlen müssen. Sie nimmt meine Hand.

«Eigentlich bin ich Doktor Matoke, aber weißt du: Ich werde gerne Mutter Matoke genannt, weil ich etwas Mütterliches tue. Matoke bedeutet übrigens Banane.»

«Dann darf ich Sie Mutter Banane nennen?»

Und schon wieder brechen die Menschen in Gelächter aus. Die Stimmung könnte nicht besser sein.

Ich hatte zuvor drei Tage in Nairobi, der Hauptstadt des Landes, verbracht und könnte düstere Geschichten von Nairobbery, Kidnapping, Elektrozäunen und Mathare erzählen, einem riesigen Elendsviertel, in dem Menschen in Wellblechhütten und Pappkartons hausen. Wir waren auf Tuberkulose- und HIV-Stationen, haben die hundert Aidswaisen im SOS-Kinderdorf gesehen und die Hunderttausende draußen auf der Straße. Ich erfuhr von schwarzer Magie – Witchdoctors aus den Slums, die gegen viel Geld schnelle Heilung versprechen. Und ich habe beschlossen, all das hinter mir zu lassen. Ich möchte eine hoffnungsvolle Geschichte aus Afrika erzählen. Darum bin ich hier.

Über die Mauer der Klinik ranken rote Blumen, daneben hängt ein drei Meter breites Plakat mit handgemalten Zeichnungen: Mutter, Vater, Tochter und Sohn beim Mittagessen. Auf dem rosafarbenen Tischtuch steht ein Teller mit Bohnen, Kartoffeln, Karotten und Reis. «That's why I'm a vegetarian» steht auf dem Banner. «Erstens: Biologisches Essen stärkt den Körper. Zweitens: Synthetische Lebensmittel haben keinen Nährwert. Drittens: Gott hat uns gelehrt, nicht zu töten und fleischlos zu essen.»

Wir folgen Mutter Matoke vorbei an Gemüsebeeten in ihr Haus und nehmen gemeinsam mit etwa fünfzehn Patienten und Freunden der Heilerin auf weißen Campingstühlen Platz. Der Raum ist hell und in freundlichem Gelb gestrichen, wir blicken durch ein Fenster auf den Garten, und Mutter Matoke schenkt uns warmen Porridge aus einer großen roten Thermoskanne ein. Dazu gibt es Süßkartoffeln.

«Was ist Deutschland für ein Land?», fragt mich mein Sitznachbar, ein älterer Herr.

«Oh, es ist ein sehr reiches Land.»

«Wie ist das Wetter dort?»

«Meistens regnet es.»

«Wie sind die Menschen?»

«Meistens beschweren sie sich über irgendwas.»

«Und glauben die Deutschen an Gott?»

Bevor ich antworten kann, bittet mich Mutter Matoke nach vorn.

«Raten Sie mal, wie alt ich bin!»

«Ist das nicht unhöflich?»

«Doch, doch, nur zu. Raten Sie!»

Meine Mutter hat mich gelehrt, niemals das Alter von Frauen zu schätzen. So etwas kann böse enden. Deshalb betrachte ich die Dame noch einmal ganz genau. Leuchtende Augen, strahlend weiße Zähne, makellose Haut, kein Gramm zu viel. Ihrem Aussehen nach würde ich sie für knapp vierzig halten. Allerdings ziehe ich aus Sicherheitsgründen lieber ein paar Jahre ab.

«Sie sind fünfunddreißig!»

Jetzt kriegen sich die Leute im Publikum kaum mehr ein, Mutter Matoke winkt ab und lächelt. Ja, ja, mein Schwiegermuttercharme.

«Ich sag dir was: Im Juli werde ich fünfundfünfzig!»

«Fünfundfünfzig?»

Das überrascht mich wirklich.

«Wie haben Sie das gemacht?»

«Frische Luft, frisches Wasser, Sonnenlicht, Sport und Vertrauen in Gott.»

Mutter Matoke erzählt mir, sie habe nicht immer so gesund gelebt. Früher sei sie Geschäftsfrau gewesen und eines Tages in all dem Stress an Brustkrebs erkrankt. Nach der Chemotherapie schwor sie dem Fleischkonsum ab und kräftigte ihr Immunsystem mit vegetarischen Lebensmitteln. Sie sei wohl der erste Mensch, der Brustkrebs mit Gemüse und Früchten überlebt habe, lächelt Mutter Matoke.

«Und danach haben Sie umgeschult?»

«Ja, meine Großmutter war Heilerin und hat mir ihre Kräfte vererbt. Außerdem habe ich Kurse besucht und tausche mich mit Naturheilern aus der ganzen Welt aus. Ein

Freund von mir, er ist Chinese, hat mich zum Beispiel in die Kunst der Akupunktur eingeführt. Ich arbeite auch als Psychologin und Missionarin.»

«Und welche Krankheiten behandeln Sie?»

«Alle möglichen. Kopfschmerzen, Bronchitis, Hautprobleme, Traumata, Bluthochdruck, Arthritis, Rheuma, Malaria, Typhus. Was du dir eben vorstellen kannst.»

Mutter Matoke zeigt mir einen Lehmtopf. «Darin kochen wir!» Sie deutet auf einen geflochtenen Korb: «Darin halten wir unser Essen warm.» Dann nimmt sie einen weinroten Entsafter in beide Hände und hält ihn vor das Publikum.

«Darin bereite ich Säfte zu!», ruft Mutter Matoke. «Die meisten Patienten setze ich zunächst auf eine zehntägige Saftdiät, danach bekommen sie frisches Obst und Gemüse.»

«Seien Sie mir nicht böse, aber Ihre Klinik sieht aus wie ein Cooking Centre.»

«Ja, ja, mein Lieber, du hast recht: Dieses Haus ist eine Küche. Ich besuche auch Patienten und zeige ihnen, wie sie Gemüse, Saft und gesundes Essen zubereiten.»

Plötzlich muss ich an einen alten Freund aus Osnabrück denken. Robert leidet schon seit seiner Kindheit an Lactose-Intoleranz – die Geißel der westlichen Industrieländer. Kein Schulmediziner hat sein Leiden bisher in den Griff bekommen. Vielleicht weiß die Heilerin einen Rat?

«Das ist tückisch. Knoblauch könnte helfen. Und eine Diät mit Möhrensaft, jeden Tag ein Glas. Ich gebe dir später meine E-Mail-Adresse.»

Pro Tag behandelt Mutter Matoke zwanzig bis dreißig Patienten aus der Gemeinde. Vor allem Frauen und Kinder, sagt sie. Das sei schließlich die empfindlichste Gruppe in der Gesellschaft. Dabei schwört Mutter Matoke auf ein graues Pulver aus getrockneten Kräutern, Bananen, Kartoffeln und Bohnen. Sie verkauft es in kleinen transparenten Plastikbeuteln.

«Ein Löffel in einem Glas mit warmem Wasser. Das ist ein richtiger Booster!»

«Und sind Sie damit reich geworden?»

Mutter Matoke grinst und schüttelt den Kopf. Die Leute im Raum krümmen sich vor Lachen.

«Ich bin arm. Ich bin sehr, sehr arm. Aber nur in Bezug auf Geld. In Bezug auf Weisheit bin ich sehr, sehr reich. Ich will kein Geld verdienen, ich möchte Hoffnung verbreiten.»

Die Heilerin hat etwas vorbereitet. Neben uns steht ein Tisch mit Lebensmitteln: Säfte, Obst und Gemüse. Sie hat alles mit Streifen aus Krepp beklebt und das Papier mit Filzstiften beschriftet: «Water» steht auf einer Flasche Wasser, «Pumpkin» auf dem Kürbis, «Beans» auf den Bohnen. Außerdem sind dort Bohnenblätter, Kürbisblätter, Sonnenblumenöl und ein Plastikeimer, in dem Rote-Bete-Saft schwappt. Über dem Tisch hängt ein Poster mit dem Bild eines Fruchtkorbs und dem Spruch: «Be wise, eat healthy!»

«Das alles gehört zu meinem Trainingscenter. Ich lade regelmäßig Leute aus der Gemeinde ein und erkläre ihnen, wie man mit gesundem Essen heilen kann.»

«Und welche Krankheiten kann man damit heilen?»

«Im Prinzip alles. Von Diabetes bis TB.»

«Tuberkulose?»

Ich nehme mir eine grüne Banane vom Buffet. «Banana» steht darauf. Mutter Matoke greift nach der Frucht und wendet sich an ihr Publikum.

«Das ist eine rohe Banane! Man sollte sie nicht schälen, nur kochen. Der Sirup zwischen Frucht und Schale ist sehr nahrhaft und hilft gegen die Begleiterscheinungen von Krebs und HIV.»

«Sie meinen Aids?»

«Ganz richtig. Aber für mich gibt es keinen Unterschied zwischen diesen Krankheiten. Auf Dauer haben Krebs- und Aidspatienten die gleichen Probleme: Sie werden sehr krank, ihr Immunsystem ist geschwächt, und das müssen wir eben stärken. Ich behandele beide Krankheiten mit einer Diät: fünf Tage Saft, drei Tage Obst, zwei Tage rundum gesundes Essen.»

Die Heilerin lächelt. Vielleicht hat sie recht: Vitamine stärken den Körper, so etwas kann nicht schaden. Mutter Matoke nimmt eine Handvoll Kürbisblätter.

«Schau mal, der Kürbis bekommt seine Energie direkt aus dem Boden und den Sonnenstrahlen. Auf der Zunge entfaltet sich diese Energie wieder. Kürbisblätter helfen gegen Brust- und Prostatakrebs. Manchmal lösen sich die Tumore plötzlich auf.»

Ich greife nach einer Plastikflasche mit einer weißen Flüssigkeit. «Camel Milk» steht auf dem Kreppstreifen. Wieder nimmt es mir Mutter Matoke aus der Hand und spricht zu den Leuten, die immer noch andächtig dasitzen.

«Mit der Kamelmilch behandele ich Aids, denn das Kamel ist das einzige Tier, das sowohl in der Regenzeit als auch in der Trockenzeit überleben kann. Es ist bewiesen, dass Kamelmilch äußerst starke heilende Kräfte besitzt.»

Ich blicke etwas ratlos, und Mutter Matoke bittet mich in einen kleinen Nebenraum. Auf einer Pritsche schläft ein völlig ausgezehrter Mann. Seine Wangen sind eingefallen, seine Arme und Beine so dünn und zerbrechlich wie die morschen Äste eines alten Baumes. Unter einer Wolldecke siecht er vor sich hin.

«Caring for loved ones at home» steht auf einem Kalender an der Wand. Das Endstadium beginnt direkt nebenan.

«Dieser Patient ist HIV-positiv und sehr, sehr schwach. Ich habe ihn auf eine zehntägige Diät gesetzt.»

«Aber gehört er nicht in eine Klinik?»

«Gott bewahre. Weißt du, in welchem Zustand ich nach meiner Chemotherapie war? Die Chemo war nur wieder eine neue Krankheit. Ich würde nie wieder in eine Klinik gehen. Da pumpen sie dich mit Medikamenten voll, aber gesund wirst du davon nicht.»

Die Heilerin fragt, ob ich Aufnahmen in diesem Raum machen möchte. Ich lehne ab, und wir kehren zurück in das Cooking Centre, in dem die Menschen aus der Gemeinde nach wie vor brav auf ihren Campingstühlen verharren. Die Camcorder laufen, die Digitalkameras blitzen immer noch.

«Mutter Matoke, können Sie Aids heilen?»

«Lassen Sie es mich so sagen: Ich bin in der Lage, das Virus auf ein Minimum zu reduzieren. Viele meiner Aidspatienten gingen nach der Behandlung zurück ins Labor und ließen sich noch einmal testen. Das Ergebnis: Sie waren wieder HIV-negativ. Nach zwei, drei Monaten hatte ich die Menschen geheilt. Doch was passiert dann? Die Patienten gehen nach Hause und leben ihr altes Leben, aber haben nichts aus ihren Fehlern gelernt. Irgendwann kehren sie zurück zu mir und sind wieder HIV-positiv. Das liegt an der Moral!»

«Warum infizieren sich denn so viele Menschen?»

Jetzt faltet die Heilerin ihre Hände und blickt gen Himmel. Sie lächelt immer noch, doch nun bekommt sie etwas von einer Predigerin. «Der Grund ist Ungehorsam! Diese Menschen wenden sich nicht an Gott und bitten unseren Herrn nicht um Vergebung. Wir müssen um Vergebung für unsere Sünden bitten, sonst sind wir verloren! Aids ist eine Strafe. Aids ist eine Strafe Gottes!»

KAPITEL 15

# «WER LIEGT VOR MADAGASKAR?»

## GRÜSSE VOM ALTEN HEINRICH

*«Wir warten auf Air Madagascar,*
*doch keiner lässt uns an Bord,*
*im Airport gibt's nicht mal ein Glas Wasser,*
*und so langsam denke ich an Mord.»*

**In** jedem afrikanischen Land scheint es eine Entsprechung für unsere bescheuerten Redewendungen «In der Ruhe liegt die Kraft» oder «Abwarten und Tee trinken» oder «Wer langsam geht, kommt auch ans Ziel» zu geben. «Pole, Pole!», sagen sie in Kenia auf Suaheli, und «Hakuna Matata!» heißt es in Südafrika. Auf Madagaskar sagt man in Malagasy «Mura, Mura!», und offenbar hat Air Madagascar diesen Ausspruch zum Firmenmotto erklärt.

Wir sind gestern Abend in der Hauptstadt Antananarivo gelandet und haben dort eine viel zu kurze Nacht verbracht, um den Sechs-Uhr-Flug nach Mahajanga zu erwischen, einem Küstenort im Norden der Insel. Jetzt ist es acht, wir sitzen immer noch in der Wartehalle, und niemand sagt, was Sache ist.

«Was ist denn mit dem Flug nach Mahajanga?»

«Mura, Mura!»

«Wie lange dauert es denn noch?»

«Mura, Mura!»

«Fliegen wir heute überhaupt noch ab?»

«Mura, Mura!»

Danke, Sie mich auch.

Schon am ersten Tag erfüllt Madagaskar jedes Klischee einer Bananenrepublik. Weil auf der Insel mal wieder geputscht wurde, dürfen wir das Hotel in Antananarivo nicht ohne Begleitung verlassen. Zu unsicher für einen Vazaha, einen weißen Mann. Am Flughafen erfindet die

Dame am Schalter immer neue Gepäckgebühren. Hundertfünfzig Dollar für ein kleines Stativ. Als Thomas sich nach dem Chef erkundigt, gibt es diese Gebühren plötzlich nicht mehr. Und der Sicherheitscheck? Fällt heute Morgen aus. Oder besser: Es hat einfach keiner Lust darauf. Wir können völlig ungestört durch die Kontrollen schlurfen, und ich ärgere mich noch immer, dass ich mein Buschmesser und meine AK-47 nicht im Handgepäck habe. Beides könnte ich jetzt gut gebrauchen.

Wenigstens bin ich im Besitz von Drogen. Weil Madagaskar ein Malariagebiet ist, schmeiße ich seit Tagen Prophylaxe-Tabletten ein. Jetzt ist endlich Zeit, den Beipackzettel zu lesen, er ist etwa anderthalb Meter lang. Alles Nebenwirkungen: Kopfschmerzen, Fieber, Durchfall, Übelkeit und Erbrechen, Appetitlosigkeit (darüber kann ich nicht klagen), Juckreiz, Hautausschlag, Geschwüre im Mund, Entzündung der Blutgefäße, Schwellung des Gesichts oder anderer Körperteile (kein Kommentar), gelbe Verfärbung von Haut und Augen, Herzrasen (hab ich, liegt aber an Air Madagascar), Haarausfall (hab ich seit Jahren, liegt an meinen Genen), Depressionen, Panikattacken, Atemschwierigkeiten, plötzliches Keuchen (hatte Thomas die ganze Nacht), Schlaflosigkeit (hatten wir deshalb beide), plötzliches Weinen (könnte mir bald passieren) und seltsame Träume einschließlich Albträumen.

Habe ich seit drei Tagen: In der ersten Nacht schnitt ich Thomas mit einem stumpfen Gegenstand den Arm ab, wickelte das Körperteil in Geschenkpapier ein und versteckte es bei meinen Eltern im Keller. Dabei erwischte mich meine Mutter: «Oh, ein Geschenk!» Zum Glück bin ich im gleichen Moment aufgewacht, die Sache mit dem Arm hätte einen Riesenärger gegeben. In der zweiten Nacht traf ich Satan. Er fragte mich, ob ich nicht Lust hätte, etwas kaputt zu machen. «Na klar!», antwortete ich, und sogleich färbte sich meine Haut blutrot, und mir wuchsen Flügel. Gemeinsam mit dem Fürsten der Finsternis bewarf ich Passanten mit Häuserdächern. Eine ganze Nacht lang. Und in der dritten Nacht war ich Klaus Kinski.

Oh, wie ich sehe, tut sich was am Gate. Ein Wunder! Jemand hält ein Pappschild in die Höhe, «Mahajanga» steht darauf. Und das alles nur drei Stunden nach der planmäßigen Abflugzeit. Mura, Mura.

Wir geben dem Steward unsere Bordkarten, folgen ihm in einer Gruppe aus etwa einhundert Passagieren über das Rollfeld, und vor der Propellermaschine bildet sich eine lange Schlange. Weil niemand das Gepäck kontrolliert hat, schleppen die Leute alles Mögliche in das kleine Flugzeug: gewaltige Taschen, Kisten, Körbe, Angelruten. Gleichzeitig versucht das Bodenpersonal verzweifelt, die Maschine mit Bordgepäck zu beladen. Sie stopfen die Koffer in den Gepäckraum, der ist zwar randvoll, doch das stört sie nicht. Die Männer drücken, schieben, pferchen, bis zwei Koffer aus der Maschine fallen und drei Meter tiefer auf dem Asphalt aufschlagen.

Nein, das alles macht keinen guten Eindruck. In der Maschine sind sämtliche Sitze belegt, und im Gang stapeln sich Koffer. Auch mein Nebenmann ist nervös, ein junger Madegasse mit Brille, er reist im adidas-Jogger, in auffallend sauberen Sportschuhen und wackelt mit den Beinen. Eine Stunde vergeht, dann meldet sich der Kapitän:

«Mesdames et Messieurs, ich bedaure, aber das Flugzeug ist überladen. Wir werden in wenigen Minuten starten – allerdings mit der Hälfte des Gepäcks.»

Jetzt rasten die Passagiere aus. In Bruchteilen von Sekunden reißt es sie von ihren Sitzen. «Mein Gepäck muss mit, ich habe einen Anschlussflug!», ruft einer. «Mein Gepäck muss auch mit, ich bin Diabetiker», schreit ein anderer. Dann springt der Mann im Jogginganzug neben mir auf: «Mein Gepäck reist auf jeden Fall mit! Ich bin der Sportminister!»

Sieh an, kaum an die Macht geputscht, schon in frischen Sneakern unterwegs. Nebenbei: Er sieht aus wie die madegassische Antwort auf Philipp Rösler.

Die Stimmung ist nicht gut, es kommt zum Handgemenge. Einige Passagiere gehen dem Steward an den Kragen, andere ihren Mitreisenden. Dann meldet sich der Pilot: «Alle aussteigen! Sofort!»

In der Wartehalle bekommen wir unsere Bordkarten zurück. Der Tumult wird heftiger. Um jedes Mitglied des Bodenpersonals hat sich eine beachtliche Traube gebildet. Geschrei. Alles diskutiert. Alles redet durcheinander. Ein Mann im Anzug betritt die Halle. Das muss der Chef sein, denke ich mir – und alle anderen denken dasselbe. Jetzt hat er die Meute am Hals.

Nach einer Stunde Gebrüll tauchen Gerüchte auf. Gerücht eins: Das komplette Gepäck bleibt am Boden. Gerücht zwei: Der Flug wird gestrichen. Gerücht drei: Wir warten auf eine größere Maschine aus Paris, die Gepäck und Passagiere mitnehmen kann. Paris?

Natürlich bleiben das alles nur Gerüchte. Nach einer weiteren Stunde steigen wir alle wieder in das Flugzeug, und einige Koffer bleiben am Boden. Gerade so viele, damit das Flugzeug nicht überladen ist. Für diese Entscheidung hat Air Madagascar nur ein paar Stunden gebraucht.

*«Wir fliegen nach Mahajanga,*
*einem gemütlichen Urlaubsort,*
*weißer Sand und Frauen im Stringtanga,*
*doch ein Mann ist nicht mehr an Bord.»*

Mein Sitznachbar fehlt. Der Sportminister im Jogginganzug hatte es vorgezogen, mit dem Helikopter weiterzureisen. Er kann es sich leisten, nach so einem Putsch lässt man ja bekanntlich die Korken knallen. Der Expräsident des Landes, ein reicher Milchproduzent, ist übrigens über Bord gegangen, weil er sich wohl etwas zu oft in der Staatskasse bedient haben soll – aus Rache hat das Militär angeblich all seine Milchfabriken zerstört. Dumm nur: Der Expräsident besaß ein Monopol – jetzt muss Madagaskar Milch importieren. Neuer Präsident des Landes ist übrigens ein 36-jähriger Discjockey. Vor Madagaskar liegt eine unsichere Zukunft.

Mit sechs Stunden Verspätung erreichen wir Mahajanga. Gerade noch rechtzeitig, denn wir sind mit dem Präsidenten verabredet. Dem Präsidenten der Handelskammer, aber immerhin.

«Man muss mit dem Wind segeln», steht im Treppenhaus seiner großzügigen Residenz geschrieben, es könnte das Lebensmotto von Monsieur Pagès sein. Dreimal war er Bürgermeister der Stadt, dreimal mit einer anderen Partei.

Der Monsieur ist sehr klein, dafür aber umso breiter. Stell dir Louis de Funès vor und addiere fünfzig Kilogramm. Pagès empfängt mich in Hemd und kurzen Hosen, ein exzentrischer Typ ohne Haare, aber mit viel Temperament. Ich möchte ihm die Hand geben, doch die schlägt er aus. Monsieur Pagès ist kein Mann, der sich mit Förmlichkeiten aufhält.

«Fragen Sie!»

«Okay. Monsieur Pagès, wer liegt vor Madagaskar?»

Der Monsieur hustet kurz durch, dann fällt ihm eine Antwort ein: «Nun, da gibt es die Seychellen im Norden von Madagaskar, die Komoren liegen so ein bisschen im Nordwesten ...»

«Und stimmt es, dass Ihr Präsident ein DJ ist?»

«Ein was?»

«Ein DJ. Discjockey.»

«Oui!», antwortet der Monsieur und holt weit aus. «Ihr Europäer! Ihr vergleicht Madagaskar immer mit Europa. Aber Madagaskar ist nicht Europa. Madagaskar ist Madagaskar! Madagaskar ist speziell! Wir leben nicht so schnell wie ihr Europäer. Auch unser Denken ist anders. Sieh mal: Die Franzosen essen Brot, die Deutschen essen Kartoffeln, und die Madegassen essen Reis. Darum haben wir eine ganz andere Mentalität.»

Es liegt also am Essen. Das Essen auf Madagaskar ist tatsächlich etwas speziell. Kein Wunder, dass auf der Insel auch noch die Pest an Bord ist. Im Abendlicht spazieren wir über einen Markt und wundern uns, dass Fleisch und Fisch uns nicht hinterherlaufen. Die Lebensmittel, die ungekühlt auf Holztischen in der Sonne vor sich hin gammeln, sind schwarz von Fliegen. Ab und zu kommt der madegassische Metzger vorbei und wedelt sie mit einer Zeitung davon.

Wenn du so etwas verspeist, dann liegst du schnell mal unter Madagaskar. Aber auch dann hast du nicht lange deine Ruhe, denn die Madegassen pflegen einen bizarren Totenkult. Mindestens alle zehn Jahre graben sie ihre Verstorbenen wieder aus, wickeln sie in Seide oder Bastmatten und tanzen mit den Resten von Oma, Uroma oder Ururoma zu lauter Trompetenmusik durch die Straßen. «Famadihana» heißt dieses Fest, und ich gerate mitten hinein. Auf der Straße tanzt eine große Gruppe leicht bekleideter und schwer besoffener Damen und Herren, auf ihren Händen tragen sie eine kleine Kiste. Darauf klebt das Foto des Verstorbenen, ein junger Mann von höchstens dreißig Jahren. Sie wirbeln den kleinen Sarg wild durch die Gegend, drehen ihn, werfen ihn in die Luft, und jeder möchte ihn mal halten. Eigentlich ein schöner Brauch. Vielleicht sollten ihn die Amerikaner übernehmen. Sie könnten ab und zu Michael Jackson ausgraben, mit ihm über den Sunset Boulevard tanzen und dazu «Thriller» spielen. Oder «Remember the time». Oder «Don't stop 'til you get enough».

So eine Totenfeier erlebst du nicht oft, denke ich mir und beginne mitzutanzen. Ein Fehler, denn zwei sturzbetrunkene Mädchen umklammern mich von vorn und hinten und lassen ihre Becken auf eine etwas plumpe Weise krei-

sen. Keine schlechte Idee, aber die beiden lassen einfach nicht mehr los. Sie zerren und reißen an mir und klammern mich so fest, dass Thomas mich befreien muss. Es heißt, dass die Madegassen ihre Toten auf solchen Feiern wie Götter verehren. Offenbar geht es aber hauptsächlich um irdische Dinge: Sex & Alkohol. Famadihana ist eine Art Kölner Karneval.

Jetzt wissen wir, was unter Madagaskar liegt. Aber was liegt davor? Man vermutet, dass der Gassenhauer «Wir lagen vor Madagaskar» auf den Russisch-Japanischen Krieg Anfang des vergangenen Jahrhunderts zurückgeht. Ein russisches Pazifikgeschwader hat angeblich vor Madagaskar gelegen, in den Kesseln faulte tatsächlich das Wasser, und viele Russen sollen über Bord gegangen sein. Heute kann ich keine Russen vor Madagaskar erkennen. Nur französische Sextouristen.

Wer auf Madagaskar nicht mehr weiterweiß, der reist an den See Mangatsa, er liegt nur ein paar Kilometer von Mahajanga entfernt und ist eigentlich nur ein kleiner Teich. Aber der ist heilig. Sein Wasser ist türkisfarben, und darin schwimmen die größten Goldfische, die ich je gesehen habe. Auch sie sind heilig, ein Wachmann behält sie 24 Stunden lang im Auge. Am Ufer von Mangatsa stehen hohe Bäume, an denen rote, weiße und grüne Tücher und Köpfe von Zebu-Ochsen hängen. Die Baumstämme sind mit Blut beschmiert. Es heißt, man könne an diesem Ort seine Ahnen befragen. Sogar hohe Politiker sollen das tun – genützt hat es offenbar wenig.

Ich will dem See trotzdem eine Chance geben, setze mich auf einen Stein, betrachte die Fische im glasklaren Wasser und rufe meinen Urgroßvater Heinrich Gastmann. Ich habe diesen Mann niemals kennengelernt, und er soll ein furchtbarer Tyrann gewesen sein, noch dazu geizig und launisch. Ein schöner Satz ist von ihm überliefert: «Unter mir kann jeder nach meiner Façon glücklich werden!» Nein, Heinrich war kein guter Mensch, aber eins muss man ihm lassen: Er wusste immer, wo es langgeht.

«O Uropa Heinrich», brummele ich und schließe meine Augen. «Keine Sorge, ich will kein Geld. Gewähre mir nur einen Funken deiner unendlichen Weisheit. Wer liegt vor Madagaskar?»

Stille.

«Weeeer liegt voooor Madagaskar?»

Wieder nix.

«Opa Heinrich, mal im Ernst: Weeeer liegt vooooor Madagaskar?»

«Geh in den Wald!»

«Bitte?»

«Spreche ich Spanisch? Geh in den Wald!!!»

«Heinrich, bist du es?»

«Nein, der Weihnachtsmann. Und jetzt geh in den Wald und lass mich in Ruhe. Ach ja: Grüße an die Familie.»

Der alte Heinrich. Auf den Schock erst mal eine Malariatablette. Ich werfe noch einmal einen Blick auf den Beipackzettel. Nach «seltsame Träume einschließlich Albträumen» ist noch eine weitere Nebenwirkung beschrieben: «Halluzinationen. Sehen und Hören von Dingen, die gar nicht da sind.» Ob manche Menschen auch Dinge nicht sehen, die eigentlich da sein sollten?

Ich will in den Wald gehen, aber finde den Wald nicht. Sehe ich den Wald vor lauter Bäumen nicht? Nein, ich sehe nicht mal Bäume. Eigentlich nennt man Madagaskar die «grüne Insel», aber so weit ich auch fahre – ich kann nichts Grünes entdecken. Kahle Hügel, nackte Täler, kalte Asche.

Die Flächen im Hinterland von Mahajanga sind vollständig abgeholzt oder verbrannt. Man sagt, dass die Insel einmal ganz mit Wald bedeckt war – heute soll nicht mal mehr die Hälfte davon übrig sein. Und ich entdecke an diesem Tag kein einziges Stückchen Wald. Sorry, Uropa.

Was geht hier vor? Das geht hier vor: Weil die korrupten Regierungen des Landes den Madegassen seit eh und je nichts zu fressen geben, frisst das Volk eben Madagaskar. Die Bauern verbrennen den Regenwald, um Weideland zu schaffen, mit der Holzkohle machen die Madegassen Feuer, und die Fischer schmuggeln das Holz, um es irgendwo zu verkaufen. Ahoi, Kameraden.

Und immer bei Ebbe färbt sich die See vor Madagaskar tiefrot.

«Das ist ein Zeichen für die starke Erosion auf Madagaskar», sagt Monsieur Mahatsara, im Auftrag der Regierung schützt er Wald und Wasser. Na ja, er versucht es.

«Weißt du, in zehn oder zwanzig Jahren wird es hier keine Wälder mehr geben. Und wenn es keinen Wald mehr gibt, rutscht der rote Ackerboden in die Flüsse. Schon bald werden die Madegassen noch mehr Hunger leiden. Und Madagaskar fließt nach und nach ins Meer.»

Herr Mahatsara zuckt mit den Schultern. Was soll er auch tun? Die Regierung wechselt alle paar Monate, und die Präsidenten sollen auch gerne mal selbst am Holzschmuggel beteiligt sein, heißt es.

«Dann liegt also Madagaskar vor Madagaskar?»

«Genau. Madagaskar liegt vor Madagaskar.»

Ach ja: «Mahatsara» bedeutet übrigens «Mach's gut!». Herr Machsgut, der Naturschützer, muss sich langsam von Madagaskar verabschieden.

*«Madagaskar fließt langsam ins Wasser,*
*die Flut nimmt sie alle hinfort,*
*Präsidenten und korrupte Verprasser*
*und auch den Ministre du Sport.»*

KAPITEL 16

# «WIE VIELE SCHAFE GIBT ES IN NEUSEELAND?»

## DER HERR DER RINGE

**Manche** Menschen begrüßen dich mit Worten. Andere mit einem Kuss. Und wieder andere mit einem Geschenk.

«Was, glaubst du, ist das hier?»

Blue drückt mir etwas in die Hand. Es ist klein, orangefarben und aus Plastik. Ein Ring, im Durchmesser so groß wie mein kleiner Finger. Der Ring ist elastisch. Ich kann ihn zusammendrücken und mit etwas Kraft auseinanderziehen. Danach kehrt er blitzschnell wieder in seine ursprüngliche Form zurück. Was soll das schon sein? Eine Dichtung vielleicht.

«Denk darüber nach. Und jetzt zieh die Klamotten an!»

Blue hat ja recht. Es gibt kein schlechtes Wetter, nur die falsche Kleidung. Hat Mutti auch immer gesagt. Ich schlüpfe in die gelbe Regenhose und befestige ihre Träger über dem dicken Wollpulli, den Blue mir gegeben hat. Zwei Paar Socken, Gummistiefel und dann hinein in den warmen, weiten Wachsmantel. In seiner linken Außentasche finde ich eine grüne Fischermütze.

Apropos grün: Hat sich schon mal jemand gefragt, warum Neuseeland eigentlich so grün ist? Ich mich dummerweise auch nicht, sonst wäre ich nämlich nicht hierhin gereist. Es ist Hochsommer, aber es schüttet seit Tagen, und seit ich hier bin, habe ich das Treffen mit Blue immer wieder verschoben. Doch das Wetter wird einfach nicht besser. Im Gegenteil: Heute kommt der Regen schon nicht mehr von oben, er fliegt uns seitlich um die Ohren.

An Blue perlen die Tropfen einfach ab. Das neuseeländische Wetter hat seine Haut gegerbt und Wasserrinnen in sein Gesicht gegraben. Blue muss bei jedem Wetter aus dem Haus. Jeden Tag. Blue ist Schäfer.

«Warum heißen Sie eigentlich Blue?»

«Das hat mit meinen roten Haaren zu tun.»

Offenbar haben die Briten das Land gründlich kolonialisiert. Blue sieht aus wie ein Waliser und steht auf englischen Humor. Es gibt übrigens jede Menge Witze, die mit Neuseeländern und Schafen zu tun haben.

*Frage: Warum können Neuseeländer ihre Freundinnen nicht mit zum Rugby nehmen?*
*Antwort: Die Damen fressen den Rasen.*

«Und wie nennt man einen Neuseeländer, der polygam lebt, Dennis?»

«Einen Schäfer?»

«Ganz genau. Und du wirst heute zum Schäfer ausgebildet. Mit allem, was dazugehört.»

Jetzt bekomme ich Angst. Aber glücklicherweise habe ich auf dieser Schaffarm bisher nicht ein einziges Schaf gesehen. Dabei war ich eine Stunde mit dem Auto auf dem Gelände unterwegs, bis ich die Residenz von Blue gefunden hatte. Ein kleines Haus mit grünem Dach und weißen Wänden aus Holz, vor denen Orchideen blühen. Von der Veranda aus geht es über eine Blumenwiese direkt an den endlosen Strand. Im Sand liegt ein haushoher weißer Fels. Er gab der Farm ihren Namen: White Rock Station. Sie liegt an der Südostküste der Nordinsel Neuseelands. Martinborough, die nächste Stadt, ist fünfzig Kilometer entfernt. Aber wo sind die Schafe?

«Sie sind da oben in den Höhen!»

Ach ja, richtig: Man kann die White Rock Station natürlich nicht mit einem deutschen Bauernhof vergleichen. Das hier ist nicht Ostfriesland. Blues Farm ist 3700 Hektar groß und besteht aus hohen, grasbedeckten Bergen. So hoch, dass die Wolken in ihnen hängenbleiben. Dazwischen liegen weite Täler mit Wäldern und Flüssen. So ähnlich stelle ich mir die schottischen Highlands vor. Eigentlich muss es hier wunderschön sein, doch der Regen hat alles hoffnungslos vernebelt.

«Okay, Dennis! Tolles Wetter heute! Nochmal herzlich willkommen in Neuseeland. Und hier ist deine Aufgabe: Hol die Schafe von den Hügeln und zähl sie!»

Blue pfeift, und vier klatschnasse Hütehunde springen von der Ladefläche seines Pick-ups und rennen in die Berge. Es ist ein paar Sekunden still, dann rast eine große weiße Wolke auf uns zu. Auch ich beginne jetzt zu pfeifen, so wie Blue, aber eigentlich ist das lächerlich. Die Hunde wissen schon genau, was zu tun ist. Sie versperren den Schafen an drei Seiten den Weg und treiben sie zu uns.

«Meine Hunde können alles. Ich habe sie trainiert. Was sollen sie mit den Schafen machen?»

«Sie können alles?»

«Alles. Wünsch dir was!»

«Dann möchte ich, dass sie die Schafe im Kreis um mich herumtreiben.»

«Tja, das ist nicht ganz leicht.»

Ich habe Blue bei seiner Schäferehre gepackt. «Bleib genau da stehen!», ruft er und beginnt, seinen Hunden Kommandos zu geben. «Come on!! Move, move!! Now leave it, get 'em behind! Get 'em loose!» Die Hunde kreisen um die Herde, und langsam kommen die Schafe näher. Von allen Seiten rücken sie an mich heran, bis die weiße Wolke mich ganz umschließt. Dann passiert es. Die Wolke fängt an, sich zu drehen. Ich weiß nicht, wie Blue das anstellt, aber plötzlich beginnen alle Schafe im Kreis zu rennen. Sie laufen tatsächlich um mich herum. Ganz friedlich. So als würde der Wind sie treiben. Ich versuche, die Schafe zu zählen. Eins, zwei, drei, verdammt, sie sind zu schnell. Es müssen über hundert sein.

«Weißt du, wie wir hier in Neuseeland Schafe zählen? Du treibst sie in einen Stall, öffnest das Tor und lässt sie in Zweiergruppen an dir vorbeilaufen. Dann zählst du zwei, vier, sechs, acht und so weiter. Wenn du die Hundert erreicht hast, streckst du einen Finger der linken Hand aus und beginnst wieder mit zwei, vier, sechs, acht. Bei fünfhundert bückst du dich, nimmst einen Stein vom Boden und legst ihn auf den Zaun. Und weiter geht's!»

Nichts leichter als das, denke ich mir, öffne das Tor und lasse die Schafe an mir vorbeilaufen. Zwei, vier, sechs, acht, zehn – hoppla, das waren drei. Dreizehn, fünfzehn – halt, nicht so schnell! Achtzehn, zwanzig – jetzt drückt doch nicht so gegen das Tor! Ach herrje, eins ist über das Tor gesprungen.

«Zählst du auch noch?»

«Ja doch! 82, 84, 86 ...»

Ich hatte mir Schäfchen zählen irgendwie entspannter vorgestellt. Blue erlöst mich und schließt das Tor.

«Wie viele?»

«Einhundert!»

«Und acht.»

«Hundert und acht? Ich habe acht verpasst?»

«Jap. Weiter geht's!»

Ich probiere es ein zweites Mal, aber es wird nicht besser. Im Gegenteil. Diesmal läuft mir alles aus dem Ruder. Ich verpasse etwa dreißig Schafe und gebe auf.

«Sagen Sie, wie viele Schafe haben Sie in Ihrem Leben schon gezählt?»

«Mein Rekord liegt bei 5000.»

«5000? Wirklich?»

«Ja, aber danach musste ich eine Pause einlegen. Nur so zwanzig Sekunden, um mich zu sammeln.»

«Ach, man wird davon blöd?»

«Nein, aber die Schafe hypnotisieren dich. Wenn das passiert, musst du sofort aufhören und dich fragen: Wo bin ich?»

«Und wie viele Schafe gibt es in Neuseeland?»

«Hm ...»

Na gut, nur der Herr hat sie gezählet. Man sagt aber, dass auf jeden Neuseeländer genau siebeneinhalb Schafe kommen – das macht dreißig Millionen Viecher. Noch mehr Lust auf Zahlen? Okay: Blue behauptet, auf den Hügeln seiner Farm gebe es 10 000 Schafe. Also 12 000 Lämmer und 300 000 Kilogramm Lammfleisch im Jahr. Ein gigantisches Schafimperium. Und jetzt ist klar, warum Blue ganz ohne Subventionen mit seinen europäischen Kollegen mithalten kann. Er schlägt sie durch Masse. Er braucht keine Ställe. Und sein Gras ist immer grün, es schifft hier das ganze Jahr.

Die Neuseeländer sagen, ihre Nation sei auf dem Rücken der Schafe gebaut worden. Und bis heute tragen Schafe, Rinder, Ziegen und das andere Getier fünfzig Prozent der neuseeländischen Wirtschaft. Doch auf dem Rücken der Schafe ist manchmal noch etwas anderes. Oder besser: in ihrem Nacken.

Ich sitze auf einer grünen Wiese in Palmerston North, und vor mir grasen ganz gewöhnliche Schafe mit ganz ungewöhnlichen weißen Plastikbehältern auf dem Kopf. Aus den merkwürdigen Apparaten kommen kleine, durchsichtige Schläuche, die in das Maul der Tiere führen. Was geht hier vor? Zum Glück sitze ich nicht allein auf dem Rasen. Neben mir grast Dr. Harry Clark.

«Was machen Sie bloß mit den Schafen?»

«Tja, ich schätze, die kommen sich sicher blöd vor. Aber im Ernst: Wir messen, wie viel Methangas aus ihren Mäulern kommt.»

«Methan?»

«Ja. Manche denken, es käme hinten raus. Aber das ist falsch. Das meiste Gas kommt vorne raus. Und um dir mal eine Größenordnung zu geben: Die Hälfte aller Treibhausgase Neuseelands stoßen Wiederkäuer aus.»

«Das heißt: Es gibt zu viele Schafe in Neuseeland?»

«Nein, es sind nicht zu viele. Wir müssen nur ihre Ökobilanz aufpolieren.»

Ja, Schafe sind böse. Denn Methan ist angeblich noch dreißig Mal schädlicher für das Klima als Kohlendioxid. Auch manche Menschen produzieren Methan. Der Homo sapiens stößt dieses Gas allerdings tatsächlich hinten aus. Wie man herausfindet, ob der eigene Körper Methangas emittiert? Clark sagt, da gebe es zwei Methoden. Eine wissenschaftliche und eine unwissenschaftliche. Für die unwissenschaftliche Methode benötige man nur ein Feuerzeug.

Ich folge dem Klimaforscher über das Laborgelände. Auf dem Weg fällt mir wieder der kleine orangefarbene Plastikring ein, den Blue mir geschenkt hat.

«Haben Sie eine Ahnung, was das ist?»

«Natürlich, damit machen sie Mountain Oysters.»

Berg-Austern? Bevor ich nachhaken kann, öffnet Dr. Clark eine Stahltür und führt mich in ein Laboratorium. In dem Raum stehen drei große, rechteckige Kästen aus Plexiglas. Dutzende Rohre und Kabel hängen von der Decke und führen in die Glasgehäuse hinein. In den Boxen stehen Schafe. Zwei Tage lang eingepfercht im Dienste der Wissenschaft. Dr. Clark sagt, das störe die Schafe nicht. Er sagt auch, Schafe seien nicht besonders schlau.

«Wir lassen Luft hinein, sie strömt über das Tier und dann wieder hinaus. So messen wir ihre Abgase. Und jetzt wissen wir: Ein Schaf produziert etwa zwanzig bis dreißig Liter Methan am Tag.»

«Das heißt also: Die Schafe zerstören unser Klima?»

«Nicht nur die Schafe. Auch Rinder, Ziegen, Büffel, Wild. Alle produzieren Methangas.»

Doch dafür können die Wiederkäuer herzlich wenig.

Schuld sind die Mikroben in ihren Mägen. Aber auch die Mikroben sind vor Dr. Clark nicht sicher. «Ich muss kurz den Stöpsel ziehen!», ruft der Doktor und macht sich an der hinteren linken Seite einer Kuh zu schaffen. Dort ist eine etwa faustgroße Öffnung, die in den Magen des Tiers führt. Sie ist tatsächlich mit einem simplen schwarzen Silikonstöpsel verschlossen, damit der Wissenschaftler ab und zu mal reinschauen kann.

«Ich hab's gleich! Der Stöpsel sitzt aber auch wirklich fest.»

Plopp! Na bitte, geht doch. Die Kuh ist offen, und Dr. Clark reicht mir einen OP-Handschuh.

«Uhhh ... das ist wirklich sehr, sehr warm.»

«Ja, die Temperatur ist konstant bei 39 Grad.»

«Soll ich etwas entnehmen?»

«Natürlich, wenn Sie wollen.»

Vorsichtig ziehe ich etwas halbverdautes Gras aus der Kuh. Es stinkt bestialisch. Voilà: Das ist der Klimakiller.

«Also, ich denke: Das ist wirklich der Kern meiner Geschichte.»

«Ja, du bist wirklich im Herzen deiner Story.»

Doch keine Geschichte sollte so unwürdig enden. Ich beschließe, das Klima zu retten, und besuche Nicky Owers, eine auffallend sportliche Frau mit roten Bäckchen. Sie wohnt mit ihrem Mann, zwei Kindern und dem Hund in einem sonnendurchfluteten Holzhaus auf einer Anhöhe über Wellington. Von ihrer Veranda aus blickt sie über einen grünen Hügel auf die Stadt. Frau Owers ist die Sprecherin der vegetarischen Vereinigung Neuseelands. Ihr Motto: «Less meat, less heat» – Weniger Schnitzel, weniger Hitze(l).

«Frau Owers, wie kann ich unseren Planeten retten?»

«Wenn du wirklich einen Beitrag leisten willst, dann werde Vegetarier!»

«Das ist alles?»

«Ja! Ein Vegetarier kann einen Vierrad-Geländewagen fahren und schädigt das Klima trotzdem weniger als ein Radfahrer, der regelmäßig Fleisch isst. Du kannst alles in deinem Haushalt recyclen und wiederverwenden, aber den größten Effekt hat es, wenn du Vegetarier wirst.»

«Interessant. Und sagen Sie, haben Sie eigentlich schon mal von Mountain Oysters gehört?»

«Wissen Sie, diese Frage sollten Sie mir nicht stellen. Das ist wirklich widerlich.»

Frau Owers verzieht das Gesicht und wendet sich ab. Weint sie? Was für ein Schlamassel. Und das alles wegen eines kleinen orangefarbenen Plastikrings von einem kleinen Schäfer mit orangefarbenen Haaren. Ich muss zurück zu Blue. Zurück zum Herrn der Ringe.

Auf der White Rock Station hat sich nichts verändert. Die Berge hängen voller Wolken, und der Regen prasselt auf das grüne Dach des Schäferhauses. Blue ist gerade dabei, eine ganze Herde zu impfen. Dafür braucht es ein wenig Übung, und man darf nicht zimperlich sein, sonst ist man um Mitternacht noch nicht damit fertig. Zuerst klemmst du das Schaf fest zwischen deine Beine, hältst mit der Linken den Kopf des Tieres fest und schiebst den Daumen der rechten Hand seitlich zwischen die Schafszähne. Das löst einen Reflex aus. Das Tier öffnet seinen Kiefer, und du kannst ihm die zehn Zentimeter lange Impfpistole in den Rachen führen. Jetzt drück ab! Blue braucht für ein Schaf nicht mal zehn Sekunden.

«Blue, was zur Hölle sind Mountain Oysters?»

«Hey, hey, du hast es also herausgefunden!»

«Ja. Was ist das für ein Zeug?»

«Pass mal auf. Du ziehst den Ring auseinander, dann bindest du damit die Kronjuwelen eines Schafs ab und schnipp! Manche reißen die Hoden auch einfach mit ihren Zähnen weg.»

«Das sind Mountain Oysters?»

«Nicht ganz. Es fehlen noch Mehl, Pfeffer, Salz und heißes Fett. Hier auf dem Land ist das eine Delikatesse.»

Blue grinst.

«Sagen Sie, mögen Sie Schafe eigentlich?»

Blue grinst nicht mehr.

«Na ja. Sie sind okay.»

KAPITEL 17

# «WO IST DAS LÄNGSTE ORTSSCHILD DER WELT?»

HIER

Taumatawhakatangihangakoauauotamateaturipukakapikimaunga

**Taumatawhakatangi**hangakoauauotamateaturipukakapikimaungahoronukupokaiwhenuakitanatahu.

Oder kurz: Taumata. Ein Hügel in der Nähe von Waipukurau, Neuseeland/Nordinsel. Es ist übrigens nur der zweitlängste Ortsname der Welt. Den längsten hat Bangkok: Krung Thep Mahanakhon Amon Rattanakosin Mahinthara Ayuthaya Mahadilok Phop Noppharat Ratchathani Burirom Udomratchaniwet Mahasathan Amon Piman Awatan Sathit Sakkathattiya Witsanukam Prasit.

KAPITEL 18

# «SIND ALLE AUSTRALIER VERBRECHER?»

## DIE INVASION

**Australien** empfängt mich mit allen militärischen Ehren. Kampfhubschrauber, Düsenjäger, Kriegsschiffe, Marschmusik – herrlich! Und dazu eine Symphonie aus einundzwanzig Kanonenschüssen. «Das war wundervoll!», rufe ich den Soldaten zu, und sie sind ein wenig gerührt. Natürlich bin ich Pazifist, aber ich habe eine Schwäche für Waffen. Ist das typisch männlich? Ich gehe auch gerne in Baumärkte und weiß nicht, warum.

Australia Day. An ihrem Nationalfeiertag entdecken die sonst so friedliebenden Aussies den Militarismus. Und den Patriotismus. Ein Helikopter zieht eine haushohe Flagge durch den wolkenlosen Himmel über der Harbour Bridge. Der ganze Hafen von Sydney ist in Blau, Weiß und Rot getaucht, denn genau heute vor 222 Jahren landete die First Fleet, die erste englische Siedlerflotte, hier in Port Jackson. Und die Nachfahren dieser Pioniere tragen die australische Flagge voller Stolz im Herzen, auf den Flipflops und in den tiefen Dekolletés ihrer Spaghettitops. Barbecue ist ihr Nationalsport, und zur Feier des Tages hocken sie neben der Oper und grillen ihr Nationaltier. Kängurufleisch. Wie es schmeckt? So ähnlich wie Rind. Unspektakulär. Tut mir leid, Frau Brunkhorst.

Und ausgerechnet ich soll den Australiern die Party verderben: «Sind alle Australier Verbrecher?» Vielleicht sollte ich auch mal «Sind alle Muslime Terroristen?» oder «Sind alle Deutschen Nazis?» fragen.

Ich spreche einen Australier mit Australien-T-Shirt und Australien-Kaffeebecher an: «Verzeihung, sind Sie ein Verbrecher?»

Er grinst.

«Na ja, wir Australier waren mal Verbrecher.»

«Ach, Sie waren Verbrecher?»

«Ja, und heute geben wir uns alle Mühe.»

Da kommt ein Pärchen in Australien-Unterhemden.

«Sind Sie beide Verbrecher?»

«Ob wir beide Verbrecher sind?»

«Sie beide oder nur einer von Ihnen?»

«Ich glaube, du meinst Sträflinge.»

«Ach, Sie beide sind Sträflinge?»

«Nein, aber die ersten Siedler, die nach Australien kamen, waren Sträflinge!»

Australien, die alte Sträflingskolonie. Es stimmt: Die Bri-

ten haben hier jede Menge Halunken abgeladen. 134000 Mörder, Betrüger und Hühnerdiebe. Alle, die unsere Inselnachbarn nicht mehr haben wollten. England ist dadurch nicht besser geworden. Aber haben die Verbrecher Australien geschadet?

Ich kann in Sydney nichts Kriminelles entdecken. Alle sind entspannt, freundlich und auch noch hilfsbereit, alles ist bestens geordnet, alles läuft planmäßig ab. Die öffentlichen Toiletten sind gratis und frisch renoviert. Und niemand randaliert, obwohl die Polizei rund ums Fest den Alkohol verboten hat. Kurz: Es ist furchtbar langweilig. Wo ist das Verbrecherblut geblieben? Geht denn wenigstens mal jemand bei Rot über die Ampel?

Im frisch gemähten Hyde Park treffe ich Kevin McGuinness. Ein Ahnenforscher, der vier Sträflinge in seinem eigenen Stammbaum entdeckt hat, zum Beispiel Marie-Carie McGuinness. Die Briten verbannten sie nach Australien, weil Marie-Carie ein Schaf gestohlen hatte. Ihr Nachfahre begrüßt mich in biederer Bundfaltenhose und sauber gebügeltem Karohemd – immerhin deutet Kevins gut durchblutete Nase auf unvernünftigen Alkoholgenuss hin.

«Fließt in Ihren Adern noch kriminelles Blut?»

«Na klar, eine ganze Menge, und darauf bin ich stolz!»

«Weil Sie sich hart fühlen?»

«Nein, überhaupt nicht. Aber weißt du: Früher war es eine Schande, mit einem Sträfling verwandt zu sein. Heute ist das anders. Ich fühle mich dadurch wie ein Teil dieses Landes. In Australien gibt es zwei Gruppen von Leuten, zu denen du unbedingt gehören möchtest. Die beste Variante: Du bist mit jemandem aus der Ersten Flotte verwandt. Zweitbeste Option: Du hast Sträflinge im Stammbaum. Je mehr, desto besser.»

Verbrecherjagd in der Familiengeschichte. Kevin hat aus dieser australischen Obsession ein Business gemacht und die Lebenswege aller Sträflinge verfolgt, die hier in Sydney gelandet sind. Gegen ein bisschen Geld, umgerechnet zwanzig Euro, verrät er dir, ob auch in deinen Adern Verbrecherblut fließt. «History Services: Bringing the Past to Life» – Kevin sagt, sein Geschäft laufe ausgezeichnet.

«Das heißt also, die Leute suchen nach Identität?»

«Natürlich, wir sind ein Volk von Migranten. Und jeder möchte wissen, woher er eigentlich kommt. Die einzigen Australier, denen es nicht so geht, sind die Ureinwohner, die Aborigines. Aber das ist eine andere Geschichte.»

Und genau die kehren die Australier gerne unter den Teppich. Sie passt nicht zum netten Image des Landes, zu den Surfern, den Bikinis und den süßen Koalabären. Niemand weiß genau, wie lange die Aborigines schon in Australien lebten, als die Engländer einfielen. Und niemand weiß, wie viele es waren. Fest steht nur: Die Siedler machten mit ihnen kurzen Prozess. Direkt: Sie knallten sie ab. Indirekt: Sie brachten Pocken, Influenza und andere Krankheiten ins Land.

Und heute? Schon mal in den USA einen Indianer gesehen? Ähnlich schwierig ist es, in Australien einen Aborigine zu treffen. Manchmal sitzt einer an den Fährterminals im Hafen von Sydney und verkauft CDs. Er hat Didgeridoo-Musik mit Techno vermischt, und das Ergebnis ist Geschmackssache. Ansonsten wirst du als Tourist kaum auf einen Ureinwohner treffen. Es sei denn, du fährst in die Slums, wo viele unter Dritte-Welt-Bedingungen leben. Mitten in einem der reichsten Länder der Erde.

Eine einzige Veranstaltung hat die Stadt Sydney den Aborigines am Australia Day freundlich genehmigt: «Woggan Ma Gule» – die Morgenbegrüßung im botanischen Garten. Keine Kriegsschiffe, keine Kampfhubschrauber, keine Salutschüsse. Nur ein Kreis aus Sand, um den einhundert Zuschauer stehen. Darin tanzen Frauen, Männer und Kinder, sie haben Haut und Haare mit Asche eingerieben, tragen rote und gelbe Tücher.

Ihre Tänze erzählen Geschichten. Von Gawura, dem Wal. Von Baruwaluri, dem Delfin. Von Wubin, dem Opossum. Und von der Regenbogenschlange, die Himmel und Erde erschaffen hat. Damals, in der Traumzeit, als alles begann. Als die Ahnen der Aborigines über den Kontinent wanderten und Traumpfade hinterließen, auf denen ihre Nachfahren durch Australien zogen. Bis weiße Männer die Pfade mit Eisenbahnschienen zerschnitten.

Eine Stunde lang singen die Aborigines die immer selbe Melodie. Ein Lied aus nur drei Akkorden, die erst Tänzer und dann das Publikum in Trance versetzen. Du magst kein einziges Wort verstehen, aber du spürst genau, worum es geht.

Ich hatte erwartet, dass sich die Tänzer politisch korrekt äußern, wenn ich sie frage, ob der Australia Day für sie ein Grund zum Feiern sei. Ich hatte gedacht, dass sie den Veranstaltern sicher nicht auf die Füße treten werden.

«Wir nennen diesen Tag Survival Day, weil wir den Genozid überlebt haben!», ruft einer. «Ich nenne ihn Invasion Day», sagt ein anderer, «es war eine Invasion, nichts anderes.» Eine freundliche ältere Dame im roten T-Shirt wird noch deutlicher.

Frage: «Sind alle Australier Verbrecher?»

Antwort: «Nein, ganz und gar nicht. Aber viele sind Rassisten.»

«Weißt du was?», fragt ein Mann mit Zahnlücke und

Federn im Haar. Er steht etwas abseits und raucht. «Wir Aborigines haben den höchsten Bevölkerungsanteil in den Gefängnissen hier, dabei sind wir nur eine Minderheit, gerade mal zwei Prozent. Aber in manchen australischen Knästen sind neunzig Prozent der Insassen Aborigines.»

Das heißt also, die Aborigines sind die heutigen Verbrecher? Oder bin ich einer, weil ich gerade in einer Ladezone parke? Absolutes Halteverbot. Es geht nicht anders, ich habe einen Termin. Und zwar dort, wo man sich mit Verbrecherfragen auskennt.

Zu Gast bei Deputy Commissioner Dave Owens, im Polizeipräsidium. Der kahlköpfige Wachtmeister möchte vor seiner Pressewand interviewt werden, eine blaue, zusammenklappbare Fläche mit dem Symbol der Polizei darauf. Das Plastikungeheuer rücken sie grundsätzlich bei jedem Fernsehinterview in den Hintergrund, damit alle Bilder gleich platt und langweilig aussehen. Eigentlich ein Verbrechen.

«Sagen Sie, warum ist die Gefängnisrate bei den Aborigines so hoch?»

«Das liegt an ihrer hohen Arbeitslosenquote. Man schätzt, dass etwa jeder fünfte Aborigine keinen Job hat. Arbeitslosigkeit, Alkohol, Drogen, Gewalt – es ist der übliche Teufelskreis.»

«Kann man den nicht brechen?»

«Den müssen wir brechen. Aber viele Aborigines misstrauen unseren Uniformen. In ihren Augen sind wir Kolonialherren, die sich sofort auf dich stürzen, wenn du irgendetwas Falsches sagst oder tust.»

«Ist das nicht traurig?»

«Ja, natürlich.»

Deputy Owens ist vielleicht der netteste Polizist, den

ich je getroffen habe. Wir verharren noch ein paar traurige Minuten vor seiner Pressewand und schweigen. Vielleicht gibt es ja einen guten Grund dafür, warum die Aborigines weißen Leuten in Uniform misstrauen.

Ich möchte tiefer recherchieren, sozusagen ganz tief Down Under, und fahre mit der U-Bahn in einen Außenbezirk von Sydney. Nach einer Stunde auf Schienen schrumpfen die Häuser, die Farbe an den Fassaden blättert ab, und der Himmel scheint nicht mehr so blau zu sein wie über dem Opera House und der Harbour Bridge. Bin ich in Hannover? Alles ist grau, und auch die krausen Haare von Debbie Hocking haben silberne Strähnen, dabei ist sie keine alte Frau. Debbies Lockenkopf ist der einzige Hinweis auf ihre Herkunft. «Ich werde oft gefragt, warum ich so aussehe. Und dann antworte ich immer: Das ist Kolonialisierung. Das ist nicht meine Schuld.»

Debbies Haut ist weiß. Schneeweiß. Sie könnte Engländerin sein. Oder Deutsche. Aber Debbie ist Aborigine. Wer sie nicht kennt, ist davon überrascht. Und Debbie selbst war es am meisten, als sie mit zwanzig Jahren herausfand, dass sie zu den Ureinwohnern des Landes gehört. Niemand hatte es ihr gesagt. Niemand wollte, dass sie es erfährt.

Bis Ende der Sechziger hat sich Australien nicht dafür geschämt, Aborigines wie Wilde zu behandeln. Dabei waren den Behörden auch Verbrechermethoden recht. Zum Beispiel Kidnapping. Debbie gehört zur sogenannten Stolen Generation. Sie ist eines von 35 000 Kindern, die der Staat gewaltsam den Aborigine-Familien entriss und in Pflegeheime, Missionen oder weiße Familien steckte. Ganz besonders gerne Mischlingskinder, so wie Debbie. Man wollte aus den kraushaarigen Mädchen und Jungs hübsche, weiße, christliche Australier machen. Je heller die Haut, desto größer die Wahrscheinlichkeit, dass die Behörden eines Tages vor der Tür standen.

«Ich war erst achtzehn Monate alt, und sie haben mich einfach genommen. Ohne Kleidung. Ohne Sachen. Und meine Eltern konnten nichts tun. Sie standen da und mussten zusehen, wie jemand ihr Kind entführt.»

Debbie hat fünfzehn Jahre in einer weißen Pflegefamilie verbracht. Keiner hat ihr gesagt, wer ihre leiblichen Eltern sind. Oder dass sie Geschwister hat. Ihre Kindheit passt in ein Regal, es sieht aus wie ein Altar: ein Teddybär, ein Windspiel, zwei schwarzweiße Kinderfotos. Das war's. Auf den Bildern fährt sie Karussell. Und lächelt.

«Wie war Ihre Kindheit?»

«Was soll ich sagen, sie war traumatisch. Ich habe meine Unschuld mit fünf an meinen Pflegevater verloren, und er missbrauchte mich immer wieder, zehn Jahre lang. Das war mein Leben, ich kannte nichts anderes. Ich habe es einfach über mich ergehen lassen und gehofft, dass es irgendwann besser wird.»

Aber es wurde nicht besser. Mit fünfzehn Jahren lief Debbie weg. Mit zwanzig fand sie ihre leibliche Mutter ein paar Blocks weiter in der Nachbarschaft. Sie hatte die ganze Zeit nur zehn Minuten entfernt von ihrer Familie gewohnt. Doch Debbie trifft ihre Mutter nur ein einziges Mal, zwei Wochen später stirbt die Frau an Krebs. Ich schweige, und es geschieht etwas Paradoxes. Debbie nimmt meine Hand und tröstet mich. «Es wird alles wieder gut», sagt sie.

Übrigens: Die Leute, die ihr all das angetan haben, sind nie bestraft worden. Vor ein paar Jahren bekam Debbie ein «compensation payment», ein lächerliches Entschädigungsgeld. Das hat sie beleidigt.

«Würden Sie sagen, dass manche Australier immer noch Verbrecher sind?»

«Ganz sicher. Viele haben nach wie vor kriminelle Absichten. Das mag verbittert klingen, aber das ist nun mal die Herkunft einiger Australier. Es ist so tief in ihnen verankert, dass es für sie ganz normal ist. Und diese Kultur wird in Australien weithin akzeptiert.»

«Kriminelle Kultur?»

«Ja. Australier nehmen viele Dinge einfach hin, die in anderen Ländern verboten sind. Zum Beispiel unser Justizsystem: Es schützt nicht das Opfer, es schützt den Täter. Das ist falsch.»

«Und wie feiern Sie den Nationaltag?»

«Sie meinen den Australia Day? Das ist kein Tag zum Feiern. Es ist der Tag einer der größten Invasionen der Weltgeschichte.»

Seit ein paar Jahren gibt es neben dem Australia Day noch einen zweiten – nichtamtlichen – Feiertag, den «National Sorry Day». Aber ein Sorry ist manchmal zu wenig.

KAPITEL 19

# «WIE SCHÖN IST PANAMA?»

## DIE ERBEN DER ANANAS

**Was** ist eigentlich schön? Manche finden Ed-Hardy-T-Shirts schön. Ich mag Kuckucksuhren. Und hin und wieder gefällt uns etwas, das wir wenig später gar nicht mehr schön finden.

«Scheiß Tigerente!» Mit diesen unschönen Worten schockierte Janosch vor kurzem Millionen Mädchen und Jungs, die gerade eine Tigerenten-Tasse, einen Tigerenten-Ranzen oder ein Tigerenten-Fahrrad geschenkt bekommen hatten. Er setzte sogar noch eins drauf: «Ich halte die Tigerente für Kitsch! Ich hab die eigentlich aus Hohn darein gemalt, weil da Platz war!» Und überhaupt: Er habe all seine Bücher im Suff geschrieben und könne auch nur etwas Anständiges zeichnen, wenn er besoffen sei.

Es ist nicht überliefert, was Janosch gesoffen hat, als er «Oh, wie schön ist Panama» schrieb. Aber es muss verdammt gutes Zeug gewesen sein, denn dieses Buch machte ihn und auch Panama über Nacht berühmt. «Keine Sau» habe Panama gekannt, und aus Dankbarkeit sei ihm dort sogar der allerhöchste Orden des Landes verliehen worden. Janosch nennt ihn einen «Faschingsorden» und bedauert, dass er nur aus Blech ist. Wäre er aus Gold, dann hätte er ihn wenigstens verkaufen können.

Was für eine seltsame Geschichte: Bär und Tiger leben in einer glücklichen, allerdings vermutlich platonischen Beziehung in einem hübschen Häuschen am Fluss. Statt Sex haben die beiden ein anderes Hobby: Angeln. Irgendwann fischt Bär eine Holzkiste aus dem Wasser – «Panama» steht darauf gedruckt. Sie ist leer, aber riecht so verheißungsvoll nach Bananen, dass Bär und Tiger glauben, Panama müsse das schönste Land der Welt sein. Die beiden verlassen ihre Fischerhütte, machen sich auf den Weg nach Panama und kommen niemals an.

Bär und Tiger können heilfroh sein, dass sie es nie bis ins Hotel Roma Plaza geschafft haben. Der Betonbunker im Rotlichtviertel von Panama City könnte auch in Bagdad oder Kabul stehen. Und mein Zimmer? Der Boden besteht aus braunen Kacheln. Viele haben Risse, manche sind halb herausgebrochen. Die Wände sind unverputzt, die dünne Matratze in meinem Stahlbett ist noch in Folie eingeschweißt. Im Bad ragen Kabel und fettverschmierte Lichtschalter aus der Wand, im Waschbecken hat mein Vorgänger vermutlich einen schwarzen Hund geduscht.

An der Klimaanlage ließen schon andere ihren Frust ab, die Lamellen sind von beherzten Faustschlägen und Stuhlhieben eingedrückt. Das Gerät dröhnt wesentlich lauter als das Flugzeug, mit dem ich hierhergeflogen bin.

Mit Stöpseln in den Ohren, Kissen auf dem Gesicht und drei Bier im Kopf reist mein Körper irgendwann ins Land der Träume. Wenig später stehe ich senkrecht im Bett. Schlafe ich in einer Disco? Ich ziehe die dreckigen Vorhänge zur Seite und sehe den Rücklichtern des «Rumba Bus Panama» nach, ein alter amerikanischer Schulbus, der zu einem rollenden Tanzschuppen für einhundert Leute umgebaut wurde. Er donnert alle halbe Stunde am Hotel vorbei. Oh, wie schön wäre es manchmal, mit einem Raketenwerfer zu reisen. Hatte ich eigentlich erwähnt, dass mein Gepäck in Caracas hängengeblieben ist?

Am nächsten Morgen telefoniere ich mit der Fluggesellschaft. Die gute Nachricht: Copa Airlines hat angeblich alle Gepäckstücke gefunden und will sie noch heute vorbeibringen. Die schlechte: An der Rezeption sagen sie, das klappt niemals. *Vamos a ver* – wir werden sehen.

Also in alten Unterhosen in die Altstadt. Casco Viejo – mein Gott, hier ist Panama wirklich zum Niederknien schön. Ich wünschte, auch meine Heimatstadt Osnabrück wäre von den Spaniern kolonialisiert worden. Sicher, meine Vorfahren hätten nichts zu lachen gehabt, aber vielleicht gäbe es in der niedersächsischen Provinz heute auch diese Prachtbauten mit stuckverzierten Fassaden, kleinen Bögen, Türmchen und Balustraden. Kolonialarchitektur. Die Altstadt von Panama City erstreckt sich auf einer kleinen Landzunge in den Pazifik. Der mächtige Präsidentenpalast in den Farben Ocker und Weiß, die Plaza de Francia direkt am Meer, die strahlenden Türme der Iglesia Catedral am Plaza de la Independencia. Ein Drittel von Casco Viejo ist frisch renoviert, das zweite Drittel wird gerade renoviert, und die restlichen Gebäude verfallen in Schönheit. Efeu rankt über ihre Dächer, hebt die alten Pfannen an, frisst sich über die verrosteten Geländer der kleinen Balkone direkt in das Mauerwerk, dessen Farbe langsam verbleicht und in Würde verrottet. So ähnlich muss es in Havanna aussehen.

Und über allem brennt die Sonne. Was will ich mehr? Richtig, es fehlt noch eine schöne Frau. Sie empfängt mich auf High Heels, ihre schwarze Businesshose ist betont eng, das Dekolleté ihres knallroten Tops betont offen. Carolin – eine Panamaerin mit Wurzeln in Deutschland und der Schweiz. Was für eine Mischung! Ihren kastanienbraunen Augen wären auch Bär und Tiger verfallen. Carolin sagt, sie sei Model. Ich treffe sie in ihrem Reisebüro.

Wie ich sie gefunden habe? Das war nicht schwer. Im

Internet wirbt sie ganz offensiv damit, sie könne einem Panama-Reisenden jeden Wunsch erfüllen. Carolin bietet «exklusive Traumreisen» zu den schönsten Plätzen des Landes an, ist Übersetzerin und Sprecherin der Regierung, außerdem Sprecherin der Handelskammer und Sprecherin vieler anderer Wirtschaftsverbände des Landes. Ach ja: Angeblich hat sie auch noch eine Versicherungsgesellschaft gegründet.

«Du musst ziemlich viele Visitenkarten haben.»

«Ja, es sind eine ganze Menge.»

Carolin bittet mich, vor ihr Platz zu nehmen.

«Wenn du wirklich wissen willst, wie schön Panama ist, muss ich dich eigentlich nach San Blas schicken!»

«Nach San Blas?»

Sie erklärt mir, dass es sich um ein Archipel an der Südostküste des Landes handele. Eine Kette aus 365 Inseln, auf denen die Kuna-Indianer wohnen. Manche sagen, dieses Paradies sei vielleicht der schönste Ort auf Erden, aber leider habe ich dafür keine Zeit. In zwei Tagen geht mein nächster Flug, und ich bin gezwungen, die Schönheit Panamas in Panama City zu finden.

«Venga! Dann lass uns keine Zeit verlieren.»

Ich folge Carolin nach draußen und steige in ihren blütenweißen BMW X5. Bis vor kurzem habe sie ja noch einen Porsche Cayenne gefahren, erzählt sie. Ein Geschenk ihres Vaters, damit sie immer sicher zur Uni komme.

«Was macht dein Vater denn beruflich?»

«Er ist Millionär.»

Ein schöner Beruf, den in Panama offenbar viele Menschen ausüben. Sehr viele. Wir fahren die Küstenstraße entlang, und ich frage mich, ob dies hier eigentlich noch Lateinamerika ist oder schon Miami. Außerhalb der Altstadt scheint Panama City nur aus Wolkenkratzern zu bestehen. Dicht an dicht. Es sind Hunderte. Wie eine Wand verdecken sie die gesamte Skyline der Stadt. Wo noch kein Büroturm steht, wird gerade einer gebaut. Acht der zehn höchsten Gebäude Lateinamerikas stehen in Panama City. Ganz sicher sind es bald zehn von zehn. Die vielen Baustellen links und rechts des Highways hätten Bär und Tiger vermutlich verschreckt. Panama riecht nicht nach Bananen, sondern nach frischem Beton.

«Wir haben das größte Wirtschaftswachstum aller Staaten in dieser Region», sagt Carolin und hält am Fuße des H2O-Towers, eines Wolkenkratzers in vorderster Reihe mit Blick auf den Pazifik. Ganz oben bewohnt sie ein geräumiges Penthouse. Wir fahren mit dem gläsernen Lift auf das Dach und blicken vom Pool aus über das glitzernde Meer. Woher all das schöne Geld nach Panama fließt? Den Grund kann ich am Horizont erkennen. Hunderte Schiffe ankern vor der Küste und warten darauf, den Panamakanal passieren zu dürfen. Jeder Pott zahlt dafür eine hübsche fünfstellige Gebühr, und das bringt jedes Jahr 1,5 Milliarden Dollar in die Staatskasse. Und weil Panama sonst über keine nennenswerten Industrien verfügt, macht es einen auf Steueroase und lockt reiche Leute ins Land. Mehrwertsteuer? Fünf Prozent. Kfz-Steuer? Fast nicht existent. Und überhaupt keine Steuern zahlen Unternehmen, die ihr Geld offshore, also im Ausland, verdienen. Nebenbei: Auch die Schiffssteuer ist in Panama lächerlich gering. Deswegen fährt fast jeder fünfte Kahn auf dieser Erde unter panamaischer Flagge. So gesehen besitzt Panama die größte Handelsflotte der Welt.

Wirtschaftsleute sagen, Panama sei die neue Schweiz, und abgesehen von den Bergen, dem Käse und der Schokolade haben sie recht. Es gibt in Panama City über einhundert internationale Banken und natürlich jede Menge «Investoren». Was immer das heißt. Denn auch das ist schön in Panama: Hier fragt man nicht immer so genau, woher all die schöne Kohle eigentlich kommt. Drogengeld? Böse Gerüchte. Panama grenzt zwar im Süden an Kolumbien, aber das eine hat mit dem anderen sicher gar nichts zu tun.

Ich frage Carolin, ob sie diese apokalyptische Wüste aus Wolkenkratzern schön finde, und sie rollt mit den Augen.

«‹Oh, wie schön ist Panama›. Ich weiß nicht, wie oft ich das schon gehört habe. Immer wenn ein Deutscher hierherkommt, spricht er mich auf dieses Buch an. Sorry, wir Panameños können das einfach nicht mehr hören. Aber lass uns einen Profi fragen!»

«Einen Profi?»

«Ja, mein Cousin ist der Bauminister von Panama.»

Carolin macht keine Scherze. Aber sie macht sich Sorgen um mein Outfit, etwas abschätzig blickt sie auf meine Füße.

«Du hast ja Flipflops an!»

«Jap.»

«Das könnte ein Problem werden.»

Glücklicherweise wird es kein Problem. In meinen allerschönsten Zehengreifern erhalte ich eine Audienz bei Jaime José Ford Castro. Es hat wirklich etwas Hochherrschaftliches. Castro empfängt mich an seinem schweren schwarzen Schreibtisch. Hinter ihm hängt ein goldgerahmtes Gemälde. Der Minister ist nicht viel älter als ich, sehr groß und wohlgenährt. Er hat sein langes schwarzes Haar nach hinten gegelt und erinnert ein wenig an Hamburger Hockeyjungs in Polohemden mit hochgeschlagenem Kragen. Oder an die Schickeriaboys aus dem Münchner P1.

Castro ist übrigens nicht Minister, sondern lediglich der Vizeminister für Bau und Stadtentwicklung. Das entspricht vermutlich einem deutschen Staatssekretär.

«Señor Castro, finden Sie das dadraußen eigentlich schön?»

«Was meinen Sie genau?»

«Die Wolkenkratzer. Schön ist doch was anderes, oder?»

Der Vizeminister ist irritiert. Für die chaotische Stadtplanung sei die alte Regierung verantwortlich. Aber jetzt werde alles besser.

«Und wie schön ist Panama?»

Castro beginnt, aus seinen Händen große Gesten zu formen. Nun spricht der Staatsmann.

«Panama ist einer der schönsten Orte der Welt, um nicht zu sagen, der allerschönste. Wir haben eine breite Mittelklasse, das macht Panama zu einem sehr, sehr stabilen Land, und Sie können sich ganz sicher sein: Die Regierung arbeitet hart daran, dass der Wohlstand des Landes auch beim Volk ankommt. Damit wir auch in Zukunft ein stabiles und demokratisches Land bleiben.»

Schön gesagt. Eine Frage hätte ich aber doch noch.

«Sie sagen, das Geld kommt bei den Leuten an?»

«Richtig, das Geld kommt bei den Leuten an.»

«Ich habe gelesen, dass ein sehr hoher Prozentsatz der Bevölkerung Panamas unter der Armutsgrenze lebt.»

Der große Staatsmann hält inne – und hinter mir spielt Carolin auffällig laut mit ihrem Handy.

«Wissen Sie, diese Frage ist schwer zu beantworten. Aber seien Sie sich sicher, die Regierung arbeitet sehr hart daran, den Armen ein besseres Leben zu ermöglichen. Wie in jedem Land der Erde gibt es auch bei uns schöne Orte und Orte, die besser sein könnten.»

Ja, manche Orte Panamas könnten besser sein. Manche könnten sogar sehr viel besser sein. Und manche machen dich sprachlos. El Chorrillo ist einer davon. Das Viertel grenzt direkt an Casco Viejo, die bezaubernd schöne Altstadt. Und obwohl auch die Menschen in El Chorrillo direkt am glitzernden Pazifik leben und für sie dieselbe Sonne scheint und der Himmel genauso wolkenlos ist wie über dem Rest von Panama City, hätten sich Tiger und Bär hier niemals wohl gefühlt. Sie hätten hier auch keine zehn Minuten überlebt. In diesem Teil Panamas ist nichts schön.

Auch in El Chorrillo stehen Hochhäuser, aber sie haben keine Fenster, sondern Gitter. Es gibt darin auch keine Swimmingpools und keine gläsernen Fahrstühle. Nackter Beton. Die Wände der Häuser sind überzogen mit Dreck und Parolen, manche haben Einschusslöcher. Der Boden

zwischen den Gebäuden ist übersät mit Plastikflaschen, Spritzen und Scherben.

«Sieh immer nach oben!», ruft Capitan Luis Garcia. «Du musst höllisch aufpassen. Manchmal schmeißen sie aus dem 12., 13. Stock mit Flaschen oder vollen Windeln.» Ich blicke nach oben und entdecke niemanden. Aber ich kann sie hören. Sie johlen und brüllen zu uns herunter. «Die wollen dir Angst machen, weil du ein weißer Junge bist!»

Capitan Garcia ist der Polizeichef dieses Viertels und, natürlich, ein guter Freund von Carolin. Nach dem Interview mit dem Minister hatte ich sie gebeten, mir die hässlichen Seiten Panamas zu zeigen. Carolin hatte damit kein Problem. Jetzt laufen wir gemeinsam durch eine der gefährlichsten Gegenden Lateinamerikas. Neben uns der Capitan, ein gutaussehender, austrainierter Kerl in Tarnanzug und schusssicherer Weste. Hinter uns drei weitere schwerbewaffnete Polizisten. Ich bin immer noch in Flipflops unterwegs, Carolin auf High Heels. «Wie abgefuckt das hier aussieht!», ruft sie und schießt Fotos mit ihrer Digitalkamera. «Vielleicht sollte ich professionelle Führungen durch dieses Viertel anbieten. Panama-Bagdad-Tours.»

Schon mal von Cara de Piña, dem Ananasgesicht, gehört? So nannten die Panamaer ihren pockennarbigen Militärdiktator Manuel Noriega, der das Land in den Achtzigern ausbeutete. Ein korrupter Drogenbaron, unterstützt vom CIA. Doch als die Ananas begann, ihr Koks ganz ungeniert in jede Ecke der USA zu exportieren, trieb sie es zu weit. In einer Nacht des Jahres 1989, kurz vor Weihnachten, tauchten amerikanische Apache-Hubschrauber über Panama City auf, und Kriegsschiffe landeten in der Bucht. Eine Blitzinvasion in zwölf Stunden. Die Amerikaner vermuteten Noriega in El Chorrillo und machten das Viertel dem

Erdboden gleich – viertausend Häuser gingen damals in Flammen auf. Manche sagen, Noriega sei das ganz recht gewesen. Er habe sogar auf Zivilisten schießen lassen, weil er Fernsehbilder von toten Frauen und Kindern gut gebrauchen konnte.

In El Chorrillo hat niemand diese Dezembernacht vergessen. Und keine Regierung bekam das Viertel bis heute in den Griff.

Capitan Garcia erhält einen Funkspruch. «Wollt ihr mal einen bösen Jungen sehen? Dann kommt mit. Ich zeige euch einen richtig bösen Jungen.»

Keine Ahnung, was jetzt passiert. Carolin stöckelt und ich flipfloppe dem Polizeichef hinterher. Wir folgen ihm in einen dunklen Hauseingang. Dort haben die Kollegen des Capitans mehrere Männer aus El Chorrillo in Handschellen an die Wand gestellt. Tätowierte Jungs in T-Shirts. Sie wirken nicht besonders überrascht.

«Was passiert hier?»

«Gegen diese Kerle läuft ein Strafverfahren. Vermutlich haben sie geraubt oder gemordet. Die kommen jetzt mit aufs Revier, wir machen Fotos und nehmen ihre Daten auf.»

Garcia kassiert gleich die halbe Nachbarschaft ein. Sicher ist sicher. Die Polizisten laden vor laufender Kamera ein halbes Dutzend der angeblich bösen Jungs in einen weißen Transporter. Auch einen Gangster im Rollstuhl. Niemand wehrt sich. Ist das hier echt? Oder will die Polizei dem deutschen Fernsehen nur zeigen, wie hart sie durchgreifen kann?

«Sie nehmen alle fest?»

«Ja, das sind üble Typen. Die wollen jede Nacht um sich schießen.»

Wir folgen dem weißen Transporter an den Eingang des Polizeireviers und verabschieden uns von Capitan Garcia. Ob er ein guter oder ein böser Junge ist, mag ich nicht beurteilen. Carolin verschwindet mit ihm auf der Wache. Nach ein paar Minuten kehrt sie zurück.

«Wow, dadrinnen sieht es aus wie in Guantánamo! Die Bullen sind echt hart drauf.»

Wie schön ist Panama? Die Panameños nennen ihr Land «Brücke der Welt» und «Herz des Universums». Panama hat Glück gehabt, geographisches Glück. Zwischen Colón an der Atlantikküste und Panama City am Pazifik liegen nur achtzig Kilometer Land. Der ideale Ort für eine Schneise, für den Kanal. Die Lebensader Panamas spült einen Haufen Geld ins Land, doch er kommt offenbar nur bei wenigen an. Nicht in El Chorrillo. Und auch nicht bei denen, die den Reichtum des Landes mit ihren eigenen Händen aufgebaut haben.

Ich besuche das Catherine Brown Home, ein kleines türkisfarbenes Haus mit roten Dachpfannen und gelben Fensterläden. Darin scheint die Zeit stillzustehen. Drinnen ist es heiß, sehr heiß. Nur ein Deckenventilator schiebt etwas Luft durch den Raum. Jede Bewegung kostet Kraft. Und die Heimbewohner haben sich genug bewegt in ihrem Leben. Es sind ehemalige Kanalarbeiter, Männer und Frauen, viele von ihnen weit über neunzig Jahre alt. Mit ihren knochigen Händen klammern sie sich an die Lehnen ihrer Schaukelstühle und warten. Sie warten auf den Tod. Die meisten von ihnen können die Schönheit Panamas nicht mehr mit eigenen Augen sehen.

Willie hat nie eine Sonnenbrille besessen, und irgendwann gaben seine Pupillen dem gleißenden Licht nach. Heute sind seine Augen weiß. Old George trank und jagte sich irgendwann eine Kugel in den Kopf. Er überlebte, aber jetzt ist er blind, und manchmal treiben ihn sonderbare Wutausbrüche. George Lawrence Campbell junior, Ex-Kanalarbeiter und Ex-Junkie, weiß nicht, warum er nichts mehr sehen kann. Er ging durch die Straßen Panama Citys, als der Herrgott das Licht ausknipste. George schrie, warf sich auf den Boden, jemand rief die Polizei, und man brachte ihn ins Krankenhaus. Zu spät.

«George, wie schön ist Panama?»

«Es ist wunderschön. Ich liebe den Kanal. Ich wurde am Kanal geboren, ich bin am Kanal zur Schule gegangen, ich habe am Kanal meinen Abschluss gemacht. Mein Leben lang sah ich die Schiffe kommen und gehen. Ich sah, wie sie in die Schleuse fuhren und wie das Wasser sie hoch- und runterdrückte. Hoch und runter. Es ist phantastisch. Jedes Schiff zahlt eine Gebühr für sein Gewicht, etwa 1,80 Dollar pro Tonne. Und so ein Pott wiegt verdammt viele Tonnen.»

George seufzt. Die meisten im Catherine Brown Home erhalten keine Pension, das Heim selbst finanziert sich mit britischen Spendengeldern. Auch George geht leer aus, aber das hat andere Gründe. «I've made a bad decision», sagt er. Und für diese falsche Entscheidung sei er acht Jahre in den Knast gewandert. Kanalarbeiter verdienen nicht besonders gut, und irgendwann lernte Georgie ein paar kolumbianische Dealer kennen. Er witterte schnelles Geld, aber die Polizei erwischte ihn. Mit 16 Kilo Kokain.

«Weißt du, Panama ist schön. Aber eben nicht für jeden. Für die einen ist es das Paradies, für die anderen nicht. So ist das nun mal.»

An diesem Abend beschert mir Panama etwas Schönes. Die Fluggesellschaft hat mein Gepäck ins Hotel gebracht, ich kann endlich frische Unterwäsche und ein gebügeltes Hemd anziehen und treffe Carolin ein letztes Mal. Ich möchte mich für ihre Hilfe bedanken und lade sie ins Habibi's ein – ein libanesisches Restaurant im Herzen der Stadt. Doch etwas ist anders. Carolin wirkt abwesend. Pausenlos tippt sie Nachrichten in ihr Blackberry.

«Ist alles okay?»

«Weißt du, Dennis? Ich habe dich happy gemacht. Willst du mich auch happy machen?»

«Was genau meinst du?»

«Es ist leicht. Du erwähnst einfach mein Reisebüro in deinen Filmen, auf deiner Internetseite und in deinem Buch. Das macht mich happy. Und du willst doch nicht, dass ich unzufrieden werde?»

Carolin widmet sich wieder ihrem Telefon.

«Sag mal, was findest du eigentlich schön?»

«Money. Und manchmal ein bisschen Sex. Noch einen Drink?»

KAPITEL 20

# «LEBT CHE GUEVARA NOCH?»

## DAS SCHWULE HÄHNCHEN

**Es** kommt mir vor, als liefe ich durch ein Gemälde. Die hohen Grashalme unter mir sind wie goldene Pinselstriche. Der Abendwind wiegt sie hin und her und schmiegt sie sanft an die Ufer des Lago Titicaca, ein See wie ein Meer. Und während die letzten Sonnenstrahlen das Wasser in ein dunkles Türkis tauchen, ziehen weiße Wolken über die Anden, deren schneebedeckte Gipfel im schwindenden Licht in allen Farben schimmern. Als hätte sie der liebe Gott auf eine Leinwand gemalt. Ach, wäre mir nur nicht so kotzübel.

Seit vierundzwanzig Stunden geht es mir schlecht, seit ich gestern Abend in Bolivien gelandet bin. Das liegt nicht an diesem Land, es ist die Höhe. 4000 Meter über dem Meeresspiegel, meine erste Nacht war eine Tortur. Ich konnte kaum schlafen und habe geträumt, ich würde ersticken. Vor meinem Hotelfenster wächst eine Wand aus braunen Ziegelhäusern in den Himmel. La Paz – eine Millionenstadt in einem Talkessel, darüber thronen die vier Gipfel des Illimani, jeder höher als 6000 Meter. Die Stadt ist atemberaubend – mir geht die Luft aus. Ich fühle mich wie achtzig.

Dabei habe ich brav alle Tipps beherzigt, die mir der Rezeptionist beim Einchecken gegeben hatte. Kein schweres Essen, nur eine Hühnersuppe, keine weiten Wege mehr, ein Koka-Tee vor dem Einschlafen, und das war's. Gute Nacht. Genützt hat es wenig, doch es gibt Hoffnung. Man sagt, dass sich der Körper innerhalb von drei Tagen an die

Höhenluft gewöhnt. Für besonders schwere Fälle hält das Hotel Sauerstoffflaschen bereit.

Ob es Che Guevara auch so mies ging, als er mit Halbglatze, Brille und gefälschtem Ausweis hier in La Paz aus dem Flieger stieg? Nur mit ein paar Dutzend Rebellen zog er vor 45 Jahren durch die Wälder des Hochlands und spielte erfolglos Revolution. Die Bauern wollten sich dem Fremdling nicht anschließen, selbst die Kommunistische Partei ließ ihn im Stich, und das Militär stellte ihn schließlich in einem Tal des Rio Grande, als seine zweifelhafte Guerillatruppe nur noch aus vierzehn Männern bestand. Der Rest ist Geschichte.

Und trotzdem haben sie El Che hier in Bolivien ein Denkmal gesetzt. Oben auf dem Altiplano, dem Hochplateau über La Paz. Die Statue ist aus alten Autoteilen zusammengeschweißt und rostet auf einer Verkehrsinsel vor sich hin. In der linken Hand hält der Comandante eine Friedenstaube aus Radmuttern, in der rechten die Kalaschnikow, und mit seinen blechernen Armeestiefeln zerquetscht er den Adler der US-Amerikaner. Es riecht nach Diesel und Urin, ein paar Betrunkene schlafen im Schatten des Schrott-Revoluzzers ihren Rausch aus. «Vive el Che!» hat jemand in roter Farbe auf den Sockel der Statue gepinselt: «Es lebe der Che!»

«Weil er immer für die Armen und Schwachen gekämpft hat!», ruft mir ein Mann mit braunem Schlapphut zu, der an der Ecke ausgestopfte Eselsköpfe verkauft. Er hält sich einen Schädel vor den Bauch, öffnet und schließt den Kiefer des Tieres mehrmals mit beiden Händen und grüßt mich freundlich. Daneben bietet eine alte Frau getrocknete Lamaföten an. Die bedauernswerten ungeborenen Geschöpfe werden von manchen Bolivianern angeblich unter der Türschwelle vergraben. Das soll Fruchtbarkeit ins Schlafzimmer bringen.

Es gibt nichts, was du hier oben nicht kaufen kannst. Zweimal die Woche bringt die Feria 16 de Julio den Verkehr in der Bauernstadt El Alto zum Erliegen, ein überwältigend großer Markt vor der Kulisse des Illimani. Mitten auf der Straße verkaufen sie Autoreifen, Mikrowellen, Möbel, Ziegelsteine, Bücher, Hühner, Orangen, Babykleidung und – natürlich – Che-Guevara-Shirts. Es ist der Markt der Indios, der Aymara. Ihre Frauen tragen buntbestickte Faltenröcke, farbenprächtige Tücher und lange schwarze Zöpfe. Auf dem Haupt balancieren sie sonderbare kleine Filzhüte mit schmaler Krempe. Sie gleichen der englischen Melone bis ins Detail, und manche behaupten sogar, britische Eisenbahnbauer hätten die bizarren Kopfbedeckungen als Sonnenhüte ins Land gebracht. Doch als den Ingenieuren auf-

fiel, dass die Melonen für diesen Zweck viel zu klein waren, hätten sie die ganze Schiffsladung Filzkappen an die Einheimischen verteilt. Eine hübsche Legende, El Che wäre vermutlich stolz auf diese Eisenbahner gewesen.

Ganz sicher aber wäre er stolz auf die Aymara, denn sie haben hier in Bolivien tatsächlich eine Revolution geschafft. Zum ersten Mal ist einer von ihnen Präsident geworden: Evo Morales, ein Cocalero, der ehemalige Gewerkschaftsführer der Koka-Bauern. Neunzig Prozent der Leute in El Alto haben ihn gewählt. «Evo Si!», «Evo Presidente» und «Evolución!» steht auf den Mauern ihrer unverputzten Ziegelhäuser. Auf dem Altiplano entdeckst du das Bild von Morales genauso häufig wie das von Che Guevara, und manche sagen, El Presidente werde nun jene Revolution vollenden, die El Comandante einst begann.

Der Che startete seine Karriere als Medizinstudent – und seit Evo Morales gibt es auf dem Altiplano ein neues Krankenhaus. Ein kubanisches Krankenhaus. «Trabajadores Sociales» steht auf den frisch gestrichenen gelben Außenwänden der Klinik. Darunter prangt ein überdimensionales stilisiertes Bild des Che, eingerahmt von zwei Flaggen: der bolivianischen und der kubanischen. Wer weiß, vielleicht finde ich hier ein Mittel gegen meine Höhenkrankheit.

«Der Che lebt!», so empfängt das Hospital seine Gäste an der Rezeption. Es gibt hier keine einzige Wand, an der nicht das Bild des Revolutionärs hängt. Che mit langen Haaren, Che mit modischem Kurzhaarschnitt, Che lächelnd, Che ernst, Che mahnend, Che rauchend. An jeder zweiten Wand hängt übrigens Fidel Castro, an jeder dritten ein Starschnitt von Hugo Chávez. Hat hier jemand die sozialistische «Bravo» abonniert?

«Bienvenido Compañero!» – die kubanischen Ärzte begrüßen mich standesgemäß. Evo Morales hat die Doktoren ins Land geholt, damit sie sozialistische Entwicklungshilfe leisten. Schließlich hat der Che einst erklärt, Solidarität sei die Zärtlichkeit der Völker.

Ich bekomme eine Tour durch das Hospital. Gleich drei Compañeros «begleiten» mich, und die Genossen Ärzte wissen, was zu tun ist, wenn das Fernsehen vor der Tür steht: Sie zeigen mir eine glückliche bolivianische Mutter und ihr kerngesundes Baby, ich darf den modernen Röntgenraum sehen und gerne jeden einzelnen Patienten filmen. Dabei sind viele Aymara abergläubisch und fürchten, das Objektiv könne ihre Seele stehlen. Mir ist es äußerst unangenehm, wenn jemand panisch aus dem Bild läuft, die Genossen scheren sich darum wenig. Sie schubsen die Leute einfach zurück ins Bild.

Ich darf den Klinikchef interviewen. Er sitzt – wie könnte es anders sein? – eingerahmt zwischen großen Che-Guevara-Plakaten und deutlich kleineren Bildern von Castro, Morales und Hugo Chávez. Hinter ihm hängen mindestens zehn goldgerahmte Urkunden und Zertifikate, die dem Oberdoktor allerhöchste Kompetenz bescheinigen. Auf jedem der Dokumente ist das Bild des Che. Der Genosse Oberarzt sagt, er sei ein Mitglied der «kubanischen Brigade», die Evo Morales nach seinem «großen Triumph» ins Land geholt habe.

«Ist Evo der neue Che?»

«Nein, das ist er nicht. Es wird nie jemanden geben, der den Che ersetzen kann. Warum vergleicht man jeden Revolutionär automatisch mit Che Guevara? Weil der Comandante das weltweite Symbol für die Revolution ist. Waren Sie schon mal auf Kuba?»

«Nein, leider noch nicht.»

«In meinem Land gibt es ein Lied, das jedes Kind in der Schule lernt: ‹Wenn du ein Pionier des Sozialismus sein willst, musst du dem Che folgen.› Und egal, wo ein Kubaner ist, er wird immer das Symbol des Che mit sich tragen.»

Der Doktor wirkt angespannt, er hat seine beiden Hände flach auf die Tischfläche geklebt. Vielleicht liegt es daran, dass zwei Genossen im Nebenraum jedes Wort mithören.

«Glauben Sie, dass der Sozialismus siegen wird?»

«Seguro! Ganz sicher. Die Völker dieser Erde verstehen Tag für Tag besser, dass der Sozialismus die beste Staatsform ist. Wer sich um Gesundheit, Erziehung und die sozialen Probleme seines Volkes kümmert, lebt das gerechteste System auf Erden.»

«Und wer kümmert sich um meine Höhenkrankheit?»

«Kauen Sie Koka-Blätter.»

Movimiento Al Socialismo. Ich stehe an einer Straßenecke in La Paz, blicke auf ein Wahlplakat von Evo Morales und kaue Koka-Blätter. Na ja, ich zersetze sie eher in meinen Backentaschen. Man hat mir das so erklärt: Du nimmst zwei, drei Blatt, kaust ein wenig auf ihnen herum und versenkst das Grünzeug mit der Zunge irgendwo zwischen deinen Zähnen und deiner Wange. Das hilft angeblich gegen fast alles: Hunger, Müdigkeit, Kälte und – natürlich – gegen die Symptome der Höhenkrankheit.

Die Bolivianos mischen noch Kalk dazu, das soll verhindern, dass die Blätter abhängig machen. Denn im Koka steckt Kokain, und wir können ja täglich im Fernsehen und in der Werbung beobachten, welche schrecklichen Folgen der Konsum dieser Droge haben kann. Ich nehme keine Drogen, mal abgesehen von Koffein und Malaria-Prophylaxetabletten. Dennoch habe ich keine Lust, den faden Blättern aus Political Correctness noch Kalk beizumengen. Da könnte ich auch gleich in die nächste Hauswand beißen.

Evo Morales hält das mit dem Kokain eh für dummes Zeug. «Dies ist keine Droge, dies ist ein Blatt!», hat er während einer Rede vor der UN-Suchtkommission gerufen und sich dabei eine Portion Koka in die Backen gestopft. Er sei sicher niemals Präsident des großartigen Landes Bolivien geworden, wenn das Kauen von Koka-Blättern irgendwelche negativen Folgen hätte. «Koka ja! Kokain nein!» ist Evos Motto, und so hat der Präsident den Anbau in seinem Land weitgehend legalisiert. Zur «traditionellen Verwendung», wie er beteuert – Koka-Tee, Koka-Zahnpasta, Koka-Shampoo und Koka-Zeremonien. Manche sagen, es gebe in El Alto schon hundert geheime Kokainfabriken.

Ich spucke die Blätter wieder aus und schaue ein weiteres Mal auf das Evo-Plakat. Es zeigt den Revolutionär mit gereckter linker Faust vor dem Titicacasee. Morales trägt Mittelscheitel, eine etwas zu weite schwarze Jacke, darunter ein weißes Hemd. Sein Blick ist zielstrebig, aber sanft. Natürlich hat dieser Mann Charisma, aber an Che Guevara reicht es nicht heran. Evos Eifer allerdings hätte dem Che imponiert.

Gleich zu Beginn seiner Amtszeit hat er Ölfirmen verstaatlicht und Koka-Bauern lukrative Jobs in den Regierungspalästen verschafft. Heute lässt er Bargeld an Kinder und Schwangere verteilen – und «Gutscheine der Würde» an ältere Menschen. Böse Zungen nennen so was populistisch.

Ich möchte mit Evo sprechen, doch dummerweise weilt er gerade auf einem selbst einberufenen «alternativen Klimagipfel» im Cochabamba-Tal, wo er unlängst für weltweites Aufsehen sorgte. Manche glaubten, Evo wolle die

Stimmung etwas auflockern, als er verkündete, der Verzehr von Hähnchenfleisch mache schwul. Doch El Presidente meinte es ernst. Die vielen weiblichen Hormone im Geflügel seien der Grund dafür, dass immer mehr Männer einen Mann lieben – schöne Grüße an Wilma Brunkhorst. Außerdem bekomme man von Pommes frites eine Glatze.

Es gibt einen Mann, der diese verbalen Amokläufe immer wieder ausbügeln muss: Iván Iporre Salguero, Evos Generalsekretär. Salguero ähnelt Franz Müntefering, dürfte aber mindestens zwanzig Jahre jünger sein. Außerdem trägt er keine Brille und hätte die Rente mit 67 aus vollem Herzen abgelehnt. Salguero begrüßt mich mit einem Koka-Tee.

«Danke für die Einladung.»

«Fühlen Sie sich ganz zu Hause, Genosse.»

Links an der Wand hängt ein Bild von Evo Morales, von rechts oben blicken die entschlossenen Augen des Che auf uns herab. Salguero hält etwas hinter seinem Rücken.

«Haben Sie mir etwas mitgebracht?»

«Ja, und hier ist es. Ein T-Shirt mit dem Comandante Che Guevara und der Flagge von Kuba.»

«Gracias!»

«Nichts zu danken, Compañero.»

Na schau mal einer an: Der weiße Revolutionsdress hat sogar meine Größe.

«Warum ist Che denn bei Ihnen immer noch ein Popstar?»

«Popstar, Popstar, ich würde nicht Popstar sagen. Wir tragen den Che im Herzen. Es un sentimiento, ein Gefühl. Ein tiefes Gefühl der Verpflichtung – so wie wenn der Genosse Evo sagt: ‹Patria o muerte!› Heimat oder Tod. Es gibt ein Wort in der Aymara-Sprache, das heißt: Camassa.»

«Besessenheit?»

«Präsenz! Kraft in der Präsenz. Auch wenn der Che nicht da ist, auch wenn der Genosse Evo nicht da ist – du spürst ihre Energie trotzdem.»

«Und ist Evo der neue Che Guevara?»

«Che war Che zu seiner Zeit. Evo ist Evo heute. Aber wenn du eine Parallele ziehen willst: Der Che konnte stundenlang reden. Und Evo auch.»

«Stimmt. Zum Beispiel über Hähnchenfleisch und Pommes.»

«Ja, aber auch über sehr tiefsinnige Sachen. Evo klammert sich nicht an Zettel, die Reden kommen aus seinem Herzen.»

«Manche nennen ihn auch populistisch.»

«Klar, wenn du es aus deiner westlichen Sicht betrachtest, sagst du: Das ist Populismus. Aber ich lade dich ein, in unsere Welt einzutreten. Die neue Welt.»

«Sie meinen: die Welt der Revolution?»

«Exactamente. Die Täuschung des Kapitalismus ist so offensichtlich, dass das Volk sagt: Nada más – so geht es nicht weiter! Also sucht es sich einen Führer, und dieser Führer ist der Genosse Evo.»

Salguero öffnet die Schublade seines Schreibtischs und holt etwas heraus. Ein Bild des Genossen: Morales im roten Poncho. Er trägt einen lilaweißen Blumenkranz um den Hals und lächelt verschmitzt um eine Hausecke.

«Dieses Foto hängt normalerweise dahinten an der Wand, damit Evo mich anschauen kann. Und dann fragt er immer: Na, wie geht's dir, alter Junge?»

Dasselbe würde ich auch den Che gerne fragen. Ich sitze auf einer Anhöhe und blicke auf La Paz. Es kommt mir vor, als säße ich in einem Gemälde. Der Wind fegt über die schneebedeckten Gipfel der Anden und schiebt Schäfchenwolken durch das Tal. Ihre Schatten spielen über dem Meer aus braunen Ziegeln und orangefarbenen Dächern, und plötzlich – sind es die Koka-Blätter, oder ist es die Höhenlage? – erblicke ich in einer Wolke den Che. Stolz sieht er über das Land. Na, wie geht's dir, alter Junge?

KAPITEL 21

# «GIBT ES NOCH NAZIS IN ARGENTINIEN?»

## EL ULTIMO

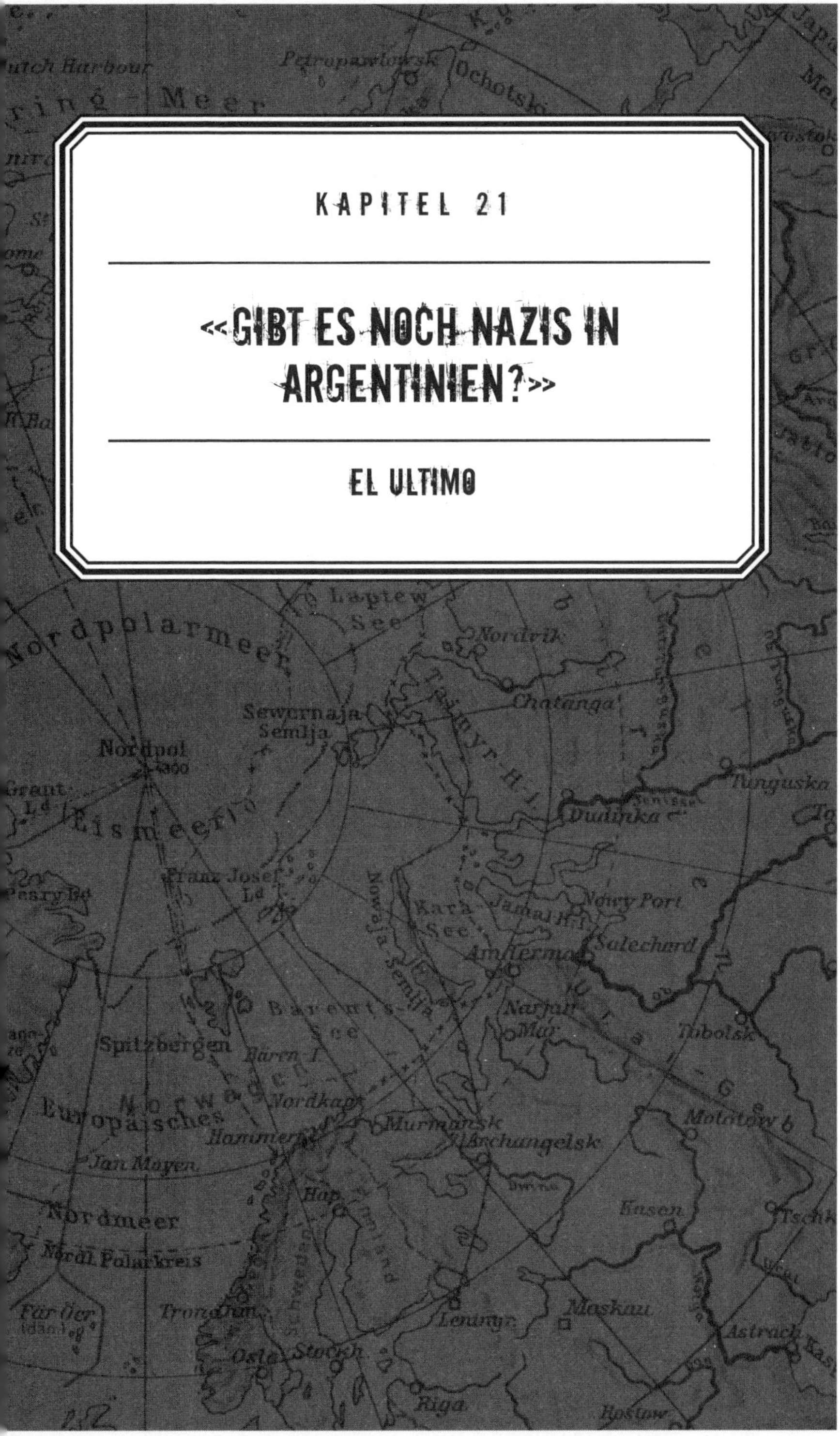

**Es** war einmal ein U-Boot, das kam von weit her und nahm Kurs auf Patagonien. Eine märchenhafte Gegend im Süden Argentiniens mit hohen, schneebedeckten Bergen, grünen Tälern und Seen, die mit glasklarem Wasser gefüllt waren. So klar, dass du die prächtigen Fische am Grunde schwimmen sehen konntest. Eines Nachts, der Nebel hatte die Küste sanft verschleiert, stoppte das Unterseeboot bei Caleta de los Loros, einem einsamen Strand in der Mitte des Nichts. Die Reisenden fühlten sich unbeobachtet, als sie die Luke öffneten und an Land gingen. Es waren sonderbare Gestalten mit dunklen Uniformen und finsterer Seele. Böse Männer, die gesündigt hatten. Sie luden schwere Holzkisten aus ihrem Gefährt und schleppten sie mühsam ans Ufer. Die Kisten waren voller Gold, das ihnen nicht gehörte. Auch eine Frau stieg aus dem U-Boot. Sie war sehr schön, trug lockiges braunes Haar und wurde deshalb Braun genannt. Es war die Geliebte des Teufels. Der Beelzebub ging als Letzter an Land: ein kleiner dünner Mann mit Seitenscheitel und winzigem Oberlippenbart.

«Adolf Hitler war hier in Argentinien?»

«Ja, ich habe eindeutige Beweise dafür. Nur ein kleiner Kreis kennt die Wahrheit, und ich gehöre dazu.»

Auch Abel Basti ist ein kleiner dünner Mann. Doch er trägt einen Mittelscheitel, und sein grauer Oberlippenbart ist wesentlich breiter als der des Dämons aus dem U-Boot. Abel Basti ist kein Nazi, im Gegenteil: Der Hobbyhistoriker mit der schiefen Nase und den etwas zu eng stehenden Augen hat die Spuren aller Braunhemden verfolgt, die in seine Heimat Patagonien geflüchtet sind. Seriöse Studien. Doch irgendwann ist er einer seltsamen Faszination erlegen.

Basti holt seine «eindeutigen» Beweise aus dem Nebenzimmer. Eine gelbe Mappe mit Kopien angeblich offizieller Dokumente. Als «topsecret» sind sie gekennzeichnet, mit «FBI» oder «Chefsache». Basti glaubt, Adolf Hitler habe seinen Selbstmord nur vorgetäuscht und sei bereits im April 1945 über Linz nach Barcelona und einen Monat später nach Argentinien geflüchtet. Er drückt mir ein Buch in die Hand: «Hitler en Argentina», Basti hat es geschrieben. Darin ist ein Schwarzweißfoto. Es zeigt einen alten Mann im Wollmantel, der in der Mittagssonne schlummert. Seine Gesichtszüge erinnern stark an den Wahnsinnigen, der Deutschland einst regiert hat. Unter der Nase trägt der Greis ein ergrautes Hitlerbärtchen, sein schütteres weißes Haar bedeckt er mit einem bestickten Taschentuch. Diese Stickereien gebe es nur in Argentinien, sagt Abel Basti. Das sei doch ein eindeutiger Beweis.

«Woher haben Sie dieses Foto?»

«Es war in einer Zeitung.»

«Und woher hat die Zeitung das Foto?»

Basti blickt mir durch die verdunkelten Gläser seiner goldgerahmten Brille ernst ins Gesicht.

«Das müsste man mal recherchieren.»

Recherchierende Historiker gehen übrigens davon aus, dass etwa dreihundert Nazis tatsächlich ihren Weg nach Argentinien gefunden haben. Darunter Hochkaräter wie Adolf Eichmann, Klaus Barbie oder Josef Mengele. Die meisten kamen über die «Rattenlinien» nach Südamerika – Fluchtrouten, die über Südtirol, Rom und manchmal direkt über den Vatikan nach Übersee führten. Die katholische Kirche besorgte die Visa, das italienische Rote Kreuz fälschte die Pässe und organisierte die Überfahrt. Ja, auch das klingt unglaublich, aber die in diesem Fall wirklich eindeutigen Beweise findet man zum Beispiel im Simon-Wiesenthal-Zentrum in Buenos Aires. Die jüdischen Nazijäger hüten dort die Einreisekarte von Josef Mengele. Der «Todesengel von Auschwitz» kam als Helmut Gregor nach Argentinien und beantragte wenig später unter seinem wahren Namen einen argentinischen Pass. Die Behörden hatten damit kein Problem, und so lebte «José Mengele» jahrelang völlig unbehelligt in der argentinischen Hauptstadt. Er praktizierte dort sogar als Arzt.

Wie das sein kann? Nun, auch das Land der Gauchos war damals eine Diktatur und ihr Präsident Perón ein glühender Verehrer der Nazis und ihrer Ideologie. Er nahm die Faschisten mit Freuden auf und hielt ganz offiziell seine schützende Hand über sie. Vielleicht hoffte er auf deutsche Professoren, Wissenschaftler und geniale Strategen. Perón bekam aber vor allem die Verbrecher.

In Argentinien zog es die Nazis hauptsächlich an drei Orte: in die Gegend um Cordoba im Herzen des Landes, an die Grenze zu Paraguay im Nordosten und in den Süden nach Patagonien. Dort vor allem in den kleinen Gebirgsort San Carlos de Bariloche, die Heimat unseres Freundes und Verschwörungstheoretikers Abel Basti.

Man muss kein Historiker sein, um herauszufinden, warum sich die Nazis ausgerechnet hier so wohl gefühlt haben. Es genügt ein Blick. Bariloche liegt an einem Gebirgssee, eingerahmt von den Anden und dunklen Tannen. Alles sieht genauso aus wie im Berchtesgadener Land oder in Tirol. Im Winter lässt es sich vortrefflich Ski fahren, der milde Sommer lädt zum Wandern ein, und das Beste: Bariloche ist ein idealer Unterschlupf, es liegt abgeschieden irgendwo am Ende der Welt. Übrigens: Der Name der Stadt kommt von dem Indianerwort Vuriloche und bedeutet «Menschen hinterm Berg».

Schon vor dem Ersten Weltkrieg gab es in Bariloche eine deutsche Schule und eine Gemeinde aus deutschen Einwanderern, die es sich so richtig hübsch gemacht hatten. Fachwerk, dekorierte Blumenkästen, hölzerne Fensterläden mit kleinen, exakt ausgefrästen Herzchen in der Mitte. Aus dem mit der Nagelschere geschnittenen Vorgartengrün hat jemand liebevoll die Gänseblümchen gerissen, «Vorsicht vor dem Hunde!» steht auf dem Schild an einem der selbstgezimmerten Holzzäune. Dahinter hechelt ein Deutscher Schäferhund. Den Stadtkern beherrscht gute, alte deutsche

Architektur. Steinfassaden mit Erkern, Bögen und Giebeldächern aus Holz. Das Rathaus hat einen mittelalterlichen Turm mit dem Wappen von Bariloche und einer Uhr, die abends leuchtet. Davor lassen sich Touristen mit einem Bernhardiner fotografieren. Der Hund trägt ein hölzernes Fässchen um den Hals.

Es gibt zwei Gruppen von Leuten, die heute nach Bariloche reisen. Die einen machen Urlaub, weil es hier so aussieht, wie man sich in Argentinien Europa vorstellt. Die anderen sind Nazitouristen, so wie ich. Sie haben den zweifelhaften, grenzhistorischen Reiseführer «Bariloche Nazi» gekauft und wandeln auf den Spuren der NS-Verbrecher durch die Stadt. Man muss nicht weit gehen, um ein kleines Stück Drittes Reich zu entdecken. Zum Beispiel den «Club Andino», einen alpinen Skiverein, mit dem SS-Leute so gerne in die Berge gefahren sind. Sein prominentestes Mitglied war Hans Rudel, ein hochdekorierter Fliegerheld, der im Zweiten Weltkrieg nach eigenen Angaben zweitausend Panzer, Brücken, Kriegsschiffe zerbombt haben will. Bis ihn ein 40-Millimeter-Geschoss vom Himmel holte, das kostete ihn das rechte Bein. Trotz Prothese konnte Rudel bei Skirennen an den Hängen des Cerro Catedral glänzen und wurde ganz nebenbei zur Ikone der rechten Bewegung in Deutschland. Auch Friedrich Lantschner war Mitglied des Skivereins. Der ehemalige Gauleiter von Tirol betrieb in Patagonien eine kleine Baufirma, deren Fahrzeuge jahrzehntelang ungestört mit dem Symbol der SS durch die Gegend gerollt sein sollen. Weitere prominente Nazis in Bariloche: der NS-Agent Reinhard Kopps und SS-Oberscharführer Josef Schwammberger. Zeitweise jobbte Josef Mengele persönlich hier als Badearzt. Die Nazis brachten Geld und gute Kontakte in die Stadt, und die deutsche

Gemeinde empfing sie mit offenen Armen. Ach ja: Falls Sie mal in Bariloche Urlaub machen sollten, dann besteigen Sie den Cerro Otto. Der Ausblick ist atemberaubend, und ganz oben steht eine Skihütte. Ihr Name: Berghof.

«Das alles ist wie ein Fluch, der über Bariloche liegt!», schimpft Juan Schulz, ein Argentinier deutscher Abstammung. Juan ist eine lustige Mischung: Mit seinem Haarkranz, dem runden Gesicht und seiner breiten Nase sieht er aus wie ein deutscher Zahnarzt; doch gestikuliert er mit dem Feuer eines Latinos. Juan bittet mich, ihn Hans zu nennen. Eigentlich könnte man ihn auch «Hans im Unglück» nennen, denn Juan Hans Schulz musste Tür an Tür mit Naziverbrechern aufwachsen.

«Wussten Sie denn, was diese Menschen getan hatten?»

«Na ja, jeder wusste: Der ist Nazi, der war SS. Aber keiner hat gefragt, was diese Leute persönlich verbrochen hatten.»

Hans sagt, Argentinien habe den Nazis ein Land ohne Vergangenheit geboten. Man habe sich gefreut, dass Leute kamen, die gebildet waren, gut Deutsch sprachen und die Gemeinde mit ihren Fertigkeiten bereicherten. Als Gegenleistung wurde über Nationalsozialismus und Holocaust kein einziges Wort verloren. Hans nennt das den «Pakt des Schweigens». Eine Verschwörung, die er schon vor Jahren brechen wollte. Er setzte sich mit der kleinen jüdischen Gemeinde Bariloches zusammen, organisierte Holocaust-Seminare und entwarf Lehrpläne für den Geschichtsunterricht an der deutschen Schule, die seine Kinder besuchten. Zum Dank warf man ihn aus dem Deutschen Kulturverein.

«So sind die Deutschen hier in Bariloche: ‹Ey, Hans, warum triffst du dich mit den Juden? Wieso sprichst du über den Holocaust? Warum hast du so ein Schuldgefühl?› Das haben sie mir gesagt, ganz persönlich.»

Seinem Freund Ricardo, einem jüdischen Arzt aus Bariloche, haben sie noch ganz andere Dinge gesagt: Wenn er nicht aufhöre, für Unfrieden zu sorgen, werde man einen Lampenschirm aus ihm machen.

«Weißt du, ich bin vielleicht der Einzige mit deutschen Wurzeln, der sich in Bariloche der Vergangenheit gestellt hat. Sonst passiert hier nichts. Nicht in der deutschen Gemeinde, nicht an der deutschen Schule, und auch der deutsche Botschafter rührt sich nicht. Die Altnazis sind tot, aber ihr Gedankengut ist geblieben: Du sprichst mit den Leuten hier über Holocaust, über Genozid, über Vernichtungskrieg im Osten, aber die wissen überhaupt nichts. Die Kinder in Bariloche schauen auf ein Bild und sagen: ‹Oh, Hitler, wie schön! Der hat ja 'nen lustigen Schnurrbart!› Die wissen gar nicht, was wirklich gelaufen ist.»

Hans sagt, ich müsse es selbst erleben, und gibt mir ein paar Telefonnummern von deutschen Familien aus Bariloche. Ich verspreche ihm, nach den Rechten zu sehen.

Am nächsten Nachmittag finde ich mich auf einem braunen Sofa wieder. Vor mir auf dem braunen Wohnzimmertisch stehen ein Teller mit braunem Kuchen und eine Tasse mit braunem Kaffee. Im ganzen Raum hängen braune Wandteller aus allen Regionen Deutschlands. Ich habe meine Schuhe an der Tür ausgezogen und bin freundlich, aber bestimmt gebeten worden, drinnen meine Kappe abzunehmen. Damit die Läuse atmen können, hieß es. Der Hund des Hauses, ein Deutscher Schäferhund, wollte uns eigentlich in die gute Stube folgen. Das hat er bitter bereut. Der Hausherr schrie ihn zusammen und gab ihm einen festen Tritt. Nun wimmert der Hund draußen vor der Tür. Ich nehme einen Schluck Kaffee und betrachte die holzvertäfelte Decke. Im ganzen Raum hängen kleine, selbstgebastelte deutsche Kampfflieger aus dem Zweiten Weltkrieg. Manche haben Hakenkreuze auf ihren Tragflächen.

«So, junger Mann, Sie kommen also von drüben?»

«Von drüben?»

«Na, aus Deutschland. Von wo kommen Sie denn?»

«Ich wohne in Hamburg.»

«Hamburg? Warten Sie, da habe ich etwas für Sie. Das werden Sie gar nicht mehr kennen.»

Herr Schiffmeister erhebt sich aus seinem Sessel und geht Richtung Schallplattensammlung. Er sagt, er wolle mir ein paar Lieder von Hans Albers vorspielen. Glücklicherweise kann Frau Schiffmeister ihn rechtzeitig stoppen. Das ältere Ehepaar scheint sich über den unerwarteten Besuch aus der Heimat sehr zu freuen. Sie waren lange nicht mehr «drüben». Herr Schiffmeister kam in den Fünfzigern mit seinen Eltern aus dem Rheinland, seine Frau ist Deutschargentinierin.

«Darf ich Sie beide fragen, was Sie vom Zweiten Weltkrieg halten?»

Herr Schiffmeister setzt seine Kaffeetasse ab. Und seine Brille. Und auch sein Lächeln.

«Junger Mann, wissen Sie überhaupt, wie der Zweite Weltkrieg begonnen hat?»

«Ähm ... ich erinnere mich daran, dass wir Polen überfallen haben.»

«So, das glauben Sie.»

«Wir haben Polen nicht überfallen?»

Herr Schiffmeister erklärt mir seine Sicht der Dinge. Der Überfall auf Polen sei eine Erfindung «des Amerikaners» und «des Juden» gewesen. Eigentlich habe Adolf Hitler nur eine Autobahn nach Danzig bauen wollen, doch dann hätte ihm «der Pole» den Krieg erklärt.

«Ach, Polen hat uns angegriffen?»

«So ist es.»

«Dann war Hitler also ein Pazifist?»

Das könne man durchaus so formulieren, sagt Herr Schiffmeister und lehnt sich wieder zurück in seinen Sessel. Jetzt legt seine Frau los. «Der Jude hat doch immer provoziert. Und er provoziert noch heute», ruft sie, und ich bin gespannt, wo das alles endet. Herr Schiffmeister sagt, ich sei durch die falsche Erziehung gegangen und würde die falschen Bücher lesen. Er drückt mir ein Papier in die Hand. Es ist der Buchkatalog eines Verlags aus Tübingen. Hier bestellen die Schiffmeisters also ihr «Wissen». Für 19,80 Euro zum Beispiel das Werk «Polen – ein Ärgernis?», etwas teurer ist «Freispruch für die Deutsche Wehrmacht» mit 29,80 Euro. Das Buch «Hitler. Revolutionär, Staatsmann oder Verbrecher?» wurde gerade runtergesetzt. Man bekommt es bereits für 9,90 Euro.

«Das ist wirklich interessant. Sie sehen die Geschichte ganz anders als ich.»

«Davon können Sie ausgehen, Herr Gastmann. Vielleicht sollten Sie Frau Merkel mal diesen Katalog mitbringen. Und ihrem schwulen Außenminister.»

Ich bedanke mich für den Tipp, und die Schiffmeisters begleiten mich nach draußen. In der Einfahrt wartet Hans. «Hat der Sie hierhergeschickt?», fragt Herr Schiffmeister. «Dann sehen Sie sich bloß vor. Ich mag den Kerl nicht.»

«Was hat Herr Schiffmeister gesagt?», fragt Hans.

«Er mag dich nicht.»

Hans scheint nicht sonderlich überrascht und fährt mit mir zurück ins Zentrum von Bariloche. Er sagt, er wolle mir noch etwas zeigen, und bremst vor einem unscheinbaren Gebäude mit vergitterten Fenstern. Dies sei das Haus von

Erich Priebke gewesen, einem Kriegsverbrecher der SS, der Bariloche Anfang der neunziger Jahre weltweit berühmt gemacht habe.

«Du meinst den Nazi aus den Höhlen?»

«Genau den.»

Priebke kam als «Otto Pape» nach Bariloche, lebte aber bald wieder unter seinem richtigen Namen und war in der deutschen Gemeinde hochangesehen. «Don Erico» betrieb eine kleine Metzgerei und wurde eines Tages sogar zum Vorsitzenden des Trägervereins der deutschen Schule gewählt. Natürlich hatte er wenig Interesse an Aufklärungsseminaren über die Verbrechen des NS-Regimes. Priebke war eher damit beschäftigt, seine eigenen Verbrechen zu vertuschen und zu verdrängen.

«Don Erico» arbeitete als SS-Verbindungsoffizier in der deutschen Botschaft in Rom, als ein Bombenanschlag die Wehrmachtstruppen erschütterte. 33 deutsche Soldaten kamen dabei ums Leben. Hitler soll einen Tobsuchtsanfall bekommen haben, und von der Wolfsschanze erging der barbarische Befehl, für jeden getöteten deutschen Soldaten auf der Stelle zehn Zivilisten hinzurichten. Die Blutorgie nahm in den Ardeatinischen Höhlen ihren Lauf, einem Steinbruch in der Nähe von Rom.

Die Menschen mussten niederknien, ihre Henker traten direkt hinter sie. Um Munition zu sparen, sollten die Schüsse präzise und aus kürzester Entfernung gesetzt werden. Blinder Gehorsam. Erich Priebke sah nicht nur zu, als seine Landsleute die Menschen in Gruppen von je fünf niederschossen. «Don Erico» soll auch mindestens zwei Menschen selbst erschossen haben. Bald wurden die Höhlen eng, und die Unschuldigen mussten sich auf die Leichen ihrer erschossenen Mütter, Väter und Söhne knien, bis auch sie starben. Priebke führte nüchtern Strichliste und stellte am Ende fest, dass sie versehentlich fünf Menschen zu viel hingerichtet hatten. Das jüngste Opfer an diesem Tag war 14, das älteste 74.

Fast ein halbes Jahrhundert lebte Erich Priebke völlig unbehelligt in Bariloche, dann holte ihn die Vergangenheit ein. Es war schon dunkel, als die Polizei an Priebkes Tür klopfte. Don Erico zog schweigend seinen Mantel über, nahm seinen Hut, stand kerzengrade und sagte nur: «Ich bin bereit.»

Und wie haben die Bürger von Bariloche auf die Verhaftung reagiert?

«Viele habe sich mit ihm solidarisch erklärt. Nicht nur die Deutschen, auch die Argentinier.»

«Solidarisch?»

«Natürlich. Schließlich war Priebke ein Ehrenmann und ein guter Nachbar.»

Bevor ich darüber nachdenken kann, passiert etwas Absurdes. Die Tür des Priebke-Hauses öffnet sich, und vor uns steht ein weißhaariger Mann mit roten Wangen, die von geplatzten Äderchen überzogen sind.

«Jörg-Dieter!», ruft Hans, und ich kann es nicht fassen. Soeben hat uns Priebke junior die Tür geöffnet. Jörg-Dieter Priebke ist seinem Vater wie aus dem Gesicht geschnitten. «Wollt ihr nicht reinkommen?», fragt er, und wir lassen uns nicht lange bitten.

Priebke junior führt uns in den Hinterhof. Ein kleiner Garten zwischen zwei einfachen Wohnhäusern. Ein größeres und ein kleineres.

«Hier haben Sie mit Ihrem Vater gewohnt?»

«Ja, erst in diesem Haus, und dann sind wir rübergezogen. Kommen Sie mal mit!»

Ich folge Priebke in einen kleinen Schuppen. «La Berlinesa» hat jemand in ein Schild an der Eingangstür geschnitzt – kleines Berlin. Drinnen frönt Jörg-Dieter Priebke seinem kleinen Glück. Er sammelt Fünf-Liter-Bierfässer aus aller Welt, macht einfache Holzarbeiten und leimt gerade an einem Plastikmodell der «Bismarck», Hitlers Lieblingsschlachtschiff. Ich erzähle ihm ganz offen, dass ich mich für die Geschichte der Nazis in Südamerika interessiere, und plötzlich hält Priebke inne. «Da fällt mir was ein! Ich hab doch mit dem Adolf Eichmann noch zusammen bei Mercedes-Benz am Band gestanden. Das war ein ganz feiner Kerl. Als ich hörte, dass die den abgeholt haben, war ich erst mal baff.»

Wir kehren zurück in den kleinen Rosengarten, und Priebke muss an seinen alten Herrn denken.

«Ja, das war wirklich 'ne blöde Sache mit meinem Vater. Das ist doch alles politisch gewesen. Die Juden wollten den unbedingt haben, dabei hat er doch nur ein-, zweimal abgedrückt.»

«Wussten die Leute denn von der Geschichte Ihres Vaters?»

«Ach, mein Vater hat nie verschwiegen, dass er bei der SS war. Der hat immer mit den Leuten so fröhlich Geschichten dadrüber erzählt.»

«Also jeder kannte die Kriegsverbrechen?»

«Hier in Bariloche wusste das jeder. Das war keine Überraschung. Die Medien haben daraus eine Sensation gemacht. Aber das war nur Schauspielerei.»

Priebke junior hat eine sonderbare Art zu reden. Eigentlich redet er nicht mit mir, sondern mit sich selbst. Er hat den linken Arm in die Seite gestützt, und sein Blick schweift unentwegt durch die Gegend.

«Haben Sie sich jemals für Ihren Vater geschämt?»

«No, ich habe mich nicht geschämt. Er hat kein Verbrechen, er hat nie ein Verbrechen ...»

«Na ja, er ist immerhin verurteilt für Kriegsverbrechen.»

«Jaja, heutzutage machst du den Mund auf, schon bist du ein Verbrecher.»

Immer sind die anderen schuld. Priebke wirkt fahrig, fast konfus. Hans sagt, so seien viele Kinder der Nazis aus Bariloche: ein Ergebnis der strengen Erziehung. Priebke junior hebt den Zeigefinger – er möchte mich über den Holocaust aufklären.

«Wissen Sie, ich finde, sechs Millionen Juden sind ein bisschen zu viel.»

«Wie viel würden Sie denn ...?»

«Na, überleg mal. Wie kannst du sechs Millionen Leichen unterbringen? Geh mal hin und verbrenne sechs Millionen Juden. Allein der Gestank! Und niemand hat was gesehen, offiziell hat niemand was gesehen. Die Juden sagen, dass es sechs Millionen sind. Aber eins wundert mich: Warum sechs Millionen rund? Kann es nicht ein bisschen weniger gewesen sein, ein bisschen mehr? Aber nein: sechs Millionen rund.»

«Sie glauben nicht daran?»

«No!»

Übrigens: «Don Erico», Priebke senior, ist heute 97 Jahre alt und steht unter Hausarrest in Rom. Es heißt, er bekomme jeden Tag einen Stapel Briefe aus aller Welt und seine italienischen Wachen würden vor ihm salutieren. Man nennt ihn «El Ultimo» – den letzten Nazi. Und wenn er nicht gestorben ist, dann lebt er noch heute.

KAPITEL 22

# «SIND ALLE LATINOS MACHOS?»

## HEULSUSEN

**Ein** Mann ist ein Mann. Aber zwei Männer können manchmal erstaunlich hilflos sein. Ich weiß nicht mehr, wann wir heute Nacht Richtung Buenos Aires abgeflogen sind. Auch Thomas kann sich nicht erinnern. Jetzt torkeln wir aus der Empfangshalle, fragen uns, wer wir sind, woher wir kommen und wohin genau wir wollen. Vielleicht sind wir einfach schon zu lange unterwegs. In solchen Momenten begegnest du deinem Schutzengel. Oder dem Teufel höchstpersönlich.

«Braucht ihr ein Taxi?»

Natürlich brauchen wir eins und schlurfen dem grauen Herrn mit der Kutscherweste bereitwillig hinterher. Endlich ein Mann, der einen Plan hat. Er ist etwa zwei Meter groß, kräftig gebaut, und wie bei vielen Menschen dieser Statur macht sein Rücken einen leichten Buckel. Außerdem zieht er das rechte Bein ein wenig nach. Der humpelnde Riese bittet um etwas Geduld und telefoniert. Dabei fällt mir das schwarzgelbe Plastikschild auf, das er um den Hals trägt: «Taxi» steht darauf.

Doch noch immer ist kein Taxi in Sicht. «Es dauert nur noch zwei Minuten», sagt der Mann, fragt, aus welchem Land wir kommen, und fängt an, über Bayern München zu reden. Dann biegt ein silberner Mittelklassewagen älteren Baujahrs um die Ecke.

«Da ist das Taxi!»

«Das ist kein Taxi!», sage ich. Ich kann weder ein Schild

auf dem Autodach noch eine Nummer an der Seite erkennen.

«Das ist ein privates Taxi. Ist hier in Buenos Aires ganz normal.»

Wie auch immer. Wir vertrauen dem grauen Riesen, laden unser Gepäck in den Kofferraum und steigen ein. Der Fahrer ist ein drahtiger Kerl mit Dreitagebart und gegeltem Haar. Er sagt keinen Ton und bleibt die ganze Zeit über regungslos am Steuer sitzen. Plötzlich öffnet sich die Beifahrertür, und der graue Zweimetermann mit dem Taxischild steigt ein.

«Sie kommen mit uns?»

«Ja, der Fahrer ist neu. Ich bin sein Supervisor.»

Zwei Taxifahrer in einem Taxi. Ich habe ein komisches Gefühl im Magen. Thomas scheint es ähnlich zu gehen, er zuckt mit den Schultern.

Wir fahren los. Der graue Riese bemerkt unsere Sorgen, beugt sich nach hinten und verwickelt uns in ein Gespräch. Ob wir zum ersten Mal in Argentinien seien. Ob wir schon Geld gewechselt hätten und wenn ja: wie viel. Was eigentlich die Kamera gekostet hätte, die wir in den Kofferraum geladen haben. Und ob uns klar sei, dass zu dem vereinbarten Fahrpreis noch die Gebühren aller Mautstellen in Buenos Aires und Umgebung hinzukämen.

Bei Thomas fällt der Groschen am schnellsten, so laut, dass ich ihn hören kann. An der ersten Mautstation springt mein Kameramann aus dem Wagen, und ich hechte ihm hinterher.

«Ich habe keine Lust, von euch ausgeraubt zu werden», schreit Thomas und schlägt auf das Wagendach. «Den Kofferraum auf! Sofort!»

Das angebliche Taxi macht einen ordentlichen Satz nach

vorn, doch glücklicherweise bleibt die Schranke der Mautstelle geschlossen. Drei bewaffnete Sicherheitsleute eilen herbei und plötzlich auch die Polizei. Sie lassen dem grauen Riesen und seinem Komplizen keine Wahl. Die beiden steigen aus dem Wagen und öffnen murrend die Hecktür. Endlich. Gott sei Dank.

Aber was sind wir nur für Idioten: Da reisen wir monatelang um die ganze Welt, von Nordkorea bis Nairobbery, von Texas bis zum Titicacasee. Und ausgerechnet in Buenos Aires, der Hauptstadt der Diebe und Kidnapper, benehmen wir uns so sorglos wie eine japanische Reisegruppe auf Schloss Neuschwanstein. Wir hätten tot sein können. Bestenfalls hätte man uns das Leben und die Unterhosen gelassen, und wir stünden nun irgendwo in irgendeinem Viertel von Buenos Aires ohne Kleidung da – ohne Kamera, ohne Pässe, ohne Geld, ohne Handy und ohne irgendeine Ahnung, wie es jetzt weitergehen soll. Die Welt ist kein Abenteuerspielplatz, und Mutti holt dich nicht ab, wenn du heulst.

Auf der Weiterfahrt zum Hotel sprechen Thomas und ich kein Wort. Die Polizei hatte uns ein offizielles Radiotaxi gerufen, mit Schild und Nummer, und ohne weitere Zwischenfälle erreichen wir unser Ziel. Ich ärgere mich über mich selbst, werfe wutentbrannt die Tür ins Schloss und schmeiße mich auf das Hotelbett. Vielleicht wird es Zeit, nach Hause zu kommen. Vielleicht sollte die Frage «Sind alle Latinos Machos?» erst mal meine letzte sein. Zitternd am ganzen Körper blicke ich aus dem Fenster auf die Betonwüste, die manche Menschen Paris des Südens nennen.

Buenos Aires besteht offenbar nur aus Straßen, eine gigantische Carrerabahn, laut und versmogt. Da hilft es auch nicht, dass der Name der Stadt so etwas wie «gute

Luft» bedeutet. Ich versuche die Spuren der Fahrbahn zu zählen, die an meinem Hotel vorbeiführt. Sind es siebzehn? Oder achtzehn? Alles in dieser Stadt scheint laut, breit und mächtig zu sein. Auf einer Verkehrsinsel thront das Wahrzeichen von Buenos Aires: der Obelisco. Ein gigantischer Phallus – in Stein gehauener Machismo. Was will man auch von einem Land erwarten, das Diego Armando Maradona zum Nationalhelden verklärt?

Apropos: Was weiß die Welt über argentinische Männer? Nicht viel. Man kennt sie eigentlich nur von Fußball-Weltmeisterschaften. Abgesehen von Maradona ist der argentinische Mann in der Regel groß, nicht hässlich, trägt langes Haar und verliert nicht gern. Und wenn er verliert, zeigt er Nerven. Es beginnt mit kleinen fiesen Tritten. Heimtückische Attacken hinter dem Rücken des Schiedsrichters. Mit dem Frust steigt auch die Gewaltbereitschaft. Aus kleinen Fouls werden Attentate auf Leib und Leben. Meistens ist ein Drittel der argentinischen Nationalmannschaft schon lange vor Ende des Spiels unter der Dusche. Wer bei Schlusspfiff doch noch auf dem Rasen ist, wirft sich auf selbigen und beginnt, hemmungslos zu heulen. Im Anschluss folgt gerne noch eine wilde Prügelei mit der Siegermannschaft.

Wenn diese hinterlistigen Aggro-Heulsusen den Typus des argentinischen Mannes verkörpern, dann dürfte die argentinische Frau nicht besonders viel zu lachen haben. Oder doch? Ich besuche das «Instituto Social y Político de la Mujer», ein Fraueninstitut. Und ja, während ich «Fraueninstitut» schreibe, läuft mir ein Schauer über den Rücken. Aber ich liege völlig falsch.

Argentinische Feministinnen haben nichts mit deutschen Feministinnen zu tun. Vor ein paar Tagen schon baten sie mich, unseren Termin um eine Stunde zu verschieben. Man brauche «noch mehr Zeit, um hübsch zu sein». Und jetzt sitze ich tatsächlich einigen der attraktivsten Frauen gegenüber, denen ich in meinem Leben begegnet bin. Acht Latinas. Sie quatschen wild durcheinander, als ich das Thema «Machismo» anspreche. Es sind ähnlich theatralische Gesten, wie ich sie von ihren fußballspielenden Landsmännern kenne. Sie streiten, sie quietschen, sie schaukeln sich hoch.

«Würden Sie sich als Feministinnen bezeichnen?»

«Si!» – «Si!» – «Siiiii!», schallt es aus acht Kehlen.

«Und haben Sie Machos zu Hause?»

Die lauteste Frau aus der Runde hebt zu einer Antwort an. Ich weiß nicht, warum, ich wünschte, sie würde mich mit Tellern bewerfen.

«Hör zu! Mit meinem Mann ist das so: Ich habe ihn gezähmt! Er ist jetzt ein männlicher Feminist.»

Sie nickt in die Runde, und die anderen Frauen lachen.

«Mein Mann kocht für mich, und in meinem Haus wird kein Fußball geguckt!»

Die Feministinnen sagen, der Machismo sei ein nicht totzukriegender Bestandteil der argentinischen Kultur. Uraltes Mann-Frau-Gattungsverhalten: Er macht Karriere, ist laut und bestimmend, sie unterwirft sich. Und die Kinder drehen am Rad.

«Weißt du», ruft eine andere, «Frauen leiden unter dem Machismo, weil sie sich unterdrückt fühlen. Aber auch die Männer leiden. Sie werden dazu erzogen, stark zu sein, nicht zu weinen und keine Emotionen zu zeigen. Und sie müssen die Familie ernähren, das ist eine große Last. Machismo ist ein Problem für Männer und Frauen.»

Geschlechterkampf. Man kann ihn mit der gefrorenen Rinderkeule austragen, man kann ihn auch tanzen. Es ist spät, und ich sitze ganz hinten in einer offenen Bar in San Telmo, dem Tangoviertel von Buenos Aires. Die meisten der groben Holztische sind an die Seite gerückt, und in der Mitte des Raumes tanzen junge argentinische Frauen und Männer einen Tanz, der irgendwo zwischen Sex und Judo liegt. Es ist ein Spiel. Du kannst den Tango stehend tanzen, du kannst ihn aneinanderlehnend tanzen, und die Frau kann ihn ganz auf sich zukommen lassen.

Doch der Mann muss ganz Mann sein. Er muss führen, er muss die Frau zähmen. Ein Tanz, der einem Macho gewiss leichter fällt als mir. Ich kann nicht tanzen, ich denke zu viel. Aber wenn du nicht denkst und davon ausgehst, dass du alles kannst und alles richtig machst, dann fällt es dir gar nicht schwer, die Frau zu dirigieren. Dann folgt sie jeder deiner Bewegungen, auch wenn sie ins Verderben führen. Das ist Machismo.

Während ich so dasitze, beobachte und mich langsam, aber sicher mit Rotwein zuschütte, lässt mich eine Tänzerin keine Sekunde aus den Augen. Ihr schwarzes Haar ist schlampig zusammengebunden, sie trägt einen grauen Schlabberpulli, weiße Turnschuhe und kaut Kaugummi. Aber ihr Tango und vielleicht auch der Wein machen sie so sexy wie Penélope Cruz. Ihr Partner ist ein Grobian. Ein Klotz mit dunklem Pferdeschwanz und graumelierten Schläfen. Nicht so schön wie Antonio Banderas, aber deutlich größer.

Es gibt im Tango Drehungen nach links, Drehungen nach rechts und Diagonalen. Wenn du mehrere diagonale Bewegungen hintereinander machst, zeichnest du eine Acht auf die Tanzfläche. Und ganz nebenbei kommst du deinem Partner dabei sehr nahe. Diese intimste aller Tangofiguren nennen manche Menschen eine Schweinerei.

Die Argentinier nennen sie Ocho. Penélope und ihr Banderas malen eine Acht nach der anderen auf das Parkett, dabei sieht sie mich über seine Schulter unentwegt an und lässt mich nicht los. Sie tanzt nicht mit ihm, sie tanzt mit mir. Auch das ist ein Spiel. Die Argentinier haben dafür einen blumigen Namen, den ich leider vergessen habe. Du siehst einer Frau so lange in die Augen, bis du sie bezwingst. Sieht sie allerdings weg, dann hast du verloren. Aber manchmal betritt noch eine dritte Person die Spielfläche.

«Darf ich dich malen?»

Dios mio, schon wieder ein Mädchen. Sie hat sich an den Nebentisch gesetzt und hält Zeichenblock und Kohlestifte in der Hand. Das also ist die Schönheit von Buenos Aires. Nicht die Wahrzeichen, nicht die Straßen und ganz sicher nicht die Taxifahrer. Es sind die Nächte.

In dieser Nacht träume ich von meiner Grundschulfreundin. Julia. Meine erste große Liebe. Wir waren siebzehn Mal zusammen, denn alle drei Tage machte sie mit mir Schluss. Eines Tages beim Schlittenfahren hatte ich genug. Ich wollte Julia zeigen, wer der Chef ist. Ich wollte Macho sein und sagte, wir müssten reden. Also sprachen wir über ihre pathologische Beziehungsunfähigkeit, meine Verlustängste und die Perspektiven unserer Partnerschaft. Dann beendete ich unsere Beziehung in der Hoffnung, Julia würde in Tränen ausbrechen und mich im niedersächsischen Schnee kniend von Herzen anflehen, sie zurückzunehmen. Stattdessen sagte sie «Okay», wendete sich ab, und ich lief ihr hinterher. Großer Fehler. Statt Macho zu sein, legte ich einen hemmungslosen Seelenstriptease auf die Schlittenbahn. Ich hätte doch nur aus pädagogischen Gründen mit ihr Schluss gemacht: Ich hätte Schluss gemacht, weil sie immer mit mir Schluss machte, und damit sollte endlich Schluss sein. «Dennis, es ist Schluss», sagte Julia. Und es war Schluss. Einen achtzehnten Versuch gab es nicht. Das letzte Mal, es war vor ein paar Jahren, sah ich Julia übrigens im Fernsehen. Sie nahm an einem Quiz teil. Frage: Nennen Sie ein Tier mit sechs Beinen. Antwort: Oktopus.

Am nächsten Morgen liege ich auf der Couch eines Psychologen. Dr. Juan lo Carmine Gammel ist kein Macho, er ist äußerst sensibel. Ich bin immer noch erschöpft von dem zweistündigen Vorgespräch, das wir gerade beendet haben. Außerdem trägt der Doktor gerne rosafarbene Pullis über sauber gebügelten Karohemden. Buenos Aires ist die Stadt mit der höchsten Psychologendichte der Welt. Doktor Gammel sagt, das habe mit der Hysterie der argentinischen Frau und dem Machismo des argentinischen Mannes zu tun.

«Warum bist du hier?»

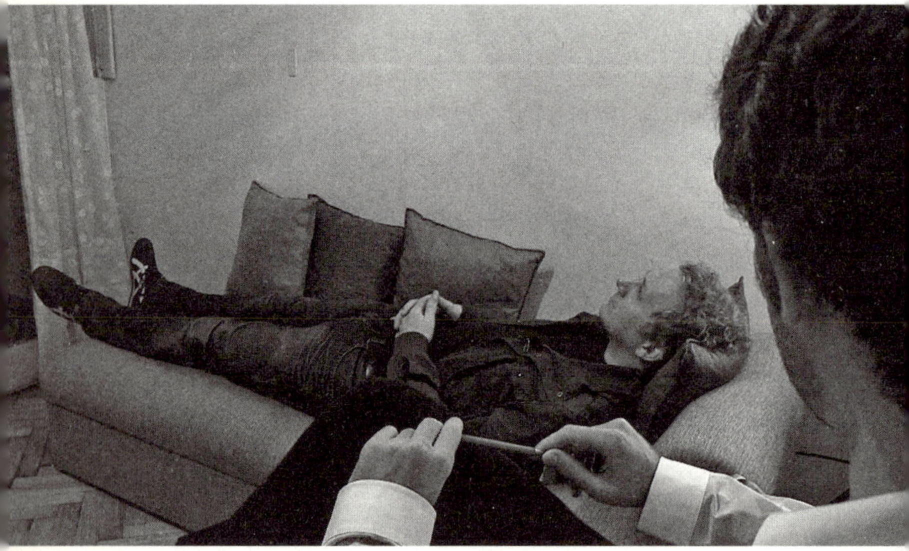

«Ich wäre gern ein Macho.»

«Hast du das Gefühl, dass du kein Macho bist?»

«Ich denke, ich könnte härter sein.»

«Wie bist du denn groß geworden? Ich meine: Welches Vorbild hast du gehabt, als du klein warst?»

«Ich bin bei Mutti und bei Oma aufgewachsen.»

«Ach so.»

Meine Güte, der Doktor ist ein Profi.

«Wie werde ich denn ein Macho?»

«Das ist ganz leicht: ignorant sein, kein Sushi essen und nicht kochen.»

«Ach so.»

Das Leben kann so einfach sein, warum bin ich nicht früher zum Psychologen gegangen? Aber auf Sushi möchte ich trotzdem nicht verzichten.

«Wissen Sie, manchmal glaube ich, ich bin zu nett.»

«Was heißt ‹zu nett›? Gab es Frauen, die so etwas zu dir gesagt haben?»

«Na ja, schon.»

«Dann such dir eine Frau, die das nicht sagt.»

«Das ist alles?»

«Ja. Machos sind Machos, weil sie ein riesiges Problem mit ihrer Männlichkeit haben. Sie sind schlecht im Bett, können sich nur über Fußball und Frauen unterhalten, lassen sich von vorne bis hinten bedienen und wollen eigentlich zurück zu Mutti. Und Frauen, die auf Machos stehen, haben einen Knall. In Wirklichkeit suchen sie ihren viel zu strengen Macho-Vater.»

«Sind denn alle Latinos Machos?»

«Nein, die meisten sind Heulsusen.»

Und so löst der Doktor innerhalb weniger Minuten alle Probleme, die ich seit der Grundschulzeit mit meiner

Männlichkeit hatte. Endlich kann ich den Machos dieser Erde auf Augenhöhe begegnen. Aber wo begegne ich ihnen eigentlich? Nun ja, etwas fehlt noch in meiner Geschichte. Ich kann Argentinien doch nicht verlassen, ohne Gauchos gesehen zu haben.

Es ist nicht schwer, die legendären Rinderzüchter zu finden. Man trifft sie jeden Sonntag auf der Feria de Mataderos, einem Markt in einem der ärmsten Viertel von Buenos Aires. Vor einem alten Schlachthof steht eine Bühne. Sie bleibt den ganzen Tag nicht leer. Wer etwas kann, der tritt auf. Flamencogruppen, Tangotänzer, die Theaterklasse des Stadtteils. Zwei Meter daneben grillt ein dicker Mann mit fettbeschmierter Schürze Rindersteaks auf offenem Feuer. Die Rauchschwaden ziehen über das Podest und verhüllen den ganzen Platz. Auf dieser Feria gibt es keine Touristen, hier ist die Seele der Stadt zu Hause.

Neben dem Schlachthof haben die Gauchos eine Straße gesperrt und den Asphalt mit Sand bestreut. Am Ende des Sandwegs steht ein Tor: zwei drei Meter hohe Pfeiler, zwischen denen eine gestreifte Holzlatte hängt. Von der Mitte der Latte baumelt ein kleiner goldener Ring. Plötzlich reitet einer der Latino-Cowboys, ein Junge von vielleicht fünfzehn Jahren, in vollem Galopp über die Straße. Der Junge erhebt sich aus dem Sattel, stellt sich in seine Steigbügel, lässt mit einer Hand die Zügel los und versucht, mit einem kleinen Eisenspieß den Ring zu durchstoßen. Gelingt es ihm jetzt, ist er ein Mann. «Sortija» nennen die Argentinier dieses Ritual, Ringreiten. Das Lange muss ins Runde. Doch der Junge verfehlt.

Wenn du die Männer hier fragst, ob sie Machos seien, bekommst du immer die gleichen Antworten. «Natürlich! Ich bin der größte Macho, der hier rumläuft!» und «Hey, wir sind vom Dorf. Da sind alle Machos!» und «Klar bin ich ein Macho. Ich möchte sonntags die Sortija reiten, meine Frau kann schön zu Hause bleiben, putzen und kochen». Ein weißhaariger alter Mann mit Baskenmütze und Trinkernase erzählt mir, er sei nur ein halber Macho. «Ich habe nur ein Ei! Das andere hat mir der Doktor abgeschnitten.»

Ich möchte wissen, wie diese angeblichen Supermachos wirklich sind, und folge ihnen zur Bühne, vor der hundert Leute warten. Auf dem Podium steht ein bärtiger Mann mit Cowboyhut und Mikrophon. «Señoras y señores!» – mit großer Geste kündigt er einen Gitarrero an: Daniel «El Negro» Ferreyra. «Das ist der Beste!», flüstert mir der eineiige Macho zu. «Das wird ein Fest!» Es dauert keine Minute, dann betritt ein kleiner, schmächtiger Kerl mit Hasenzähnen die Bühne. Er war offenbar zu oft auf der Sonnenbank. El Negro schnappt sich eine Klampfe, wackelt mit dem Kopf, grinst, und ich erwarte keine große Kunst.

Aber schon nach zwei Akkorden beginnen die ersten Leute zu klatschen. Olé! El Negro wischt schneller über die Saiten als Santana, Slash oder Hendrix. Hat er fünf rechte Hände? Oder sechs? Der Gitarrero spielt mit den Zähnen, dann legt er die Gitarre auf seinen Rücken und spielt weiter. Jetzt hält er sein Instrument wie ein Gewehr, schießt lachend in die Menge, und die Machos rasten aus. Sie werfen die Arme in den Himmel, johlen, und wer eine Frau hat, der fegt mit ihr über den Asphalt.

Die Akkorde verhallen. «Otra, otra! Zugabe!», rufen die Leute, und der Gitarrero spielt ein leises Lied. Ganz langsam, ganz sachte. Dazu erzählt er eine Geschichte, und um ihr zu folgen, muss man kein Spanisch verstehen. El Negro redet von seiner Mutter, die verstorben ist. Von den Nächten, die er durchweint hat, und von der Frau, die ihn tröstete.

Und während er diese Worte spricht, bekommt der eineiige Macho neben mir glasige Augen. Ich blicke mich um und sehe, dass auch der bärtige Cowboy weint. Und ebenso der Gaucho, dessen Frau angeblich gerade zu Hause putzt und kocht. Plötzlich heulen zehn, zwanzig Machos hemmungslos im Chor. Ihre Tränen fließen in einen Bach, und dieser Bach fließt direkt in mein Herz. Ein echter Mann darf nicht nur Gefühle zeigen. Er muss.

EPILOG

# «WO BIST DU GEWESEN?»

## STARKE GEFÜHLE

**Ich** hatte nie eine Schwäche für Marmeladenbrötchen. Schon gar nicht mit Butter. Butter und Marmelade – ein ähnliches Gemisch hat BP im Golf von Mexiko angerührt. Unten: ein Schmierteppich. Oben: leblose Klumpen. Aber leider gibt es Menschen, die meine kleine Extravaganz nicht tolerieren.

«Mein lieber Dennis, jetzt bist du zwei Jahre weg gewesen und hast nix gelernt. Das ist doch gute Butter!»

Zurück am Frühstückstisch von Wilma Brunkhorst. Das kleine, freundliche Ungeheuer vom Deich mit den falschen Zähnen und den echten Gefühlen, die Frau, mit der alles begann. Nächste Woche feiert Wilma ihren 88. Geburtstag.

«Hier hat sich ja nicht viel verändert.»

«Was soll sich bei mir auch noch verändern?»

Vor Wiedersehensfreude hätte mich Wilma eben fast erdrückt. Am immer noch strahlend grünen Scheunentor zog sie mich mit einem Arm zu sich in die Tiefe und hielt mich so fest, dass mir schwarz vor Augen wurde. Um ein Haar hätten wir beide uns nie wiedergesehen, vor drei Tagen ist Oma Brunkhorst im Badezimmer böse gestürzt.

«Und weißt du, warum?»

«Nee.»

«Dann will ich dir das mal erzählen. Ich hatte einen Frosch im Bad!»

«Einen Frosch?»

«Ja! Seit Tagen. Den wollte ich packen, aber ich hab ihn einfach nicht erwischt. Und als ich ihn endlich auf der Schaufel hatte, bin ich hingefallen.»

«Auf den Boden?»

«Auf den Beton. Da lag ich dann in einer riesigen Blutlache und dachte: Jetzt ist es aus. Ich hatte mich schon aufgegeben.»

«Und dann?»

«Dann bin ich aufgestanden, hab mir das Blut aus dem Gesicht gewischt, und weiter ging's.»

Zum Glück zeugen heute nur noch dezente Spuren von diesem Frosch-Massaker: eine kleine Kruste an Wilmas Nase und ein blauer Rand über dem linken Auge. Ich schenke uns beiden einen Kaffee ein. Wilma sagt, sie habe ihn bereits vor einer Stunde gekocht und er sei nun leider kalt. Aber kalter Kaffee mache hübsch, und das könnten wir schließlich beide gut gebrauchen. Na ja, hoffentlich macht auch die abgelaufene Kaffeesahne hübsch, sie flockt nämlich ganz bedenklich.

«Schön, dass du da bist, mein Dennis. Ich dachte schon, du hättest mich vergessen. Sach mal, wo bist du überall gewesen?»

«Überall. Auf jedem Kontinent. Europa, USA, Asien, Afrika, Australien, Südamerika ...»

«Und was gab's da zu essen?»

«Ähm, wo genau?»

«Na, im Ausland. Hattest du gut zu essen?»

Essen. Warum nicht, ich erzähle ihr von phallischem Gebäck aus Frankreich, von Gefängnisschleim an texanischen Frühstücksbuffets und von Kängurufleisch, das fast genauso schmecke wie Rind.

«Ach ja: Und in Asien essen sie frittierte Entenköpfe!»

«Mit Schnabel?»

«Mit Hals und Schnabel.»

«Nee, dann wollen wir mal lieber in Deutschland bleiben.»

Wilma schiebt sich die untere Hälfte ihres Erdbeermarmeladenbrötchens ins Gebiss. Wieder dieses Geräusch.

«Wilma, ich habe all deine Fragen beantwortet.»

«So? Was wollte ich denn wissen?»

«Zum Beispiel: Warum ist der Neger schwarz?»

«Ja, stimmt. Aber das kannst du doch nicht ernsthaft fragen!»

«Das war doch deine Frage!»

«Aber das sagt man doch nicht! Das sind Schwarze. Oder Farbige. Aber doch keine Neger. Na ja, und was ist die Antwort?»

«Vitamine. Unsere Haut ist heller, weil die Sonne nicht so stark scheint wie in Afrika. Und helle Haut kann Vitamine besser aus der Sonne filtern.»

«Das ist ja einfach.»

«Hat mir ein Professor aus Äthiopien verraten.»

«Na, wenn das ein Professor sagt, dann muss er es ja wissen. Aber eins verstehe ich nicht. Hier bei uns in Wremen wohnt auch ein Schwarzer. Schon seit acht Jahren. Der ist aber noch nicht weiß geworden!»

«Nicht weiß geworden?»

«Nein, der ist immer noch schwarz. Wie kann das sein?»

Tja, so ist das im Leben: Du reist mit 80 000 Fragen um die ganze Welt und vergisst, die wirklich wichtigen Fragen zu stellen. Wie lange muss man eigentlich fragen, bis man wirklich etwas weiß?

Und wieder einmal hat mich Frau Brunkhorst kalt erwischt, doch es kommt noch schlimmer. Wilma setzt genau denselben kritischen Blick auf, den meine Oma Anneliese immer trägt, wenn sie etwas ganz Bestimmtes wissen möchte. Ich ahne Böses.

«Nun erzähl mal, Dennis. Bist du denn endlich verheiratet?»

«Nee, noch nicht», antworte ich und laufe rot an. Irgendwie schäme ich mich.

«Was? 32 Jahre alt und noch nicht verheiratet? Wie kann das sein? Also, wer soll das verstehen. So 'n fixen Bengel, aber findet keine Frau.»

Wilma nimmt einen Schluck eiskalten Flockenkaffee und blickt aus dem Fenster auf die Weide und den verregneten Obstgarten. Dann sieht sie mir in die Augen.

«Weißt du was? Die Frauen rennen dir alle weg, weil du immer unterwegs bist.»

Autsch. Ich schütte mir eine ganze Tasse Kaffee in den Hals, stelle mir vor, es wäre Doppelkorn, und sehe den Kühen beim Nasswerden zu. Jemand hat mich mal gefragt: Wie lange muss man reisen, um endlich anzukommen? Ich habe die Antwort noch nicht gefunden. Wilma erhebt sich von ihrem Küchenstuhl und wackelt in die gute Stube. «Ich geh mal was holen!», sagt sie und kehrt mit einem kleinen silbernen Bilderrahmen zurück. Sie knallt ihn auf den Tisch.

«So. Das ist meine Enkelin, auch so 'n schwieriger Fall. Die ist 31 und hat noch nie einen Mann mit nach Hause gebracht. Interessiert sich nur für Pferde. Immer nur für Pferde!»

«Ein Pferdemädchen?»

«Ja, Pferde, Pferde, Pferde. Vielleicht sollte die es mal mit 'nem Mann probieren.»

«Vielleicht ist sie dann aber auch enttäuscht?»

«Meinste, du kannst mit 'nem Pferd nicht mithalten? Du bist doch noch jung!»

Es wird mal wieder Zeit zu gehen. Ich muss heute noch nach Hamburg, und Wilma ist um 15 Uhr zum Knobeln mit den Landfrauen verabredet, auch wenn sie beim Knobeln immer verliert. Sie nimmt meine Hand und führt mich durch die Waschküche und die Scheune vor das grüne Tor. Dort lässt sie meine Hand nicht los.

«Weißt du, ich werde kleiner.»

«Noch kleiner?»

«Ja, ich schrumpfe. Ich sage immer: Ich gehe Richtung Abgrund.»

Diesmal ist kein Lächeln in Wilmas Gesicht. Es geht ihr

wirklich nicht gut. Früher sei sie doch noch durch Reifen gesprungen und habe kaum hundert Pfund gewogen. Und heute nehme sie täglich Cortison gegen das Rheuma. «Ich werde alt, mein Lieber!»

Wilma drückt meine Hand noch fester. Ihre ist eiskalt.

Und wenn es doch nur das Rheuma wäre. Wilmas rechtes Auge ist trübe und leicht milchig. Den Namen der Krankheit habe sie zwar vergessen, das sei aber auch egal. Auf jeden Fall könne sie jetzt nicht mehr gut sehen. Und nicht mehr sticken. Dabei habe sie doch ihr ganzes Leben lang Tischdecken bestickt. Und kleine Kissen. «Weißt du, Dennis», flüstert Wilma, «ich lebe ja nun schon seit 26 Jahren allein. Aber zum ersten Mal ist mir langweilig.» Noch immer hält sie meine Hand. Sie kann mich nicht loslassen. Sie will mich nicht loslassen.

Wir stehen bestimmt eine halbe Stunde so da. Ein grauer Zwerg und ein blonder Kindskopf mit einem kleinen, sonderbaren Mädchen-Koffer. Die Scharniere sind verrostet, der Griff gerissen, das Möchtegern-Burberry-Muster verwaschen. Was in dem Koffer ist? Das möchte ich Ihnen lieber nicht verraten, es würde Sie erschrecken. Aber wenn Sie ihn ansehen, wenn Sie ihm etwas Zeit schenken und die Details seiner verschlissenen Oberfläche ganz genau betrachten, dann erzählt er Geschichten. Von Schlammvulkanen in Absurdistan, von einer Schafherde im neuseeländischen Dauerregen, von dem Schweiß der Masseure in einem Hamam in Istanbul, von den Hinterlassenschaften einer thailändischen Elefantendame und vom Blutdurst der Moskitos auf Madagaskar.

Die Enden meiner Hosenbeine sind zerfetzt, meine Fußbedeckung hat die Bezeichnung Schuhe nicht mehr verdient, am linken Ärmel meiner grünen Jacke klafft ein ansehnliches Loch – zärtliche Grüße von einer kleinen Kuh aus Andalusien. Und ich selbst? Habe auch ich mich verändert? Wilma studiert mein Gesicht. «Nein, du bist immer noch derselbe. Derselbe Dennis.»

Es beginnt zu regnen. Wilma bittet mich, bald wiederzukommen. Vielleicht schon an ihrem Geburtstag? Vielleicht mal ein ganzes Wochenende? Vielleicht eines Tages mit meiner Ehefrau? Oder vielleicht mit ihrer Enkelin, dem Pferdemädchen? Dann umarmt sie mich ganz fest, kneift mir in die Wange, und das Lächeln kehrt in ihr Früchtchen-Gesicht zurück.

«Sag mal, Dennis, was hältst du eigentlich von mir? Sei ehrlich.»

«Ich habe starke Gefühle.»

«Oh, dann wollen wir mal hoffen, dass die nicht übergreifen!»

ENDE

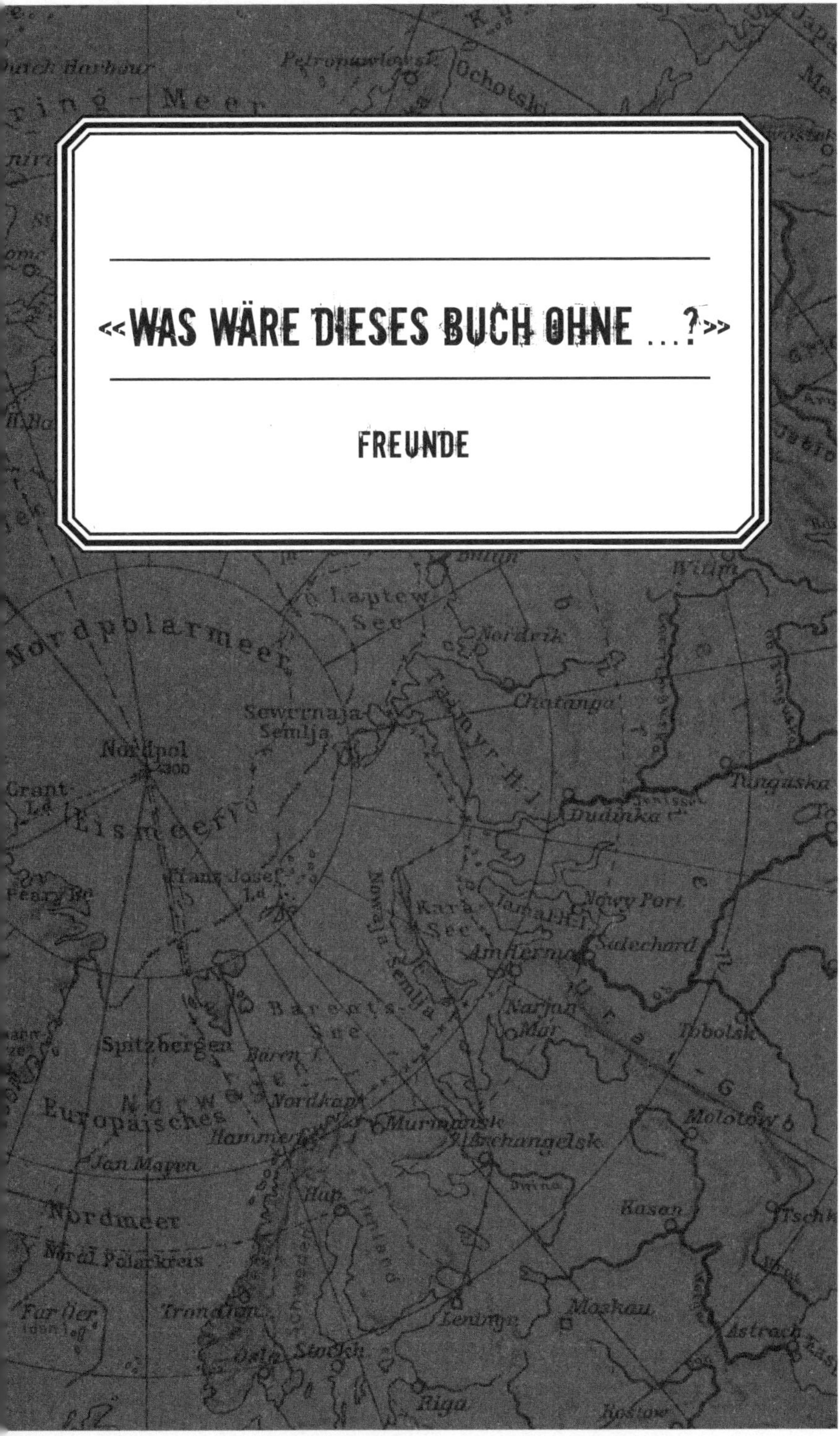


# «WAS WÄRE DIESES BUCH OHNE ...?»

## FREUNDE

**Na** klar. Dieses Buch wäre nichts ohne Wilma Brunkhorst, ohne Matthias «den Produzenten» Sdun und Thomas «meinen Kameramann» Hipp. Aber was wäre es zum Beispiel ohne Marco Lange? Es wäre dünn. Ohne Marco hätte ich nie einen Fuß nach Nordkorea gesetzt, nie einen Elefantenführerschein gemacht und wäre Sergeant Meisenheimer, Dr. Nassif, Yugala Rangsinoppadol und vielen anderen nie begegnet. Marco hat ein schlimmes Schicksal: Er plant mit mir meine Reisen, darf aber nie mitkommen. Doch er beschwert sich trotzdem nicht. Danke, mein Lieber.

Und was wäre dieses Buch ohne eine Redaktion, die einmal gesagt hat: «80 000 Fragen? Klingt absurd. Versuchen wir's!» Danke, Nicole Bölhoff, Julia Diehl, Karin Dohr, Christiane Justus, «Untertitel»-Uwe Schwering und ganz besonders Stefan Niemann. Natürlich möchte ich auch der Weltbilder-Sekretärin Frau Brunswich und den Internetladys Beatrix Hasse und Meike Richter danken.

Ohne Sophie Wehofsich hätte ich nie eine Arche und ohne Babette Hnup (heute Sdun) nie einen Swingerklub von innen gesehen. Ohne Jens Dehning und Inka Blumensaat hätte ich nie bemerkt, dass manche Stellen im Manuskript langweilig waren. Wenn Max von Klitzing nicht regelmäßig die Bikini-News sehen würde, hätte ich Penny «The Redhead» nie getroffen. Ohne Rainer Blank hätte ich nie erfahren, dass manche Machos nur ein Ei haben.

Ich möchte meinen Freunden danken: Ohne Tobias

Reiter, Thomas Kaulbach, Jörg «Gurke» Beutel und Helge Riepenhof hätte ich den Sommer nicht überlebt. Und was wäre dieses Buch ohne meine Familie? Oma Anneliese und ihren Zitronentee, Marianne und ihren Reisauflauf mit Huhn, Klaus und seine Zauberkräfte, Gert und den Griechen. Ach ja: Ohne meinen kleinen Bruder Maximilian Amadeus hätte ich nie den ersten Satz gefunden. Max hat mir etwas versprochen: «Dies wird das erste Buch sein, das ich lese.» Ich nehme dich beim Wort. Danke.

MIX
Papier aus verantwortungsvollen Quellen
FSC® C083411

Das für dieses Buch verwendete FSC®-zertifizierte Papier *Munkenprint Cream* liefert Arctic Paper Munkedals, Schweden.